爱是光着脚的哲学

古代智慧与现代爱情

【美】大卫·奥·康纳 著
练培冬 译

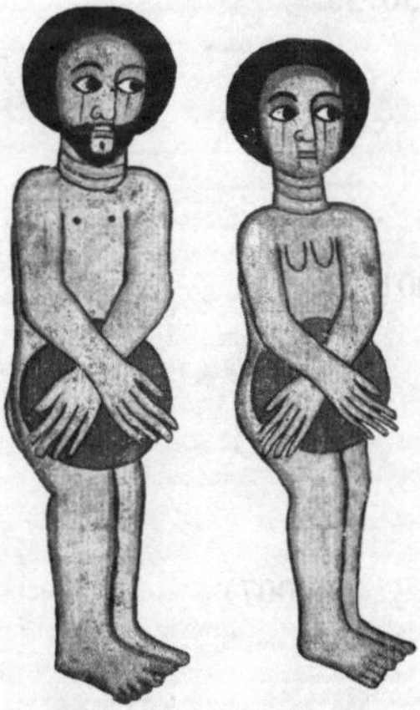

GUANGXI NORMAL UNIVERSITY PRESS
广西师范大学出版社
·桂林·

出版统筹：汤文辉
品牌总监：范　新
特约编辑：蔡　燕　赵添天
责任编辑：徐　婷
书籍设计：刘　凛
内文制作：王玲芳
责任技编：李春林

著作权合同登记号桂图登字：20-2014-143 号

图书在版编目（CIP）数据

爱是光着脚的哲学：古代智慧与现代爱情 / （美）康纳著；练培冬译．—桂林：广西师范大学出版社，2014.8
书名原文：Ancient Wisdom and Modern Love
ISBN 978-7-5495-5588-8

Ⅰ．①爱… Ⅱ．①康…②练… Ⅲ．①爱情－研究 Ⅳ．①C913.1

中国版本图书馆 CIP 数据核字（2014）第 136735 号

广西师范大学出版社出版发行
（广西桂林市中华路 22 号　邮政编码：541001
网址：http://www.bbtpress.com）
出版人：何林夏
全国新华书店经销
广西大华印刷有限公司印刷
（广西南宁市高新区科园大道 62 号　邮政编码：530007）
开本：889 mm × 1 240 mm　1/32
印张：9.5　　字数：220 千字
2014 年 8 月第 1 版　　2014 年 8 月第 1 次印刷
印数：00 001~10 000 册　　定价：39. 00 元

哲学是一剂爱情魔药

亲爱的读者朋友们，无论坠入爱河或渴望爱情，希望你们能和伟大的人物一起，特别是柏拉图和莎士比亚，跟随他们了不起的思路，去享受思考的乐趣。柏拉图和莎士比亚笔下的思想和故事，或悲，或喜，仍在不断塑造着我们理解爱情的方式。他们赠予我们非常美好的礼物：纯粹的欢愉和喜悦——那是以更丰富、更深入的方式去理解生活而获得的。同时，他们也给予我们在日常生活中十分奏效的东西。在面对现代爱情的种种挑战中，伟大作家们所留下的古代智慧，扮演着顾问的角色，且有着强大的支撑力。

跟随已故大师的脚步去思考爱情，能令我们的生活更丰富，更有价值。我也相信，当我们不仅汲取经典作品的营养，而且将其中的道理用到现代生活中时，我们会更加钦佩经典大师们的古老智慧。我们常常会自然而然地联想起日常生活中的类似情形，但我发现，只有面对虚拟事物时，我们才会更好地思考，而对真实的生活，却往往随波逐流。似乎在虚拟与“我”之间，留有一段自由徜徉的空地；而面对真实，却有太多束缚。我们自身的痛苦与欢乐、我们心上人的痛苦与欢乐，有时因为离得太近，反而不能看得仔细清楚，正如书本太靠近眼睛，字无法被看清一样。在我们这个时代，书本、电影、电视、歌剧讲述了太多的故事，它们如同老师，帮助我们更好地看清自己。每一个故事就是一面镜子，这比急切、枯燥的自我反省要好得多。

我十分希望，这本书能是你们和我之间的一种交谈。我的文字邀请你们赞同我、反驳我，可以延展或变换我的所言所感：好的交谈就应当如此。哲学，其实就是在放松和美妙的交谈中，恰巧将我们所做的事一并做好了。

为什么会有人愿意通过研究哲学来学习如何经营爱情？看起来有些奇怪。现代世界，关乎爱情的贴士数不胜数，但从哲学中汲取的营养却凤毛麟角。但在我所任教的圣母大学，每个学生都被要求学习哲学，我们之所以将哲学放在如此高度，部分原因是因为圣母大学从历史上就是一所罗马天主教大学。回首50多年前，几乎美国所有的天主教大学都要求学习哲学，事实上，那时的每个学生都将哲学作为主要的专业领域——真是哲学如日中天的时代！时至今日，对哲学如此推崇的时代已然久远，我们仍会要求每个学生学些哲学。

但是，如今我们对哲学的要求，是根源于一种信心和理念：培养人性的自由和思维，而不仅仅是技能。老话说得好，哲学是“自由教育”不可或缺的基础部分。“自由”教育，顾名思义，就是通过这种教育，能让我们准备好过一个有担当的“人”该过的生活，能启发我们去选择充满思索、丰富严谨、“生而为人”的生活。换句话说，自由教育让我们做好了“自由”的准备：不是政治意义上的自由，而是能够承担起我们所选生活责任的自由。

我们如何能在投入哲学的有限时间里取得最大的进步？在哲学的殿堂里，我们并不苛求赢得桂冠，而是希望哲学能开阔我们看待世界的视角，丰富我们处理世事的方法。无论在弱冠之时，还是而立之日，或是天命之年，我都希望这本书能撼动并重构你的思维方式，让你以不同的视角看待这个世界。当然，这种重构并不是哲学的唯一主题，你也可以说，这是哲学的一种特殊使命。哲学，犹如落在坚硬地面上的锄头，刨开思维的土层，新的东西便会生长出来。古希腊哲人苏格拉底曾有句名言："未经审视的生活，是不值得过的。"这种大胆的陈述，可谓是哲学这种特殊使命的最有力的宣传语。又如一个半世纪前美国哲人拉尔夫·沃尔多·爱默生所说："人们想安定，但是只有不安定才是他们的希望所在。"没有什么能像哲学那样不安定，也没有什么能像爱情那样给人以希望。

我们将会与柏拉图一起来思考爱情。在2400多年前的古希腊，柏拉图创作了两篇以爱为中心论题的对话——《会饮篇》和《斐德罗篇》。这两部作品对于爱情的威力和危险的探讨，可谓有史以来西方文化中最为经典的。这两篇对话中的明星，是与多位年轻人交谈的哲学家苏格拉底。此外，伊丽莎白一世时期的剧作家和诗人莎士比亚，则是西方历史上另一位爱情之地的伟大耕耘者。在莎士比亚的38部戏剧中，有两部将我们深深带进了爱情的神秘之中——一部是令人肝肠寸断的悲剧《奥赛罗》，一部是其最精彩的喜剧《仲夏夜之梦》。不同于专业研究者，我们仅仅试图通过这些作品去思考爱情，并期望从中获得一些关于经营爱情的经验智慧。当然，亲爱的读者朋友们，作为一名教师，我希望你们能因此受到启发，去认真阅读一下这些作品！在本书的难度把握上，我尽量注意循序渐进地去引导大家的思路，不会假定你们已经读过甚至十分熟悉这些作品了。

除苏格拉底外，主要角色中还有一个才华横溢、极具魅力的年轻男子，名叫斐德罗——柏拉图的《斐德罗篇》就是以其名字命名的。在《会饮篇》中，这个魅力四射的年轻人也扮演着重要的角色。对于斐德罗，爱情意味着什么——由这个问题出发，柏拉图引导我们开始了对于爱情的思考。两篇对话都包含了关于爱的有趣的哲学争论，但这些争论始终只是一个庞大故事的冰山一角。我们只有看见更完整的、更广阔的全貌，才能更好地理解这些争论的真正内涵。

虽然《会饮篇》和《斐德罗篇》被我们称为对话，但它们并非如戏剧台词，而是两篇关于爱的伟大讨论，且与修辞密切相关。因此，柏拉图有理由相信，关于爱的问题，或多或少与修饰性的语言关系紧密，也就是说，爱与奇妙、漂亮的修辞有着特殊的关系。同时柏拉图担心，语言设计出来就是用来说服别人的，有时甚至会以牺牲真实为代价，所以，漂亮的语言有华而不实的危险。总之，《会饮篇》和《斐德罗篇》虽为对话，但两部作品中包含的大多不是两个角色间你一言我一语的机智辩论，而是冗长的、穿凿雕饰过的演讲。

在柏拉图的对话中，关注其中的角色犹为重要，因为这些人物总想让“自己”显得更好、更有说服力——不仅仅在言辞上，有时他们甚至会为了“好看”而不惜牺牲完全的真实。柏拉图，与莎士比亚一样，总是启发我们从某段演讲或言辞中，发出这样的疑问：他在其言语中蕴含了些什么？

当我们谈论爱情时，其实我们谈论的大多是自己。但是，我们却总喜欢戴上旁观者的面具，以隐瞒我们正在谈论自己的事实。论及爱情时，我们也不会站出来承认：“虽然我试图装得很酷，虽然表面上我像是在进行公正的观察，虽然听起来对待爱情我多么睿智，但其实我谈论的就是我自己。”——大多时候，我们不会这么做。许多佯装潇洒地谈论爱情的抽象对话，都包含着不少羞于承认的自传成分，也可能是相当程度的自我辩解。正如弗里德里希·威廉·尼采所说，几乎所有的哲学中都有隐藏着的自传成分；而关于爱情的哲学思考，更是如此。不管是古希腊人，还是伊丽莎白时代的男男女女，抑或今日你我，无论《会饮篇》《斐德罗篇》，还是《奥赛罗》《仲夏夜之梦》，几乎都同样地难以脱离我们自己的生活，也都难以做到不落窠臼。因此，当听到他们的言论，我们总不断地想问：在他的话中暗藏了些什么？同时，我们也会通过他们来思考我们自己的生活和爱情——这意味着，我们也会不断追问自己：我的表象下暗藏了些什么？也就是说，我们会问，对于作品中的某对情侣，面对爱情的种种坎坷境遇，为什么给他们安排这种情节而非那种？为什么我觉得这样安排是有吸引力的，或又为什么我对此排斥反感呢？不管是柏拉图和莎士比亚在讲述笔下的爱情故事时，还是故事中的人物在谈论爱情时，他们大多是在谈论自己。每每谈及爱情，我们也无可幸免地会有相同的隐藏自己的感情的倾向；不过，我们也需要像注意到他人的面具一样发现自己的倾向。

柏拉图的哲学对话，让我们能够审视、洞察某些有趣、好玩的人物角色，但不要以为，也不要相信具备这种洞察力就能让我们比这些角色更超脱。柏拉图让我们了解他所塑造的种种角色，我们应该用它来认识我们自己——这就是苏格拉底以此闻名的、敦促我们去达成的“自知之明”的境界，也应该是哲学需完成的特殊使命。

——大卫·奥·康纳

（David O' Connor）

目　录
CONTENTS

I 弱小的人与强大的神

希腊人意识到，神也是反复无常，甚至可怕的。爱令他们兴奋，但这种浪漫却来自极端快感和极端痛苦的交融。因此，希腊最伟大的浪漫诗人萨福，才创造了“bittersweet”(悲喜交加)一词来描述性爱之爱。

II 躲避爱情

斐德罗提出了爱情和死亡之间积极的联系——“谁愿意为你而死?”答案：“那个爱着你的人。”然而，莎士比亚却探索了一种阴暗的可能性，一个用相同的答案也可以回答的问题——“谁愿意杀了你?”

III 毁灭爱情

马丁的母亲，肯定每天都要忍受这个男孩的不信任以及他愤怒地想要独立的尝试，她不无疲惫地回答道：“我为什么要骗你呢？”但是，年幼的马丁，带着野蛮和不公平，对他疲惫的母亲说：“因为你能。”

IV 爱让我们免于分裂

原初的人类，是依照诸神的形象创造出来的。他们圆形的形状以及他们运动的方式，都和那些神圣天体的意象一样。他们直立行走，就像我们现在一样，但是，如果他们想要快跑的时候，就会伸出所有的手脚，绕成圈，像风滚草一样向前翻滚。

V 生生不息的爱情

想要与另一个人建立亲密感的冲动，会让我们在内心产生畏惧，因为我们被带到了一处无法控制的地方，那里看不到“丰腴困厄，至死不渝”的终点在哪里。如果，这就是我们找到爱人时内心的想法，那么，我们该如何充分地敞开心扉，战胜内心的怀疑？

VI 爱情涅槃

诸神设宴庆祝阿佛洛狄忒的诞生。一个叫做资源神的男神多饮了几杯酒，倒头昏睡过去。贫乏女神早就等在了晚宴门口，希望从其他神祇那里行乞。看到资源神睡着了，便跑过去睡在他的旁边，怀了孕。资源神和贫乏神交融孕育了一个孩子，这就是爱的精灵（厄洛斯）。

Ⅶ 威尼斯的爱与死

爱是一场超凡脱俗的狂欢。而真实情形是，我们的所爱之人让我们回忆起了天界神祇般的生活。当我们爱上某人时，我们并非认为他是一个神，但我们要感激他，因为正是他，让我们回忆起神祇的模样。

Ⅷ 愿景或幻境

两个年轻的恋人，拉山德和赫米娅，相约逃离城市，奔赴乡野。这种浪漫的逃离桥段是西方爱情故事的基石。从同时代的故事和电影中，我们随便就能找到数十上百个相似的例子。有句话说得好，“生活在别处”。

（Ⅰ）弱小的人与强大的神

不要以为，希腊人对于爱的神圣领域，没有任何焦虑或畏惧。希腊人并不指望他们的神完美无瑕，或把他们照顾得无微不至。希腊人意识到，神也是反复无常，甚至可怕的。希腊人压根没指望从阿佛洛狄忒那里获得慰藉。爱令他们兴奋，但这种浪漫却来自极端快感和极端痛苦的交融。因此，希腊最伟大的浪漫诗人萨福，才创造了“bittersweet”(悲喜交加)一词来描述性爱之爱。

有爱的语言最美丽

奥地利人路德维希·维特根斯坦（1889—1951），是20世纪伟大的哲学家之一。他聪明而有趣，郁闷而焦虑，个性兼具阴暗与光明。他有一句精辟的论断：“我语言的极限就是我世界的极限。”语言令我们着魔，让我们沉迷，路德维希·维特根斯坦更是醉心其中不能自拔。如今，只有孩子气的人会认为“极限”或“限制”是一种损失。思想成熟的人会明白，限制意味着权利。一个孩子可能会抱怨：“让我把球从这里踢过去，又不能跑出边线，真不公平！”看到孩子的沮丧神情，我们会觉得可笑，但有时，我们也会不知不觉地对界限表示反感甚至反抗，认为自己完全有可能超越这个界限。或许你也曾一早醒来，气愤地想：“又被地心引力给束缚了！”在你的想象中，若无重力，自己就能像鸟儿一样自由飞翔，却没有意识到，在失重状态下，你或许只是个无法主宰自己的浮游生物。不管我们逃离界限的自由梦想有多么强烈，我们仍需要种种限制，让我们得到参与这个世界的权利。

没有什么话语能像爱的语言那样让人着魔。在这个浪漫的世界里，柏拉图无疑是一个很棒的导游。在《会饮篇》开篇，一群老友，相聚酒宴，觥筹交错中不乏友好的敌对和抬杠，此情此景，“审视爱情”这样的严肃话题也变得活泼有趣。在希腊语中，“会饮”就是“一起喝酒”的意思，大约在柏拉图看来，欢乐的宴席是个探讨爱情、谈论爱情的理想场所。

当然，柏拉图只是探讨了“希腊语”的魔力和迷人之处。这种古老语言中对于浪漫世界的定义，与以英语为母语的人——比如说我——所理解的浪漫世界有何不同，值得深思。在此，我也想提及一位我非常喜欢的美国作家，安德鲁·德布斯（1936—1999），透过他的故事，柏拉图世界中的种种魔力，已渗透进我们的浪漫世界中。

以神之名谈爱

爱，在我们千方百计抓到手的一刹那，又从我们的指缝中溜走了。

就我而言，我并不认为英语是一门足够浪漫的语言。一旦涉及谈情说爱，现代英语几乎让人心灰意冷。对于坠入爱河的人们，英语似乎充满了沮丧和愤世嫉俗的味道。我很想说，英语根本不相信浪漫。有时，现代英语好像不是在赞美爱情，而是在埋葬爱情。拒绝值得赞美的事或人，缩小本应伟大的、我们能够掌控的事物，也会让我们自己变得渺小。

相形之下，在柏拉图的《会饮篇》中，赞美爱是所有演讲者的中心主题，虽然跟我们一样，他们大多时候失败了。然而他们相互倾听，彼此补充，孜孜不倦，乐此不疲。正如诺贝尔文学奖得主塞缪尔·贝克特所说："再试，再失败，更好地失败。"柏拉图让我们跟随《会饮篇》里那群事先没准备好谈爱的男人们，尽可能地寻找更准确的词去捕捉爱情。

我们不妨先来谈谈这些令人欢愉或生畏的观点。在古希腊语中，"爱"是一个神的名字。这个名字是Eros（"厄洛斯"，希腊神话中掌管爱情和性的女神阿佛洛狄忒之子），是英语单词

“erotic”（情爱）的词根。我个人比较喜欢在现代英语中沿用希腊语的精华之处，因此在描述我们坠入的“爱河”时，我更倾向于使用“erotic love”（情爱），而不是“romantic love”（浪漫之爱）。不过我发现，大多数学生都将“erotic”一词理解为十分偏狭的情色之意——希腊语里的神圣境界早被削弱殆尽，只剩下粗俗。“romance”和“romantic”两个词，词根和词源也不尽相同。“romance”意为“传奇文学”，原指约500年前非常流行的、充满奇异和冒险的旅行故事；而“romantic”较为年轻，大约只有200年的历史，在现代英语中指“坠入爱河或身处热恋的特征”。我也很乐于用“romantic love”形容“浪漫爱情”，不过，跟与“神”相关的词相比，再好的词也相形见绌。

我试图将“erotic”一词从庸俗意义中拯救出来，但要知道，一旦某个词被扔进了文化的垃圾桶，要重新摆上高雅的文化餐桌十分困难。希腊语中谈论爱情的其他词也遭遇了相同的困境。希腊神话中的爱情女神名为“Aphrodite”（阿佛洛狄忒），由此名衍生出了一个普通的希腊单词“aphrodisiac”，意为“阿佛洛狄忒之物”，是希腊语中描绘性快感的典型单词，特别是用于描述那种最为强烈、完整的性快感——礼貌性的英语中被称为“性交”，再人性化一点儿则可称为“做爱”。大家不妨想象一下，在一种语言中，我们使用的关于性的词汇源自掌管美的女神，而在另一种语言中，这些词汇跟“阑尾切除术”“流感”等冷冰冰的术语处于同一个领域，你有何感想？但事实是，“性交”已经成为一个医学词语，变得索然无味，听起来不像是人人都特别愿意做的事。“今天下午我们性交怎样？”“哦，不，我预约了牙医。”“性交”这个词变得中立和客观，再也不像“Aphrodite”那样典雅、有趣和美好了。

“性交”一词是1798年第一次出现在托马斯·马尔萨一部关于人口的英语论著中。托马斯·马尔萨是第一个使用该词指代“阿佛洛狄忒之物”的人。他认为，人口增长如果超越食物供应，会导致人均食物的减少，因此需要制定限制人口过度增长的公共政策。他用“性交”一词指代男女之间引起人口增加的行为。换句话说，“性交”一词进入现代英语时，不再私密和富于情感，而是在探讨一种公共政策。“性交”虽用来描述人类的性行为，但谈及它时，似乎就像谈论纯净水供应或隔离传染一样面无表情。

很多和“性”有关的词语，我们用起来理所当然，其实它们变成英语的时间并不长。“sex”一词，用来指“性”，也不过一个世纪。当然，这个词本身的历史很长，它曾主要用来区别男性和女性，即“性别”之意。19世纪80年代前后，该词开始用来替代“属于阿佛洛狄忒的美事”。更有文艺气息的“做爱”（make love）一词，过去常指恋人对彼此的特别关注和私密情话。如今的人大多只知道这个词有性方面的意思，所以读到19世纪小说，往往吓一大跳，里边的年轻男女，在派对上竟于众目睽睽下“做爱”！大约70年前，许多人还是知道该词原先有“关注、谈话”的意思，但是现在，“做爱”的词意已被减少和压缩，从艺术性的交谈沦落为肉体的行为。

我真希望柏拉图能帮助我们逃离这种被践踏的语言环境。现代英语中，阿佛洛狄忒甚至成了医药的名字——“aphrodisiac”（壮阳剂，春药）——我想，这个词再也不会充满浪漫意味了。你也许会说，何不用“Aphrodite”的拉丁语版本“Venus”（维纳斯）呢？比起“Aphrodite”，“Venus”的遭遇更加多舛。当今英语中，唯一用其神圣之名组成的词组就只有“venereal disease”（性病）了。多少个世纪以前，诗人或情侣说“来吧，我的爱，我们来享受欢愉吧！”并非笑话，而现在则不然。试想一下，若情人节卡片上印着“Venereal Greetings”，字面意为“性病的问候”，肯定一张也卖不出去。逐步施加在英语语言上的压力，也逐渐对我们的性爱生活造成了压力。我们能够用来描述性爱生活的语言，与我们对性爱生活的感知有很大关系。在《会饮篇》中，每个演讲者谈论爱与性，都会使用一种提及英雄和诸神的语言。尽管他们互相揶揄、调侃和辩论，但他们有一点最重要的共识：浪漫爱情及其欲望，是具有神圣色彩的，它能够穿越凡俗的人类世界，抵达神圣境地。然而，这种表达爱的语言，被使用现代英语的人说出来，韵味全无，令人沮丧。

但不要以为，希腊人对于爱的神圣领域，没有任何焦虑或畏惧。希腊人并不指望他们的神完美无瑕，或把他们照顾得无微不至。希腊人意识到，神也是反复无常，甚至可怕的。希腊人压根没指望从“阿佛洛狄忒之物”中获得慰藉。爱令他们兴奋，但这种浪漫却来自极端快感和极端痛苦的交融。因此，希腊最伟大的浪漫诗人萨福，才创造了“bittersweet”（悲喜交加）一词来描述性爱之爱。

在柏拉图的语言世界里，阿佛洛狄忒是司爱的神祇，狄俄尼索斯则次之，专司狂喜体验和沉醉之感。狄俄尼索斯一般都以俊美娇嫩、异域风情的男子形象出现，头戴常春藤和紫罗兰，常被一群女性信徒和山林野兽拥趸出行。“Ecstasy”（狂喜）这个词由两个希腊词合并而成，表示“站出来，去冲破”：在神的诱引下，冲破、颠覆常态，冲向狂喜的巅峰。与之相关的体验尽管兴奋，却未必“美好”，在所有关于狄俄尼索斯及其狂喜的希腊故事中，人常常丧失或获得某种身份。古代致狄俄尼索斯的荷马史诗中，海盗们看到一个留着长发的男子坐在海边，以为可以换取赎金，便将他绑架。但回到海上，海盗们发现满船流溢着芬芳的美酒，桅杆上出现了缠绕着的葡萄藤，山林野兽们在甲板上悠闲地踱步，那个男子，也就是狄俄尼索斯，则安详地端坐着。最后，惊恐万分的海盗们都被变成了海豚，纷纷从船上跳进了大海之中。这是海盗们的罪恶命运吗？嗯，单独从人类的观点看也许是的。至少，失去了人的身份是个悲剧，但变成了海豚，能在广阔无垠的海洋里遨游，不也是另一种美好吗？

爱的方式真美妙：它是经由舍弃而获得的。通过完全地舍弃了更加安全、驯服的自己，我们便能进入爱的巅峰狂喜之中。放弃一个舒服的旧世界，我们便得到了一个崭新的世界。柏拉图的《会饮篇》及其《斐德罗篇》，都希望找到哲学途径，去提升对爱的接受度。但是，在我们敞开心扉接纳之前，我们必须诊断出阻碍我们的焦虑和恐惧。这种焦虑和恐惧让我们总希望爱情温驯如猫，而不需要像驾驭狮子那样去控制爱情。在《会饮篇》的开场部分，即使那些男人都在赞美甚至渴望爱情，却都试图通过哲学来保护自己免受爱的牵绊，拒绝爱的要求和狂喜。在安德鲁·德布斯的故事里，也揭示了这种既抵制爱情又渴望爱情的焦虑组合。爱，在我们千方百计抓到手的一刹那，又从我们的指缝中溜走了。

在丢失的路上寻找

试图在人情最淡薄的背景里寻找真情的可能性，在充斥着痛苦心灵的人群里寻找心灵的解药，在丢失的道路上寻找，在受伤处试图治愈。

《异域夜店》是这样一部电影，它在满目浮华、纵情声色的场所中售卖清纯，旁若无人。它注定要走一条促狭的探索之路。在伦纳德·科恩“Everybody Knows”（《人尽皆知》）的背景音乐里，在观众以为“人尽皆知”的又一个情色电影套路中，导演嘴角含一缕坏笑，低回往复，一咏三叹，不动声色地呈现出一个耐人寻味的内心故事。

电影的情节异常紧凑，暗线密布，各个部分像严谨的多声部音乐，互为补充和影响，逐渐交织成宏大、丰富的乐章。这一点从片名就能体现出来：Exotica，这个题目有外来的、异域的意思，而exotic（异域的，异国情调的）则数次在影片的关键时刻显现，像导演的有意提示。随手举个例子，影片的开头，加拿大国税局的审计员弗朗西斯来到托马斯开的宠物店，当弗朗西斯觉得里面的温度过热的时候，他暗示托马斯说，温度太高，恐怕那些外来的动物

（exotic animals）会受不了，因为它们也许很脆弱，更容易受伤。而托马斯则回答他说："这些动物可比你想象的要坚强。"由此可以想见导演对"异域"（exotic）这个关键词的看法。我们总以为来自异域的生命有可能因水土不服而娇弱，奄奄一息，然而它们却强壮得超乎想象。这并不意味着它们所向披靡，无坚不摧。正相反，我们的脆弱之处它们一样有，也会被胁迫，受伤，面临种种险境，但无论它们遭受了何种威胁与创伤，在异域夜店或托马斯的宠物店，外来事物都成了人类力量的一种象征。

像这样不断被提起的富有象征意味的只言片语，我们还可以在影片中找到更多。最显眼的莫过于伦纳德·科恩的歌曲"Everybody Knows"了。导演阿托姆·伊戈扬用它作为克里斯蒂娜跳校园舞时的背景乐。这首歌后半段的歌词特别有意思，它载着本片的主题驶进了宗教气息馥郁的小巷。当"Everybody Knows"的曲调不断重复，它更像钟声激荡在整部影片中，回音不绝如缕。伦纳德的歌词也像"异域"一样，多次出现在影片的关键时分，提醒我们注意真相，并对我们面对真相的无力感表示讥讽。我们惊奇地发现，我们所熟知的性爱之路，此刻像是一种嘲笑，一种讥讽，一种可以被还原的、人尽皆知的东西。这首歌的目的，就是让人遭遇真相，遭遇嘲讽，遭遇两者相撞的尴尬。

回忆一下影片开始的情景。汤姆斯正在过海关，有人通过单向镜子监视他。我们还听到一个海关职员在训导一个年轻职员的声音。这个年轻职员后来和托马斯有一场戏。

在单向镜子后面，处在获取真相的角度，我们当然成了得到真相的一方。我们总渴望看到他人完全赤裸地暴露在我们眼前，然而，看到别人除却伪装、裸露秘密的前提是，我们自己穿上伪装。

所以，当别人的目光投向我们，他们只能看见自己的影子。伪装和真相，也是这部电影着重探讨的另一主题。可以说，在这部电影中，监视意味着手握真相，而手握真相意味着拥有了一种不公平的力量、使人掌控一切的力量，意味着充满监视的欲望。无论我们想从爱人身上得到什么，无论我们多愿意向爱人展露真实的、完整的自我，我们通常不大可能将它描述为想把自己置于对方的完全监视之下。我们能把自己完全敞开吗？我们能把自己的弱点完全暴露出来吗？当我们进入一个异域的情色王国，我们是否能免遭暴露的威胁？免遭影片中呈现的那样，无处不在的监视的威胁？

影片中出现了很多彼此呼应的平行情节。剧本创作者使用的手法，很大程度上借鉴于莎士比亚，即通过平行情节互相补充解释。编剧将平行手法运用得淋漓尽致，托马斯过海关时，第一次看到了单向镜子，而之后在异域夜店，又一次看到了单向镜子。偷窥者的乐趣在于：看到别人，而不被别人看到；掌控别人，而不将自己暴露在他人的掌控之下。单向镜子，成为一种警惕、防备的情爱象征。正如某时佐伊对克里斯蒂娜所说的，性爱是以某种方式保持距离，互不触碰。影片在这里就担负起了一项沉重使命，即解释触摸意味着什么，而允许别人触摸又意味着什么。影片第十六部分，讲的是佐伊在她母亲用过的东西中翻找类似假发的东西。恰在此时，克里斯蒂娜发现了佐伊和埃里克签订的一份协议，即规定埃里克让佐伊怀孕，但埃里克不享有父亲的权利。佐伊的名字在希腊语里意为生命，她想怀孕却不想同时受婚姻关系的牵绊。埃里克也一样，他曾说对待自己的感情要格外谨慎，他也想要孩子，但不想对怀有他孩子的女人动感情。在佐伊和克里斯蒂娜的这场戏之后，接下来是托马斯在歌剧院找同性伴侣的戏。这回他成功地找到了刚才提过

异域夜店（又译:性感俱乐部/色情酒店等）

弗朗西斯是一名税务调查员，此刻，他正面临着一生中最灰暗的时刻。妻子出轨，女儿被害，为了排遣生活的压力，他频繁地出入色情酒店，并结识了名叫克里斯蒂娜的舞女。弗朗西斯对克里斯蒂娜情有独钟，原因只有一个，那就是克里斯蒂娜的样貌酷似他的女儿……

的海关年轻职员。镜头回到夜店，弗朗西斯问克里斯蒂娜："怎么会有人伤害你，把你从我身边带走。"这种戏剧性的重复似乎是弗朗西斯与克里斯蒂娜一切关联的核心。接着，弗朗西斯进了洗手间，埃里克也紧跟着进去了。此时，我们会看到一对平行的情节。一边是托马斯和在单向镜子后监视他的海关职员，一边是埃里克和弗朗西斯。

埃里克在卫生间里撺掇弗朗西斯去触摸克里斯蒂娜。弗朗西斯一开始回应说，规定不能摸。而埃里克笃定地说，她等着你摸。弗朗西斯怯弱而又不确定地问他："你怎么知道？"埃里克说："人尽皆知，兄弟。摸摸她，你会喜欢的。"

首先，我们都注意到，这里又一次出现了"人尽皆知"这个字眼。这两个平行情节——一个是固定去夜店的弗朗西斯，一个是固定去歌剧院寻找艳遇的托马斯。通过平行叙事，逻辑十分清晰，我们知道埃里克很嫉妒弗朗西斯和克里斯蒂娜的关系，得知这一点的弗朗西斯，让托马斯去做卧底，监视的主题在这里又一次出现。在同克里斯蒂娜亲昵地谈过话之后，托马斯进了洗手间，埃里克同样跟了进去，并且对他说弗朗西斯不如他，托马斯也问了一句"你怎么知道"，埃里克说，他曾是克里斯蒂娜的男朋友。这些情节紧密相连。

摸还是不摸，这是个问题。电影透露出这家绅士们的俱乐部原则，即保持距离。因此，在客人的脸上，很难找到满足于情色享受的表情，他们的脸上，也清楚地写着：保持距离。他们观察的眼神冷酷而坚硬。弗朗西斯问道："摸了会怎样？"影片中他妻子和女儿的画面一闪而过，已经暗示了答案。对弗朗西斯而言，触摸克里期蒂娜相当于去触摸他一直逃避的妻女逝去的伤痛。所以，当弗朗西斯问他摸了会怎样时，他脑海里并没有想过违背俱乐部原则的事，他在问自己的过去，问自己的将来，问自己的心是否能承受这一次触摸带来的后果。他称克里斯蒂娜为天使，为她夜夜挥金，弗朗西斯每晚看着这个在夜店里翩翩起舞的脱衣舞女时，他实际上看到的，是一个他有能力去保护的女儿。

我们以为这是一部有关性的电影，实际上它是有关情和欲的。情同欲交缠不清时，离纯粹的性已经相隔甚远。当我们波澜不惊地期待这部电影同它所宣传的那样，毫无悬念地往情色片路线上走时，它却展开了令人不知所措、与预期完全相反的叙事。影片最震撼我的地方，是我回想起自己看到一些情节时候的错误反应。比如电影第七部分，弗朗西斯开车送一个叫特雷西的姑娘。特雷西一头金发，看起来不谙世事，又很时髦。弗朗西斯给她钱，并且问她下周四有没有空，然后弗朗西斯说向你爸问好。我以为她是一个妓女，弗朗西斯从她父亲那租用了她。这个想法立即恶心到了我，我自然而然地以为这片子讲的是卖淫，如同我们看过上千遍类似情节一样，导演把我误导成了坏蛋，并且成功地让观众变成了偷窥者，藏在电影的单向镜子后，对电影进行错误的解读，和电影中的人物捉迷藏。当发现事实并非如此的时候，观众受到了考问，那些所谓人尽皆知的东西是什么？

如同在丢失的路上寻找，导演试图在这情欲如流水的冷漠的娱乐场所，寻找最稀有的人与人之间情感的联系，温暖的慰藉。弗朗西斯尽其所能地从特雷西和克里斯蒂娜身上，努力想找回身为人父的感觉，他想成为一个有力量保护自己女儿的父亲。然而，渐渐地这种对保护欲的寻找，已经不再纯粹，夹杂着不太分明的情欲，他原本的男性力量，因女儿的惨案而减淡，又因情欲色彩，逐渐觉醒，然后冲破性的边界。贯穿整部电影始终的是，导演在遍地丢弃真情的娱乐场所，寻找一颗拯救心灵的解药，克里斯蒂娜提供给弗朗西斯的，正是这样一种慰藉。情色杯中盛满的不是烈酒，而是伤口，以及对伤口的关切和注目。

电影中也有关于金钱的主题。金钱和报酬，都是使人掌握控制权的途径。无论是克里斯蒂娜还是特雷西，弗朗西斯能与她们保持关系，主要靠金钱的维系。看看这个主题是如何在电影中体现的：人们在付钱时，手举得很高。在托马斯的平行情节中也有金钱的主题，不过托马斯对它的处理是拒绝。因为一旦拿了钱，他们的关系就平等了，他只有始终保持给予的姿势，才能在双方的关系中占据主控地位。但是在年轻海关职员那里，托马斯打破了这个惯例。他不想以金钱交换触摸，让金钱玷污他对亲昵的欲望，而是想和对方保持一种纯粹的情爱关系。弗朗西斯也打破惯例，他摸了克里斯蒂娜——就在平行情节中，托马斯抚摸海关职员的同时。两个人突破以金钱保持距离的行为，都导致了损失：弗朗西斯失去的是女儿，托马斯失去的是他偷运回来的受精蛋。也就是说，托马斯失去的是妊娠。

而埃里克同佐伊的协议，也进一步说明了钱在这里是怎么变成一种控制的工具的。直面金钱与情爱的关系，就是直面这样一个问题：我们怎么能既想拥有亲密关系，又想等价交换，保持距离？

影片已经在好几处让我们感到意外了。在影片结尾处，我们对故事发展的期望，又一次破灭。我想很多人等着弗朗西斯对埃里克开枪，这是个合理的结果。但是相反，弗朗西斯拥抱了埃里克，而埃里克把头放在了弗朗西斯身上。紧接着，影片又闪回到在野外的场景，一群人正在搜寻，弗朗西斯遭谋杀的女儿的尸体，同时克里斯蒂娜与埃里克正在这里散步，她看到了尸体时尖叫，把头埋进了埃里克怀中。导演将这两次拥抱剪辑在一起，向我们传达了治愈、疗伤的概念。也许这并不意味着人人都拥有一个光明的结尾，只是每个人治疗自己的同时，恰恰也包容了他人的伤痛。正如弗朗西斯对埃里克所经受苦痛的包涵。电影结尾给出了一个充满希望的注脚，这个注脚表明，情爱生活能带给人们的东西，远大于一般情色电影告诉我们的。一般情色电影的观众，所享受的仅仅是偷窥的乐趣；然而真正的情爱生活远非如此，它其实是对创伤、残缺、需求的回应。情爱生活能维持某些具备积极意义的价值，即去包容他人的残缺和创伤。这虽不能除去我们自己心中的伤口，但至少能让我们活得不再那么辛苦。那些看似简单的、跟你所追寻的大相径庭的事物，往往蕴藏着你想要的宝藏。比如电影里到处出现的蓝紫金刚鹦鹉，在异域夜店有一只，宠物店有一只，特雷西的爸爸赫罗尔德也有一只，这鹦鹉也象征着一种自愈的力量，一种遭受创伤却能重生的可能性——虽然不是每个人都能利用好这种可能性。

导演试图在人情最淡薄的背景里寻找真情的可能性，在充斥着痛苦心灵的人群里寻找心灵的解药，在丢失的路上寻找，在痛处试图治愈。谁知道阿托姆·伊戈扬是怎么找到这个思路的，我不知道，也许上帝知道。

苏格拉底的两个粉丝

这两个粉丝都把苏格拉底理解得过于简单，而把原型人物身上的太多东西给削减了。

《会饮篇》一开始介绍了两个苏格拉底的粉丝，其中一个叫阿波罗多洛。会饮的酒宴发生在大约17年前，那时阿波罗多洛还只是个男孩。酒宴在阿伽松的家里举行，苏格拉底和阿尔基比亚德等人都参加了。那时的阿伽松，三十岁左右，是个才华横溢的诗人和戏剧家，之所以举行酒宴，是因为那时候他的第一部悲剧刚在雅典上演，得了头奖。

阿波罗多洛被问及这场著名的酒宴，会饮时大部分关于爱的演讲和会话，就是由他回顾的。其时提出了强调自我控制的哲学与强调舍弃的爱之间，能否保持和谐一致的问题。阿波罗多洛自认为是一个真正的哲学家，他一直模仿苏格拉底的天赋，但苏格拉底是个伟大的健谈者，即使他的批评深切要害，也仍能保持迷人和愉快，而阿波罗多洛则太过生硬，更多时候是虚张声势。他的讲话只是对苏格拉底肤浅地模仿，太过坚硬、有失准确。虽然在语言上，阿波罗多洛展现了“硬汉”的形象，但其实他是情绪化的，甚至有着女性的柔弱，这样的性情为他赚了个绰号：“软妹子”。在柏拉图的对话《斐多篇》中，苏格拉底临刑前，阿波罗多洛歇斯底里般地号啕大哭，苏格拉底有些严厉地制止了他，说他哭哭啼啼像个失控的女人，而他最不愿意见到这些。事实上，阿波罗多洛太软弱，不可能真正地像苏格拉底。

实际上，阿波罗多洛所了解的故事也是从一个叫阿里司托得姆的男人那里听来的。阿里司托得姆是苏格拉底的另一个粉丝，绰号“矮个子”（苏格拉底的社交圈里，仿佛人人都有绰号。他另一个热诚的追随者凯勒丰，因为声音尖利，情绪暴躁，被戏称为“蝙蝠”）。故事开始于17年前的某一天，阿里司托得姆说，那天他在路上碰到了苏格拉底。当天苏格拉底打扮得很讲究，刚刚洗过澡，穿戴整齐，脚上还穿一双漂亮的鞋，这与苏格拉底的日常特征完全不同。众所周知，苏格拉底平时穿着简单至极，几乎到了衣衫褴褛的地步，而且不管冬夏，他都习惯赤脚走路。阿里司托得姆敬佩并模仿苏格拉底的简单生活，就像17年后的阿波罗多洛一样，当时的阿里司托得姆也是一直致力模仿苏格拉底。但是肤浅得很，他效仿苏格拉底简朴的外在形象——衣着陈旧、赤脚走路，但并不理解这些行为的内在含义。“矮个子”达不到苏格拉底的高度，不仅在体型特征上，更在于其思想高度上。与这些走样的模仿者不同，苏格拉底并非只是做做样子而已。较之于苏格拉底的简朴和节制，阿里司托得姆其实并不知道如何穿着。我们可以说，这两个粉丝都把苏格拉底理解得过于简单，而把原型人物身上的太多东西给削减了。柏拉图试图启发读者去全面地看待苏格拉底，不要将他削减到我们的高度，不要将他变成我们所习惯理解的版本。透过两个人试图将苏格拉底变成他们习惯认为的样子，柏拉图给我们竖起了镜子，让我们看到，原来我们也是倾向于这样去做的。

诸神被邀至阿伽松家了吗?

爱的某些真理离不开狂喜和沉醉，也许只有在神的助力下，爱中那些不顾颜面的狂野部分才能成为可能。

与阿里司托得姆不期而遇，苏格拉底很高兴，立即对他说：“嘿，跟我一起去吧。我正要去阿伽松家参加酒宴，庆祝他在悲剧比赛中得了奖。”阿里司托得姆像往常一样光着脚丫，穿着简单而寒酸的衣服，有些迟疑——他没有打扮，也没有被邀请。但是苏格拉底告诉他不要担心，并承诺，到了阿伽松家里，他会说是他邀请阿里司托得姆去的。

但就在他们快到时，苏格拉底脑中突然不知萌生了什么想法，就在街边停下来凝神默想，让可怜的阿里司托得姆先往阿伽松家去。他本想在外面等，但阿伽松家的一个仆人看到他，便将他带了进去。阿里司托得姆就这么进来了，被带到了主人阿伽松和雅典名流的面前，穿着破旧，不请自来，也没有苏格拉底引见——多么尴尬的场景。不过幸运的是，阿伽松是个修养很深的人，他说：“哈哈，阿里司托得姆，昨天我就想邀请你，但就是找不到你。看到你来了，真高兴啊。”当然，阿伽松确实有可能一直在找他，但更有可能的是，这不过是阿伽松的语言艺术而已。

在其他方面，阿伽松也是一个聪明的主人。苏格拉底终于完成思考进来后，晚宴已经开始，他只能与阿迦松同榻了。在希腊的酒宴上，人们是躺在床榻上的，两个人一张床榻（只有男人才会是客人），床榻被紧挨着放成一个大的圆圈。他们斜倚在身子左侧，食物放在伸手可及的小桌子上，要吃东西则用右手拿。晚餐后，客人们会通过喝酒消磨时光。他们将酒放在一个大碗里，大家转圈轮流喝，同时讲故事、唱歌。阿伽松在此有意做了一些巧妙的安排，他要让自己成为那个坐得离苏格拉底最近的人。很显然，阿伽松想向晚宴上所有的名流炫耀一番，尤其是苏格拉底。人人皆知，如果得到苏格拉底的钦佩，绝对值得庆祝，这也是一个人的智慧强有力的证明。

阿伽松说："苏格拉底，来我的床榻上，我听说跟有智慧的人坐到一块，那人的智慧能传递到自己身上。"阿伽松的话里明显有一种暗示。苏格拉底欣然接招。"阿伽松，"他坐定后回答说，"要是智慧能通过身体的接触加以传递的话，那真是太了不起了。好比说，它像能够流动的水，从一个装满水的杯子流入一个空杯。"这种"空与满"的有趣意象在阿里斯托芬和阿伽松的发言中，以及苏格拉底与阿尔基比亚德的演讲中，都曾出现过。在对话刚刚开始的部分，我们读者还不知道这种戏谑性的意象后来会发展成多么严肃。像莎士比亚一样，柏拉图的作品也总是会不经意地展现一些有深意的词语，包含着比我们初以为的意思更多的内涵。在描写这些大师时，每个词虽似一滴水，却蕴含着浩渺海洋。

阿伽松对苏格拉底说："好了，现在不说了！我等一下再和你讨论智慧问题，让酒神狄俄尼索斯做裁判。"像阿伽松那种在比赛性的表演中能吸引大量观众的智慧，与苏格拉底的智慧大相径庭，因为后者只会出现在没有漂亮扮相的私人会话中。阿伽松的狄俄尼索斯式的智慧乐于表现，而苏格拉底的哲学式的智慧更爱好隐藏。当酒宴进行至夜深，说话者们的舌头和禁制在酒的作用下逐渐放松。爱的某些真理离不开狂喜和沉醉，也许只有在神的助力下，爱中那些不顾颜面的狂野部分才能成为可能。

这个晚上的会饮，事实上是阿伽松举行的“第二场”胜利庆典。（毕竟，这次胜利如此重要！为什么不举行两场会饮呢？）前一天晚上他举行的酒宴甚至还要大些，人还要多些。在古希腊参加大型宴会，人们自然会多喝些酒。除了苏格拉底和阿里司托得姆，今晚出席的所有客人，也都参加了前一天晚上场面更大的宴会，所以，他们还未完全从昨天的烂醉如泥中醒来，都还有点儿宿醉。至少，参加过前一天宴席的最年长的鲍萨尼亚建议道：“我还没有从昨天的醉态中恢复过来，今晚不能再大喝了。我建议，今晚我们每个人都不要又喝醉了。为什么我们不把喝酒控制在最舒服的程度呢？”在《会饮篇》发生的时候，鲍萨尼亚四十多岁，他深深爱着美丽的阿伽松已有多年——那时，古希腊曾推崇备至的同性之爱的巅峰时期已过去好久。

鲍萨尼亚知道，这么多客人中，不只他处在这种状态。雅典最伟大的喜剧作家阿里斯托芬立即赞同：“我可不想让饮酒成为一种负担，因为我昨天晚上也是烂醉如泥。”听到这个评论，另一位客人厄律克西马库，他正好是名医生，决定让除苏格拉底以外的所有客人投票决定。——他说，苏格拉底，对他我无话可说，我们知道在任何场合下，醉不醉对他来说都是一样。关于这一点，喝醉的阿尔基比亚德在之后的发言中也曾提及。酒神狄俄尼索斯对这位哲

《柏拉图的筵席》

学家好像没有任何影响力，他能在周围醉意嘈乱的环境中保持不受干扰的平静之态。因此，除苏格拉底以外，所有的客人都同意将酒以及沉醉排除在外。这种排除特别奇怪，因为两位伟大的戏剧之尊——专攻喜剧的阿里斯托芬和擅长悲剧的阿伽松——都是酒量极大之人。毕竟，主宰演剧和葡萄酒的神狄俄尼索斯是他们的守护神。他们似乎也并不完全都说了实话——他们并非为了进行理性讨论才想要冷静，而是因为他们都已经太虚弱了，再喝酒就吃不消了，不能再接受酒神狄俄尼索斯的盛邀了。当然，“我想要保持清醒和理性，因此我就不喝酒了”肯定比“昨晚我喝得太猛了，今天我不能再喝了”的说辞来得体面。不管怎样，酒神狄俄尼索斯就这样被控制或甩到一边了。

将酒神排除在外，这是大家的第一个决定。不久，他们又做出了第二个重大决定，医生厄律克西马库再次率先提出了第二个建议："我想，我们不妨将吹笛女也打发出去。我们可以利用这个时机来讨论问题，作为今晚的消遣。"在希腊规模较高的晚宴上，定会邀请女性吹笛人来提供柔软舒适的音乐。在全是男宾的酒宴上，伴着饮酒，雇个女子提供音乐娱乐是件很平常的事。也许，厄律克西马库为了达成理性的对话，不仅将音乐排除在外，也将这种甜美温软排除在外。

在这些男人看来，他们准备用男性对话的乐趣，取代女性带来的愉悦。他们准备过一个男人的夜晚，纯粹而简单。这里的气氛将是笃定的阳刚之气。但是，如果一个男人在女人身上看不到任何值得自己佩服或渴望之处，势必会将女性的阴柔贬低得毫无价值。《会饮篇》的一个引导性主题，就是如何将男性阳刚和女性阴柔从这两种非此即彼的选择中拯救出来。一个更加复杂的男性阳刚，必须整合进女性之美，而一个更完整的女性阴柔，也要吸纳男性的阳刚特质。阿波罗多洛以虚假的硬朗掩饰柔弱，阿里司托得姆以拥抱简朴作为拒绝美的伪装，与这群男人的排除之举异曲同工。正如我们对柏拉图是否会邀请酒神重新回来拭目以待一样，我们也要看看，是否他也能找到一种方式，能够让吹笛女最终回来为我们演奏。

狄俄尼索斯和阿佛洛狄忒在美国

每次自我认知的进步，都伴随着对旧我的舍弃，每个天堂般的进步都伴随着地狱般的损失。

酒，戏剧，爱情，虽然都是老的故事主题，却历久弥新，总能焕发出新的生机。感谢作家安德鲁·德布斯，在他的帮助下，我开启了新鲜的愉快之旅。

安德鲁·德布斯是位德高望重的作家，被称为“作家的作家”，虽然不是特别有名，但在作家圈里享有美誉，许多作家都争相成为其拥趸。（他的儿子安德鲁·德布斯三世，也是一名成功的作家，他们父子经常会被混淆。）他以短篇小说见长，同时也是一个特色鲜明的天主教作家，在当代美国文学中占有一席之地。我关注安德鲁·德布斯是受我爱人的影响，她十分钟爱他的故事，特别是其故事中对女人思想和生活的描述更是鞭辟入里、引人入胜，堪称佳作。

在本书中，我们会多次提到的四个故事，都来自安德鲁·德布斯去世前最后一部故事集《晚间舞蹈》。这四个故事紧密联系，合起来是描写一对特别情侣——特德·布里格斯和露安·阿斯诺—

浪漫故事的小说，它们将帮助我们更生动地理解柏拉图的思想，而《会饮篇》反过来也清晰地彰显了安德鲁·德布斯的不朽成就。特德和露安的浪漫生活，似乎柏拉图在2400多年前就预见到并分析过。最好的古书，总会保持现代感，事实上甚至比不少当代的书更加具有现代气息。正如埃兹拉·庞德所说："文学是使新闻永远成为新闻的新闻。"柏拉图是文学和哲学的双重化身。安德鲁·德布斯不是一个哲学家，但他关于现今我们如何生活的主题和观察，却与《会饮篇》有着惊人的亲密感和相似之处。

在"特德和露安的故事"第一部《坠入爱河》中，我们首先认识了特德·布里格斯，在这个故事中，他还没有邂逅女主角露安。特德是一个高大强壮的男人，可谓"男人中的男人"，他曾在部队服役，担任医务兵，在越南战争中膝盖不幸被炸伤，所以走起路来一瘸一跛的。与《会饮篇》中的男人们一样，他那"非常男人"的外表，掩盖了其内心的柔弱。他在波士顿做一名律师，不工作的时候，他四处寻猎女人，他想自己会爱上她们的。他遇到了一个很有吸引力的年轻女演员苏珊。一天，在苏珊完成了某部剧中的精彩演出之后的庆功派对上，他们在推杯换盏中相爱了。（在安德鲁·德布斯的想象中，戏剧、酒是爱的温床，柏拉图的《会饮篇》和莎士比亚的《仲夏夜之梦》也无不如此。）特德与戏剧没有多大关系，他曾是一名士兵，战争中的可怕经历总让他难以忘怀。正如身体上的残疾一样，他心理上的创伤永远无法治愈。苏珊乐意于给特德一片天空，让他忘记创伤。"当他们做爱时，"安德鲁·德布斯描写道，"她能感觉到他身体内的战争，感觉他从以前的所见之物、所做之事中升腾起来了。"他一直希望能找到理解他的伤痛和内疚，能对他的阴影表示同情的女人。但是，正如莎士比亚的《奥赛罗》

一样，作为“男人中的男人”，他始终生活在一种紧张状态中，对于自己需要多少怜悯无所适从，他既想抓住女人的温柔，又想将之推远。

特德与苏珊之间曾有的愉悦和狂喜，却引致了无尽的痛楚。当苏珊意外怀孕，他们之间的关系即以悲剧收场。苏珊告知特德，她要打掉这个孩子，她拒绝了特德炽热的求婚。也就在听到苏珊坚持要将孩子打掉这一想法的糟糕时刻，特德才体会到坠入爱河对于他的意义：拒绝他们性爱的结果——孩子，就是否认他们之间的爱。直到那一刻，他才理解到，他之前对苏珊、对其他女人一直说的“我爱你”三个字，有着怎样真正的含义。许多男人只在心碎时才发现爱对自己意味着什么，这样的男人，特德不是第一个也不是最后一个。安德鲁·德布斯在故事标题中蕴含了双关之意，以此强调了这一悲伤的事实。“坠入爱河”通常指爱情故事的开始，但在安德鲁·德布斯笔下，听到苏珊说不要孩子时，特德突然感觉到的是：“他内心的某些东西在坠落，直至破碎前都无法停止。”

《坠入爱河》讲述了特德的各种变化过程，他逐渐意识到，他一直过着的浪漫生活——在周末与女人饮酒作乐，情投意合时缠绵于床笫之欢——其实都不是他内心真正想要的。因之于对失去自我、对承担责任的恐惧，特德的男性意识已经残缺和扭曲了。不妨将特德的情形以神话的语言进行表述：如柏拉图《会饮篇》开场中虚弱的男人们一样，他将酒神狄俄尼索斯和爱神阿佛洛狄忒排除在外了。喝得太多并不能让一个男人成为狄俄尼索斯式的人物，没有担当的性爱也不能让一个男人成为爱神的随从。要跟上神祇的脚步，就得进入这些神圣经历赐予我们的身份当中去。女人同样如此。当我们拼命希冀能控制性爱，说明那时的我们，只是不完整的男人和女人。

这个故事的主线，就是特德·布里格斯关于自我认知的增长过程。他发现，真正的浪漫自我，要求自己成为男女结合中的一部分，向新的生活敞开心扉。他认识到，自己是个犯了错的男人，将本应与自己共结连理、生儿育女成为美满夫妻的女人放走了。他逐渐意识到，自己其实一直在逃避想要得到的东西，现在，他承认了这种欲望，希望去迎接一个更坦诚相对的未来。他是如此希望通过浪漫韵事给予的慰藉，从战争的痛苦中解脱出来，却忽视了可能招致的更复杂的痛。成长的阵痛是哀恸的，但在故事的结尾，我们看到特德已经做好准备，去迎接崭新的、更加诚实的生活。他决定拒绝朋友尼克所提供的纸醉金迷、不负责任的诱惑，而此时的尼克仍然身处泥潭，无法自拔。在“特德和露安的故事”中，尼克再也没有出现，似乎表明，要建立与露安的关系，特德就要与老朋友尼克撇清关系。每次自我认知的进步，都伴随着对旧自我的舍弃，每个天堂般的进步都伴随着地狱般的损失。

溜走的神祇总会自己回来

本性，也许被你从前门扔了出去，但它总会从后门偷偷地溜回来。

我一直强调特德·布里格斯成长经历中凄厉的方面，但是，任何爱情故事除伤感之外，总还有很多其他的东西。《坠入爱河》向我们展示了特德和苏珊如何经历狄俄尼索斯和阿佛洛狄忒带来的乐趣，即使最后他们的爱情走到了两个人都不愿意抵达之地，于是他们狠狠地将这些令人不安的神祇给踢开了。安德鲁·德布斯很乐于在故事中讲述，为什么特德和苏珊如此地相互吸引，他们又是如何满足对方的需求的。当然，他们的相互吸引不只是生理上的，也不仅仅是单纯的性欲使然。虽然他们的没有耐心、他们不完全的诚意，让他们的关系很快发展成单纯以性爱表达的形式，这是事实；但如果认为他们坠入爱河只不过是神经的抽搐和荷尔蒙的分泌而已，似乎太过愤世嫉俗，太过贬低他们了。那么，究竟是什么能让他们将对方当作爱人呢？

故事伊始，特德和尼克打算去看由尼克妹妹导演的一出戏，但他们喝得太多，只能参加演出后的派对。这部剧的名字叫《排练》，由法国剧作家让·阿努伊创作。苏珊在这部剧中扮演的角色，冲破生活的监禁，找到了爱的自由。“排练”这个词被安德鲁·德布斯多次用在故事中，以提醒我们，爱情故事中总少不了戏剧和角色扮演。安德鲁·德布斯在这里的想象沿袭了大师们的套路：柏拉图将《会饮篇》设置在一个戏剧获奖后的酒宴上，莎士比亚《仲夏夜之梦》中的爱情故事更是如演戏一般。

两个男人，特德和尼克，虽然不爱看戏，但他们去参加庆功派对，因为他们觉得那儿会有有意思的、“好相处”的女人。从古至今，好像戏子的名声都不太好，性观念都很随便，我们的时代是这样，柏拉图的时代也一样。在派对上，安德鲁·德布斯让读者见到了一个二十二岁、十分漂亮的苏珊。安德鲁·德布斯说，她已经有“七年激情澎湃的演出经历”。这个七年也是特德·布里格斯战争结束后回家的时间——安德鲁·德布斯通过在故事中安插这个事实，让我们发现，时间是怎样将一个人慢慢打磨得与另一个人完美匹配的。七年中，苏珊在舞台上带着激情，扮演了一个又一个角色，也是在同样的七年中，特德与一个又一个女人假装相爱。

作者用非常丰富的描述将苏珊呈现在我们面前：演出结束后，她感觉如何？她感到房间都装不下她了。如此有才的年轻女人，为什么需要一个爱人呢？她其实不需要肯定，也不需要赞美，她清楚地知道自己表演得有多好，她也知道，在表演时，她是多么地全情投入，舍弃自己，成就角色。她其实一直在寻找的爱人，是能够给她提供释放空间的爱人。我还记得，一个学生曾经告诉我，当发生了什么好事——考试取得好成绩或论文中有了新点子——她只有在将这个好消息告诉某个人时，她才感觉到这是真的。她其实不是想得到赞扬或肯定，她只是需要表达。讲述故事的过程，才意味着我们身在这个故事之中。对苏珊来说，只有当她和爱人分享这种体验时，她的成就才变得真实。只有在某个爱她的人的镜子里，苏珊才能看到自己。

在演出过程中，苏珊总是将自己全身心地注入到角色中去，但是演出后不久，无边的空虚感便向她袭来。安德鲁·德布斯将她的感觉描述为“没有生气”，干渴、贫瘠，就像蛰伏在沙漠中的植物一样，急需精神雨露的滋润。她渴望另一部新剧来重新浇灌她的灵魂，使之肥沃起来，感受到新的生长。因此，每次演出之后，她全身布满感激的充实和完满，但之后又被渴望的空虚和寂寞感所包围。在苏珊的演员生活中，完满与空虚相互更迭，同样也折射在她的浪漫生活中。她被特德的爱所充盈，但到后来她要打掉孩子——将充盈她身体的孩子驱逐出去——如安德鲁·德布斯所言，她感觉被“沙漠”充斥，只有新的爱情、新的工作才能冲走她灵魂的干旱之地，让她找寻到生命和幸福。苏珊在痛苦现实中生活的体验，以与阿伽松类似的空杯和满杯的意象呈现出来，十分精彩。

苏珊在寻找一个爱人，因为只有坠入爱河，才能让她敞开心扉。苏珊所知的建立这种亲密的唯一方式，就是性；除了做爱，她不知道怎样才能让自己感到身处爱中。于是，苏珊沿袭着一种悲剧的模式——起初渴望真正的爱情，却又不耐烦地以“性”表达，最后只能是痛苦地决裂。她渴望找到爱人的欲望是完全真诚的，甚至是高尚的，但她的欲望未能得到真正满足，就被她的急躁和不耐烦给摧毁了。正如正餐没开始前小孩就偷吃了餐后甜点一样，我们品尝美味蛋糕——餐后甜点可以看作对盛宴圆满完成的一种庆祝，也正因为我们没有一开始就品尝它，我们能享受到其中更多的美味。但是，如果我们一开始就吃蛋糕，它就会影响我们的味蕾，破坏我们的食欲，让有营养的食物变得索然无味。于是，苏珊徘徊在毫无生气的空虚里，踟蹰于失败爱情的荒漠中。

当苏珊和特德一起离开派对，到她的住所过夜，特德问她："戏演得好吗？"安德鲁·德布斯告诉我们，虽然她浑身都想说"是的"，但她没有立即回答。她深深地吸了一口特德递给她的"幸运牌"香烟，享受到烟自下而上充斥她肺部的完满感觉——如此美味，如此危险。"我演得很棒。"她说，吐出了感激的烟圈。在安德鲁·德布斯的故事中，烟和酒总是好东西，它们所给予的快感不单纯是生理上的，也有心理上的。在"特德和露安的故事"的最后一个故事中，在暴力的危机过去之后，露安点上一根烟，她将烟说成了"大地的奇妙礼物"。在此处，充盈苏珊身心的烟是特德给她的：她很幸运，特德给了她想要表达感激的空间。安德鲁·德布斯又对情人做爱后的谈话进行了有趣而敏锐的描写。"今晚一起吃饭，"特德说，"为了庆祝演出，就吃法餐吧。""演出你又没看，"苏珊的话中带刺，"我真希望你看了我的演出。"特德允诺道："下出戏我每晚都看。"然而，他们之间不过在相互糊弄而已。其实，特德看"她"并不重要，重要的是她能看到"她自己"的精彩和完满，而特德的爱给了她机会和空间，让她能够实现这种目的。只有通过爱人的反射，她才能体味到自己的完满带给自己的满足，只有听到浪漫亲密中奇特温柔的回音，她才能感觉自己是真实的。

在这个场景中，安德鲁·德布斯对情人的观察是多么美妙！如果你认为，爱你的人需要分享你所有的激情，或者观看你所有的演出，或者你觉得自己哪里好对方也得这样想——那么，你真是对"幸运牌"太想入非非了！爱人的欣喜，来自看到你高兴，而不是来自让你高兴的东西。亲爱的读者朋友们，假设你正在写一本书，你会要求你的爱人读完所有的部分说“你写得真好，表达贴切，内容耐人寻味”，还是只要他说同样的话，哪怕对你的书他看都没看或者看了也忘了？可能，你仅仅需要他的一两句肯定而已。

神祇之名——狄俄尼索斯和阿佛洛狄忒——是古老的，但他们带来的体验，在安德鲁·德布斯所在的美国和柏拉图所在的雅典一样真实。亲爱的读者朋友们，柏拉图其实正在描述我们自己的生活。《会饮篇》看起来好像花了不少笔墨才谈到了浪漫的主题，但从特德和苏珊的故事中我们可以看到，柏拉图是知道他正在干什么的。在水滴般的词句之后，柏拉图才让浪漫的爱情浮现出来。医生厄律克西马库第三次起头，他提议大家在这个晚上，回应斐德罗经常向他的抱怨，为什么所有颂神诗和赞美诗都献给其他神灵，却没有人赞美爱神。他建议，每个人从左到右轮流赞美爱神，由斐德罗打头，因为正是他的抱怨才有了今天的讨论。柏拉图绕了多大的弯子才宣布了这个主题！为什么柏拉图在发起这些关于爱的演讲时，将酒神狄俄尼索斯和爱神阿佛洛狄忒都排除在外呢？《会饮篇》在开头讲到，这两个掌控人类浪漫生活的神祇必须被控制、被抑制、被限制，才能给真正的生活开辟空间。通过甩开这些神，哲学得以强制进入了阿伽松的家，向我们展示，之前的那些试图控制狄俄尼索斯和阿佛洛狄忒、试图排除酒的沉醉和柔美诱惑的种种努力，将被逐渐征服。前三个演讲者，斐德罗、鲍萨尼亚、厄律克西马库，带着试图将浪漫生活简单化的目的开始了演讲。但不知不觉间，关于狄俄尼索斯和阿佛洛狄忒的主题慢慢滋长，逐渐将他们原有的论调引入到神祇的音乐之中。本性，也许被你从前门扔了出去，但它总会从后门偷偷地溜回来。

（Ⅱ）躲避爱情

对激烈拒绝爱情的探讨，其中最伟大的文学作品应该是莎士比亚的《奥赛罗》，这部剧，将斐德罗提及的对爱人的死亡考验引到一个可怕的弯路上。斐德罗提出了爱情和死亡之间积极的联系，因为这种联系为问题——“谁愿意为你而死？”——提供了明确的答案：“那个爱着你的人。”然而，莎士比亚却探索了一种阴暗的可能性，一个用相同的答案也可以回答的问题——“谁愿意杀了你？”

年轻美男们的抱怨与幻想

因为年轻美男斐德罗的不断抱怨，《会饮篇》开启了赞美爱的序幕。斐德罗声称，在诸多神祇中，唯独只有爱神没有被充分地赞美。这也难怪，斐德罗之所以认为爱神应得到的赞美还远远不够，因为当他赞美爱神时，他同时也是在赞美自己。在我们读者朋友中间，又有谁不认为自己应该得到更多的赞誉呢？当我们谈论爱情时，我们大多在谈论自己，特别在此过程中我们还可以不露声色地赞美自己，那更是极好的了。

斐德罗不仅为接下来所有的演讲者都设置了相同的关于爱的主题，同时，他也定下了一种隐晦的自我赞美的基调。每位发言者都将自己化身为英雄或神明，其实，当我们坠入爱河时，我们便成了某个故事中的主角。

前三位演讲的男人都差不多，他们想要坠入爱河、身处爱恋，但又担心，是否他们对爱的兴趣看上去太过男子气概，又或者太过柔弱。所以，他们虽然在赞美爱情，却尽量将酒神狄俄尼索斯和爱神阿佛洛狄忒拒之门外。他们不想为了爱彻底地舍弃自我，于是，他们试图以三种不同的方式来控制爱。我想，此种情势可以这样描述，那就是，即便他们三个人都认为自己正在赞美爱，其实他们仍然都在“躲避”爱情。他们用一些其他的人类体验来代替爱，并大肆赞美这些替代品，以免对真相造成尴尬、为难和挑战。在我们的生活中，通过更加安全的替代品来躲避爱情，这种倾向十分常见。导演伍迪·艾伦在1986年拍摄的《汉娜姐妹》，是我非常喜欢的一部电影，它很好地展现了躲避爱情这一主题。各位读者朋友们，读完本章，相信你们一定会有新的想法和体验。

爱吧，管他男女长幼

哲学始于好奇，但我发现，有时哲学也始于忧虑。

前两个演讲者，斐德罗和鲍萨尼亚，形成了有趣的一对。斐德罗是一个非常漂亮的年轻男子，他有着许多浪漫的拥趸和仰慕者。毫无疑问，这种被爱慕的感觉让他乐在其中，不过他也有些担心，是否这样的自己会显得过于软弱和女性化。斐德罗可不想成为一个娇小可爱的男孩，如果可以选择，他希望成为男人中的男人，所以他一度将这种抉择进行过分夸大。鲍萨尼亚的焦虑则与此不同。他总担心自己似乎只被另一半的身体吸引，于是，对身处爱恋时纯粹的灵魂或心理上的益处，他进行了过分的强调。在谈论爱情时，这两位演讲者确实都言之有物，但为了回答他们自己的担心和忧虑，他们又不惜歪曲了爱。

为了更好地理解这些担心和忧虑，我们不得不说一下，在古雅典的社会背景下，盛行着男人间的浪漫爱情。对话《会饮篇》正是以这样的社会背景为前提。在其中，年长的成年男人，身处而立之年，对美少年——十几近二十岁，抑或二十刚出头的年轻男子——爱恋有加，并以此为乐。从这种吸引开始，一个少年和一个成年男人之间的浪漫关系便可以慢慢发展起来。《会饮篇》中大多数演讲者所赞美的浪漫感受，其主要关注点就是这种关系。事实上，庆祝这种专属于男人之间的关系而把女人排除在外，从部分意义上来讲，是因酒宴中“大男子主义”的氛围使然。虽然随着对话的推进，柏拉图打破了对专属男性的过分强调，但它仍然是对话的重要基调。

未成年的年少男子和成年的年长男人之间的关系，我们可以称之为男童恋关系。它来自希腊语中“pederasty”（男子与男童间的性关系）一词，该词由“ped”（男孩）和“erasty”（爱）组成。在现代世界，男童恋有时被认为是同性恋的一种模式，其实是十分不准确的。首先，柏拉图和他的听众并不认为，一个男人如果发现另一个男子的身体有吸引力，便会对男人产生“性爱取向”而不再关注女人。要知道，在这类关系中，年长的男人一般都已经结婚生子，他们爱自己的妻子和孩子。其次，这是一种被预期为不对称的关系，也就是说，与一般的浪漫关系中情侣间的相互对等不同，男童恋关系中，成年男子和未成年男孩的角色差异很大。因此，今时今地，我们指代浪漫关系中的情侣时，可以将双方都简单地称作“爱人”或“情人”（不管这种关系是异性的还是同性的），但是在男童恋关系中，年长的男人被称为“lover”，可译作有爱情的人、爱者等等，而少年被称为“beloved”，可译作被爱的人、情伴等等。因之于这两者泾渭分明，斐德罗将主要赞美爱者，而鲍萨尼亚则礼赞情伴。总体来说，情伴应是更加年轻、漂亮的，而爱者则是较为年长、睿智的。

我们关于这类关系的历史知识——它们有多么普遍？其中的性行为被社会接受到何种程度？它们只局限于社会精英吗？丈夫卷入

到这类关系中，他们的女人作何感想？——并不像我们自认为的那么可靠。事实上，柏拉图《会饮篇》和《斐德罗篇》这两部关于爱的伟大对话，是我们重建那种社会世界的最重要的信息来源。不过，至少可以说，在雅典的某些贵族圈子中，虽然男童恋关系引致不少社会忧虑，但这类关系并非不正常。一般说来，一旦少年到了二十多岁，就已经被认为是个完全成熟的成人了，他们对其他成年男性的性爱吸引也就差不多停止了。然而，在这种典型的社会秩序下，鲍萨尼亚和阿伽松可以说是一对声名狼藉、出了名的例外典型，因为对话中的阿伽松已经三十出头，但从以前开始，一直到现在成年了，他仍然还是鲍萨尼亚的情伴。正常来说，希腊人对这类同性恋关系，更准确地说是男童恋关系的认同并非主流，因此在我们所处的语境中，存在不少对这种情爱吸引——酒宴中的每个人似乎都曾有此体验——的担心和忧虑。问题是，要想爱者和情伴双方的男子气概在你脑中都不被破坏，我们就要知道，怎样看待一个年长男人对一个年少男子的兴趣才是合理的。

因此，男童恋关系这种社会现象，已让许多雅典人产生了明显的担心和忧虑，这也是斐德罗和鲍萨尼亚在对话中所谈及的。（柏拉图和亚里士多德都曾说过："哲学始于好奇。"这确实没错，但我发现，哲学有时也始于忧虑。）可以说，斐德罗的演讲实际上是对被爱之人，可以被称作情伴的年少一方的男子气概的辩护；而鲍萨尼亚的演讲则是对爱者，即有爱情的年长一方的辩护。事实已经很清楚，斐德罗是个非常俊美的年轻男子，他之前也许有过很多爱恋他的爱者；而鲍萨尼亚的声名狼藉前面已提到，因着他是阿伽松的爱者，而且还和现已成年的阿伽松一直保持着这种关系，似乎有些伤风败俗，自然也是出名的。总之，斐德罗在为泛指的被爱之人辩护的时候，同时也是在为自己辩护；而鲍萨尼亚在为泛指的有爱情的人辩护时，同样是在为自己辩护。当他们在谈论爱情时，其实大多是在谈论自己。

斐德罗旨在强调的是，在男童恋关系中，作为被爱之人的年少一方就像神话中的英雄一样，特别像其中最好的典型——荷马史诗《伊利亚特》中的英雄阿喀琉斯。虽然斐德罗似乎是以一种严肃的语气在发表他的演讲，但我们发现，他赞美情爱的方式却是古怪而有趣的。他认为，情爱最伟大之处，在于它能使任何人都成为最好的勇士。毫无疑问，坠入爱河对我们有着方方面面的影响。它让有些人变成了诗人，变成了勤劳的劳作者，变成了爱哭的婴儿或是歌剧的忠实戏迷；但是有多少时候我们会认为爱让我们成了勇敢的战士呢？不管情爱生活如何影响你的勇气，但看起来，它总也不像是连接爱与人类生活的核心方式。但是你可以看出，为何对情伴的女性化和柔弱特征充满担心的斐德罗，在歌颂爱情时会选择这种看上去比较怪的关注点。正如在《会饮篇》开头阿波罗多洛试图展现其“硬汉”形象一样，斐德罗也急于展示他并不柔弱，他是一个真正的男人。作为对这种忧虑的反应，斐德罗强调军事美德。置于希腊的社会背景下，一目了然，因为希腊语中表示勇敢和勇气的词“andreia”就是产生于词根“andro-”，而这个词根就是“阳性”的意思。换句话说，士兵的勇气正是男子气概的典型范例。

不听话的神话故事

斐德罗终于找到了一个适合有男子气概的被爱之人的神话例子，当想到阿喀琉斯，他终于可以松口气说：“瞧瞧，这就是男人中的男人。”

斐德罗意图以神话般的威望和权威，来赞美他的爱情及其男子气概。如果你的生活像某位神话英雄的一样，那么，这种方式会让你的生活变得更富吸引力，层次更高，也更精彩。不过要知道，神话这个东西有时狡猾得很，有时会传递出出乎我们意料的意思，我们意欲将其限制在高墙内，但它极有可能“红杏出墙”。斐德罗想借神话来表达自己的想法，殊不知，神话也会借他之口表达自己的意思。斐德罗和哲学家们总想很好地掌控自己的言辞，想让他们口中的神话，能够像《爱丽丝梦游仙境》中矮胖的蛋形人一样，傻傻地坐在墙头。但是，这些圆滚滚的言辞，一不留神就可能从墙上掉下来，砸到自己。这种情形就发生在了斐德罗身上。他所言及的神话就逃离了他的控制，表达了一些与他原意相反的东西。我们看到，一个个著名的关于爱者的例子出现在他的想象中，斐德罗试图让这些神话按照他的意愿来证明男子气概，不过，这些想象中蕴含着许多别的东西，远远超过他的哲学意图。

斐德罗围绕这样的观点来组织他的演讲，那就是，爱情比其他任何人类关系更能够激发我们达到理想的状态。为表达这个意图，他说，当和我们相爱的人在一起时，我们会有比与父母、兄弟或密友在一起时更加敏感的羞耻感。想想自己的成就被爱人认可时，我们感受到的自豪感，还有当自己失败时，我们在爱人眼前的尴尬。这种浪漫的自我意识，赋予我们以特殊的能量：当我们试图达到爱人所期望的样子时，我们会比平时的自我更加优秀；当我们功亏一篑时，我们会羞得无地自容。在爱的注视下，我们力争成为更新的和更好的自我，同时，这种努力也会给我们带来关于快乐和痛苦的极端体验——这些正是斐德罗所阐述的关于爱的狂喜和愉悦的版本。斐德罗以一个思维实验来揭示了情爱羞耻的巨大力量。他说，假设一支军队全部由相爱的人组成，它就永远不可能被打败，因为每个人都随时准备着为对方牺牲。战争中面对死亡的威胁，一个人可能会很快抛下自己的父亲或兄弟，但很难轻易放弃他的爱者或所爱之人。谁会为你而死？问斐德罗去吧。当我们身处爱情之中，我们所体验的羞耻和激励将会给你以答案：就是那个与你相爱的人。死亡的考验揭示了浪漫爱情无与伦比的力量，它带我们进入了某种新的、美妙的、奇怪的状态之中。

在整个《会饮篇》中，柏拉图将考量死亡考验的各种版本。苏格拉底、阿里斯托芬以及阿尔基比亚德的演讲都会回过头来反观斐德罗对于爱、羞耻、理想化以及死亡的有力洞察。斐德罗在想象中闪现出了第一个例子，用这个通过死亡考验的神话，他试图表现爱能激发男子气概，然而最后的结果却令他的策略变得复杂起来。他首先想到的是一个叫阿尔刻提斯的女人——她的名字也是希腊悲剧大师欧里庇得斯一部悲剧的题目——的著名例子，这可能是斐德罗（柏拉图）脑中关于她的故事的版本。阿尔刻提斯的丈夫因病而死，但只要能找到一个足够爱他并愿意替他受死的人，他就可以从死神处获救，不必去地狱。于是，他先去找自己的父母。因为他想，管它呢，他们反正过不了多久也就要死了！但是他的父母不愿意去。他们不愿意替阴间的儿子死。同样，朋友中也没人愿意为他赎命。唯一愿意替他去死的人是他的妻子阿尔刻提斯。为了丈夫能活下来，她竟然愿意付出如此大的牺牲，这令诸神也惊讶不已。于是，诸神不仅将她从死神处救出，还让她的灵魂从冥府回到阳间，并给了她巨大的荣耀和回报。

这种英雄式的死亡考验为什么会跃现于斐德罗的脑中，我们可以看得出来。但是我们也看到，他想到的第一个例子似乎有些尴尬。阿尔刻提斯的故事至少有两点。首先，在斐德罗所想要的故事中，浪漫英雄应该是像他对自己的定位一样，是“被爱之人”而不是有爱情的爱者。但是从斐德罗男童恋关系的视角看，在婚姻中丈夫应该是更加惹人爱的一方，因为在斐德罗看来，男人要比女人更加美丽和高贵。因此，从这个角度看，阿德墨托斯（阿尔刻提斯的丈夫）应该是情伴的角色，是这种关系中更美丽更高贵的一方；而阿尔刻提斯则是那个有爱情的爱者，她缺少美的特质。（男人要比女人更加美丽这个概念，可能与现今大部分人的想法完全相反。）不过，阿尔刻提斯的例子说明的是，一个爱者愿意为了她的情伴而死，而这个情伴的父母却不愿意。因此，她为了一个比她更有吸引力的人而经受死亡考验，这种模式应该不太适合斐德罗。其次，斐德罗是想用这个故事来强调浪漫英雄的“男子气概”的，但斐德罗的想象已经把自己逼退——爱的力量可以战胜死亡的这个例子中，主角竟然是个女人。而他并不想将自己投射到一个女性身上，难道不是吗？由此可见，神话并没有将他想要说的话完全表达出来。我们可以想象，在他讲这个故事时，他已经意识到，这个故事用错了地儿。关于爱，斐德罗有他的论点，然而事与愿违，他所举的神话例子，已经从他意欲将其限制在内的高墙中跑了出来，表达出了另番含意。

于是，斐德罗又尝试了另一个关于英雄式死亡考验的故事。这个故事讲的是奥菲斯（又译为俄耳甫斯）怎样下到阴间接回他的妻子欧律狄刻的。这个故事较之前有所进步，因为至少在这段爱情关系中，愿意下到阴间的人是男性而且是被爱之人（按照斐德罗看问题的角度是这样）。不过，如果斐德罗想把自己投射到这个神话例子里的话，奥菲斯神话故事中的其他特征，也会与阿尔刻提斯的故事产生同样的问题。其中的难点是，奥菲斯太过软弱，太过音乐化，并不能代表斐德罗的男子气概。实际上，他是神话中音乐的奠基人。在下到阴间时，奥菲斯正是用他的音乐魅力骗过了冥神，其实他并没有冒死亡的危险。按照《会饮篇》中的术语，谈及奥菲斯，就像是将酒神和吹笛女重新给邀请回来。在斐德罗所讲述的神话版本中，奥菲斯根本没有足够的勇气把妻子从阴间带回来。他以失败而告终，斐德罗意识到，这是由于他的软弱和女性化。

斐德罗试图用神话的权威来支撑其关于有男子气概的被爱之人的观点，但是阿尔刻提斯和奥菲斯这两个神话故事都未奏效。于是，现在他又转向了第三个英雄——荷马史诗《伊利亚特》中的英雄阿喀琉斯——他是所有希腊英雄中的明星，他的例子能更好地支持斐德罗的观点。在故事中，阿喀琉斯非常亲密的朋友——一个比他年长的叫帕特洛克罗的男人——被特洛伊第一勇士赫克托耳所杀，阿喀琉斯杀了赫克托耳为帕特洛克罗复仇。诸神规定，如果阿喀琉斯默默忍受，可以活得很长，但如果为了名声杀了赫克托耳，他就会死。最终，阿喀琉斯选择了为帕特洛克罗复仇，选择了名声和早死。斐德罗坚称，阿喀琉斯比阿尔刻提斯和奥菲斯两个人都要好，因此，比之他们也得到了更高的荣耀。当然，奥菲斯并没有真正准备为他的妻子去死，因为他试图用音乐的伎俩去迷惑冥神，将妻子带回又不必牺牲自己。在斐德罗看来，阿喀琉斯也比阿尔刻提斯要好，因为阿喀琉斯是被爱的情伴，帕特洛克罗是有爱情的爱者，情伴愿意为爱他的人去死，远比像阿尔刻提斯这样的爱者为了自己所爱去死，更加令人印象深刻。（荷马并没有将阿喀琉斯和帕特洛克罗呈现为男童恋关系，但在柏拉图时代的希腊文学中，他们被定性为这样的关系。）同时斐德罗还说，即使已经知道没法让帕特洛克罗复活了，但阿喀琉斯仍义无反顾地接受了死亡。而阿尔刻提斯和奥菲斯之所以都下到阴间，只是因为他们知道能够救活自己的配偶。斐德罗认为，为了不能救活的爱者而坚定地选择死亡，更加令人感动。此时，斐德罗终于找到了一个适合有男子气概的被爱之人的神话例子，当想到阿喀琉斯，他终于可以松口气地说："瞧瞧，这就是男人中的男人。"虽然有一点他没有明说，但观众们都知道他正在想什么，"我就像阿喀琉斯，那个愿意为了他的爱者而赴死的情伴。我就是这么高尚。"还是那句话，当想到爱，我们通常都会想到自己。

至此，斐德罗讲完了这三个关于情爱英雄事迹的神话故事。前两个真没帮他什么忙，但最后一个阿喀琉斯的例子，一语中的，恰到好处。在对被爱之人进行赞美时，斐德罗原本希望通过神话让这种礼赞更具崇高和威望之力，只是他遇到了问题，神话把斐德罗脑中的想象给绕糊涂了。他想到的第一个例子中，一个下到阴间去救另一个人并通过死亡考验的英雄，却是个女人，是个爱者！然后，他脑中冒出的另一个例子中，虽然这个人是个男人，是个被爱之人，但实际上他在死亡考验面前却失败了！斐德罗发现，神话充满了力量，却难以驯服。斐德罗就像一个讲师，他说："这里有三个关于爱情和死亡考验的例子，你们要用心记住。"他首先在黑板上写了"阿尔刻提斯"并开始讲解，但讲着讲着，他开始发现这个例子不对头。于是，他又写了"奥菲斯"重新开始讲，但又突然停住了，因为他觉得这个例子也不是那么适合。这时，讲师斐德罗毅然决然地擦掉了黑板上的字，说："不要再去想这两个例子了。"最后，他写下了"阿喀琉斯"，他想让我们只看这个勇士的例子，其他的都不作数。虽然讲师斐德罗想将女性化和音乐化从学生的记忆中擦掉，但关于男性和女性混合的更加复杂的视角痕迹，却被作家柏拉图留下了。

柏拉图将这种对于女性气质和软弱特征的躲避，也延伸到了第二个演讲，也就是鲍萨尼亚的演讲中。斐德罗是为被爱之人的男子气概辩护，而鲍萨尼亚的忧虑主要集中在爱者身上。他想通过一段对爱者的论述，让他成为理性的有自制力的典范。就跟有男子气概的被爱之人的形象对斐德罗极为重要一样，为什么理智的爱者形象也对鲍萨尼亚如此重要？因为一个有爱情的爱者的典范模型，会证明他自己的生活具有合理性：在谈到爱时，他就是在谈论自己。鲍萨尼亚仍然和阿伽松相爱着，但他们之间的爱，已经远远超过了古代雅典社会所能接受的时限。他试图表达，这种关系——两个成年男人之间亲密温馨的友谊——也应该被接受，甚至是值得称道的。

鲍萨尼亚也同样寻求神话的支持。要了解鲍萨尼亚此处所言，对希腊诸神的一些基本情况我们要有所了解。男性天神乌拉诺斯和女性地神盖亚是最古老的神。天和地的结合产生了第二代神祇，也就是乌拉诺斯的儿子克洛诺斯。克洛诺斯推翻了他父亲乌拉诺斯的残暴统治，并和姐姐瑞亚结婚。他们的孩子就是第三代神，包括掌管奥林匹斯众神祇的宙斯，他反过来又推翻了父亲克洛诺斯的统治。这是诗人赫西俄德在其《神谱》中所讲故事的基本轮廓，这部著作的标题意为“神的祖先与后代的关系”。在执掌权力之后，宙斯与很多女神联姻，生出了第四代的男性和女性神祇。

天上的爱与地下的欲

天上的阿佛洛狄忒主导着一种纯男性浪漫爱情的人生，只关注被爱之人的灵魂，而世俗的阿佛洛狄忒所支配的只是肉体的浪漫欲望，这种快感可以从男人身上获得，也可以从女人身上获得。

鲍萨尼亚批评斐德罗关于爱的发言太过简单，并不高明。他说，有两种截然不同的浪漫爱情，一种是安全的、值得夸耀的，一种是危险的甚至要加以防范的。为了解释这种差异，鲍萨尼亚转向讲述希腊神话中掌管爱情和性的女神阿佛洛狄忒。鲍萨尼亚提醒他的听众，关于阿佛洛狄忒的出生有两种不同的神话，他的意思是，事实上有两个不同的女神用了相同的名字。她的出生，在一个神话中被定位在第二代和第三代神祇之间，而另一个则将其放到了第四代神祇中。在赫西俄德所讲的神话故事中，阿佛洛狄忒比奥林匹斯众神要年长，她由其父亲天神乌拉诺斯直接所生，没有母亲，因此这个阿佛洛狄忒享有荣耀，被称为“天上的阿佛洛狄忒”。而在荷马所讲的故事中，阿佛洛狄忒是宙斯和一个小女神狄俄涅所生，因此她既有父亲也有母亲。这个女神属于第四代神祇，她的出生远远迟于天上的阿佛洛狄忒，她年轻漂亮，被称为“世俗的阿佛洛狄忒”。可以这么说，天上的阿佛洛狄忒像个严肃的大姐姐，她管着顽皮任性的小妹妹，但妹妹总对她给出的有益建议置若罔闻。

鲍萨尼亚说，天上的阿佛洛狄忒是安全的、理智的、爱的典范。首先，她是年长的女神，比年轻的女神更值得敬重，更加体贴周到。其次，她的出身与女性无关，她的性质完全是男性的。在鲍萨尼亚看来，纯粹的男子气概要比将男子气概和女性气质混合起来更好。天上的阿佛洛狄忒支配着一种更高类型的浪漫爱情，人们在其中体验的是一种完全男性的爱。再次，鲍萨尼亚说，这种属天类型的爱，关注被爱之人的心灵和思想，而不是肉体；另外，因为年轻的男人比年轻的女人更加聪明，属天的爱者更喜欢男人——当然是年轻好看的男人，因为这样的年轻男子更有可教性，他们的心智，在更加成熟和老到的爱者的帮助下会逐渐成熟和提高。世俗的阿佛洛狄忒是属地的，与普通人的年轻、激情、欲望联系紧密——与鲍萨尼亚和他的朋友们不同，因为他们都是有着自我控制和理性的高贵男人！她也不是纯粹的男性，她是男性父亲和女性母亲的结合。最后，鲍萨尼亚说，那个致力世俗的阿佛洛狄忒，关注的是肉体而非灵魂，而不关心一个完美的身体恰好是落在男性还是女性身上。因此，天上的阿佛洛狄忒主导着一种纯男性浪漫爱情的人生，只关注被爱之人的灵魂，而世俗的阿佛洛狄忒所支配的只是肉体的浪漫欲望，这种快感可以从男人身上获得，也可以从女人身上获得。请注意，最后这一点十分引人注目。我们并不惊讶，鲍萨尼亚出于其男子气概的偏见，认为男人作为爱的对象更胜过女人。但是，他认为世俗的爱低于天上的爱，因为世俗的爱同时包含了男人和女人。他将主要的对比，放在了一种完全是男性之间的爱以及一种同时包含男性和女性的爱上——用之后阿里斯托芬演讲中的一个词，这种爱是“双性同体”的。

现在，很明显，一个是属天的、以灵魂为中心的爱，一个是属地的、世俗的、以肉体为中心的爱，这种僵硬的区分实际暗含了鲍萨尼亚的担心和忧虑——他是否可以成为一个受人尊敬的成年男人，他是否仍然可以和男朋友阿伽松相爱。通过藏在勇士身份背后，斐德罗捍卫着自己作为被爱之人的可敬之处。鲍萨尼亚也将会隐藏在这样的说法背后，那就是，他和其他的“属天的”爱者，真正关心的是所爱之人的灵魂和思想——他将自己隐藏在导师的身份之下。在鲍萨尼亚对男童恋关系的描述中，我们听起来好像这种体验中没有任何浪漫的火花，也没有对性的欲望或诱惑。他以老师的满足感为替换，来消除作为爱者的忧虑和担心，好像他和阿伽松相爱，只是为了能够使阿伽松的心智更成熟，灵魂更高尚。鲍萨尼亚将浪漫的狂喜和愉悦进行了钝化处理。一个好老师一定会爱他的学生，想看到学生的思想和美德得以提高和发扬，但这并不表示与之相爱。在分析浪漫爱情时，鲍萨尼亚不局限于肉体层次，而是更多地在思想灵魂上寻找某些联系，这是正确而明智的。然而，他全盘否定了任何浪漫的肉体层面，确实很片面。通过隐藏他的欲望，让他的欲望更加驯服，同时也让他看起来更加理性和具有男子气概，在此，他的忧虑和担心暴露无遗。

斐德罗发现神话太难掌控，它们所表达出来的远比我们想让其表达的要多。而就鲍萨尼亚来说，关于阿佛洛狄忒属于天上的出生本源，因他抓得太紧也从他的手中滑了出来。我们不妨这样说，他希望这个神话给他带来一个哲学家身份的阿佛洛狄忒，男性的，纯粹的，安全的。但是，他之所以能达成这种安全性，仅仅是因为他忽视和忘记了一些非常相关的细节——属天的。阿佛洛狄忒没有母亲，而是直接产生于其父亲乌拉诺斯之身。对他的配偶盖亚来说，乌拉诺斯是个十足的恶人和暴君，他虽然让盖亚怀孕却垄断了她的生育权，他把孩子全都束缚在盖亚体内，因为他不想让任何孩子与之争夺权力。乌拉诺斯的儿子克洛诺斯在母亲盖亚的子宫里袭击了他的父亲，他把父亲的性器官阉割后顺势往上扔了出去，抛得很远很远，一直落到爱琴海里，从掀起的海浪泡沫中诞生了阿佛洛狄忒。换句话说，赫西俄德写了一个故事，讲述了男性对女性暴虐专制的危险，而阿佛洛狄忒成为一个永恒的提醒者，时刻提醒男性，他们对女性的暴虐专制并不能取得成功。在赫西俄德的故事中，阿佛洛狄忒并不像鲍萨尼亚伪称的那样是“完全男性的”。恰恰相反：她显示出，女性始终是必要的和存在的，即使男权不希望看到但也无能为力。正如阿尔刻提斯的故事挑战了斐德罗试图让它传递的意思一样，鲍萨尼亚关于阿佛洛狄忒出身的故事，也挑战了鲍萨尼亚使用它的实际意图。鲍萨尼亚将吹笛女从前门打发出去，却发现她已从后门偷偷地潜入进来了。

爱情如歌亦如药

斐德罗表现得好像他对于爱的所有理解都是从新兵训练营里获得的，好像成为一名战士就能真正给他指明一条通向真爱的路。但事实上，斐德罗的演讲只有作为一个热爱诗歌的人才讲得出来。

在《会饮篇》中我们已经见到过第三个演讲者——作为医生的厄律克西马库。他总是有很多关于健康生活的建议，特别是关于适量饮酒的，不过经常都被朋友们置若罔闻。当然，他也将发表一段演讲，打着赞美爱的幌子，实质却在变相地赞美自己。在某种程度上，厄律克西马库是《会饮篇》所有演讲者中最摩登的人，因为他是唯一将权威建立在科学特别是医学上的人。在我们的时代，医学对于爱的主张比柏拉图时要多得多，因此，柏拉图对于厄律克西马库所说的、相当浮夸且傲慢的科学至上主义的隐晦性批评，现今也同样重要。厄律克西马库演讲的核心理念是平衡或和谐。他建议，爱情这门艺术就是要找出灵魂和肉体中各种要素的正确平衡。他强烈推荐，不管在饮酒中还是在爱中，都要寻求有节制的适度平衡的生活。

厄律克西马库有个非常有趣的名字。你可以说，他的名字注定了他将成为一名医生。他名字“Eryximachus”中的第二个音节“-machus”来自意为“对抗”的希腊单词，第一个音节“eryx-”在希腊语里是“打嗝”的意思，所以连起来，他名字的意思是“对抗打嗝的医生”。作为作家，柏拉图无法抗拒使用名字产生喜剧效果的任何机会。根据演讲者在床榻上的座次顺序，鲍萨尼亚发言完之后，其实应该由阿里斯托芬接着做第三场演讲。结果阿里斯托芬在打嗝，因此没有准备好。阿里斯托芬对医生——厄律克西马库说：“你要么治好我的打嗝，要么先演讲。”这个医生随时准备炫耀他的医术，他回答说：“哦。这两件事我都可以做。”因此在给出自己对爱情的歌颂时，他给阿里斯托芬建议了一些治疗打嗝的方法，让他去尝试。这些治打嗝的方法，现在有些人可能还仍然会用，是逐渐从轻微到激烈的：首先尝试屏住你的呼吸；如果那样还不奏效，就在嘴里含一小口水尝试漱口；如果你的打嗝实在很顽固，就试着找样东西戳一戳鼻孔，打个喷嚏；这样反复几次，再怎么厉害的打嗝都会停止。这就意味着，在厄律克西马库用华而不实的演讲吹嘘医学技艺的力量的整个过程中，坐在他旁边的喜剧作家阿里斯托芬，一会儿漱口，一会儿打喷嚏，几乎把厄律克西马库的建议都用了个遍，设法治好自己的打嗝。因此，一方面，我们听到了厄律克西马库高端严肃的演讲，说医学是能让我们的情爱有序和谐的真正途径；另一方面，我们也听到了阿里斯托芬紊乱的身体中发出的各种声音，有打嗝声、漱口声、喷嚏声，可能他还没从昨晚酒宴上的宿醉中缓过来。毋庸置疑，厄律克西马库的朋友们肯定都观察到了这种吵闹欢腾的情景，但要知道，厄律克西马库是这种类型的演讲者，即使每个人都大笑不止，他仍然会一头扎进去，自顾自地把要说的讲完。他终于讲到了结尾，于是看看阿里斯托芬，有点儿愠怒地说：“嗯，我的话就讲到这儿，看来还不错，因为我看你现在已经不打嗝儿了。”阿里斯托芬说：“没错，我好了！我要谢谢你，亲爱的医生。但是，使我感到奇怪的是，你所说的医学造就了我们有序的身体，你也说身体有序的原则同样适用于我们的爱情生活，但是怎么就会发出如此难以置信的嘈杂声呢，又是漱口声，又是挠痒声，又是喷嚏声。”阿里斯托芬取笑厄律克西马库在演讲中强调科学威望的言辞；通过这种方式，柏拉图也笑话厄律克西马库俨然想把自己表现为一个爱情医生和浪漫专家。（在后来阿里斯托芬的演讲中，他将以非常不同的视角，讲述爱是怎样“治愈”人类的本性的。）

厄律克西马库赞美自己以及像他这样的医生，他们有着科学的或技艺的控制力，能够调和某场酒宴或是情爱生活中的无序状态。斐德罗拿厄律克西马库关于不要过度饮酒的有节制的建议开玩笑，而阿里斯托芬则对他关于爱的并不浪漫的建议加以取笑。

然而，厄律克西马库在其演讲中，并非只是试图从一个医学专家的视角解读情爱生活，还包含着其他更多的内容。他在演讲中也将许多严肃的主题引入到对话中，其中有部分主题，厄律克西马库只是简单地提出，而其进一步的扩展则是在接下来其他人的演讲中实现的。首先，厄律克西马库用音乐模型分析人类生活，虽然太过平直和机械，却是对话中主题的重要补充。对希腊人来说，关于音乐、数学和几何结构研究的科学是当时最新的伟大成就，享有很高的科学威望。厄律克西马库将这种声望很高的音乐理论应用到了情爱生活的控制中，他将爱情看作一个比例分布的问题，就像音乐的音高，不能太高也不能太低，以达到和谐。

贯穿厄律克西马库关于医学和音乐演讲的始终，我们听到，阿里斯托芬漱口声、挠痒声、喷嚏声等不和谐的声音总伴随左右。但是，至少厄律克西马库提出了爱情与人类生活有着音乐方面的联系，而斐德罗和鲍萨尼亚过分强调男子气概的演讲中却没有认识到这一点。斐德罗和鲍萨尼亚的演讲或多或少都提到了诗人，但是两个人都没有运用音乐——从广义上理解也包括散文文学和诗歌——与情爱生活和情爱体验有着特别紧密的联系。可能如今许多人是从医生那儿了解了不少关于情爱生活的信息，但也仍然有相当多的人是通过看电影或阅读文学作品知道情爱生活应该是什么样的、浪漫是什么以及怎样亲吻一个人。因此，在我们对于浪漫的感知中，关于浪漫生活，关于坠入爱河，诗歌——同样也是从广义上理解——仍然扮演着一个核心角色。确实，厄律克西马库是想通过将其科学化、置于医学技艺的控制下，以达到控制音乐的目的。虽然在《会饮篇》中通过这种方式，他将音乐的相关问题引入到爱情的讨论之中，然而，不管是在斐德罗还是在鲍萨尼亚的演讲中，显然这都不是一个重要的话题。斐德罗的演讲主要围绕着对文学范例的反思，其中最重要的人物是阿喀琉斯。其实，斐德罗应该去思考，爱情是怎样真正从诗歌背景中产生的，但他关于自己如何保持爱的男子气概的担心和忧虑，令他把这一事实给排挤掉了。斐德罗表现得好像他对于爱的所有理解都是从新兵训练营里获得的，好像成为一名战士就能真正给他指明一条通向真爱的路。但事实上，斐德罗的演讲只有作为一个热爱诗歌的人才讲得出来。鲍萨尼亚的演讲同样如此。你可以进一步地说，在厄律克西马库之前的演讲中，相比于要成为一个真正男人的思想意识，诗歌和音乐早就潜藏在对话中，那就是对于诗歌和音乐柔弱特征的忧虑和担心。问题原本就在那儿，忧虑也早就在那儿，但现在被摆上了桌面，准备放在对厄律克西马库演讲的交谈和讨论中。

此前没有但现在通过厄律克西马库的演讲而摆上桌面的第二个主题是，爱是能够让凡人接触到神圣之物的载体。同样，现在你可以说，这也早就潜藏在鲍萨尼亚的演讲中。毕竟，鲍萨尼亚对爱提出了自己的分析，他说有两种截然不同的浪漫爱情，分别对应两个女神——年长的完全男性的阿佛洛狄忒和年轻的双性同体的阿佛洛狄忒。因此很明显，鲍萨尼亚认为爱有其神圣的一面。但是，厄律克西马库则认为占卜是希腊宗教中的一个既定习俗，但是它总被认为是某种神秘莫测之物，它通过甲骨、鸟占、内脏解读等方式来揣测神意，从未被认为是一门科学或技术。在宣称对这个领域的科学控制时，我们看到了厄律克西马库的某种偏见，因为他似乎认为占卜就是一种可靠的科学知识。柏拉图时代的希腊读者应该也会认为，对占卜的需要，说明了人类的局限，而不是力量。占卜所展现的是，对于来自诸神的神圣之物我们要毫无保留，要虔诚接受，而不是炫耀我们有某种技艺，能够帮助我们从诸神那里获得任何我们想要的东西。此后的演讲者，特别是阿里斯托芬和苏格拉底，也谈及了关于占卜的主题，并谈到爱是接触神圣之物的载体。但是，当再谈起这些时，对于人类是否有能力控制与神性的接触，以及人类是否能够从神处获取我们所需之物，他们可不像这位爱情医生那样乐观。

厄律克西马库的演讲，还让我们向另一个主题更加接近了。不过，这里并不是厄律克西马库将其他演讲中已经潜藏的某个主题给挑明了。倒是在接下来阿里斯托芬的演讲中，这个主题被完全摆上了桌面。这就是关于双性同体的问题。人类的情爱能力在多大程度上能尊重和融合男性和女性的体验，这个问题我们如何理解？在我看来，不知不觉中，厄律克西马库的演讲开始对男女之间泾渭分明的区分施以压力，他迫使我们看到了另一个关于爱的意象，在其中，我们对于坠入爱河最丰富的体验，同时融合了男性和女性的元素。那么，这一点在厄律克西马库的演讲中是如何体现出来的呢？在其演讲之前，鲍萨尼亚提出了属地的阿佛洛狄忒和属天的阿佛洛狄忒的明确区分，厄律克西马库也想使用这种区分。但是，你可以回忆一下鲍萨尼亚是怎样提出的：鲍萨尼亚其实是想通过属天的和属地的区分来说明灵魂和肉体的不同。肉体是属地的，因而仅仅是双性同体的。属地的爱事实上并不区分是男性对象还是女性对象，但属天的爱却只关注完全男性的对象。正因为鲍萨尼亚将灵魂与完全男性加以联系，而将肉体与双性同体相连接，因此他创造了一种非常强烈的“灵魂VS肉体”的区分。有序的、属天的爱是完全关乎灵魂的，而无序的、属地的爱则完全是关乎肉体的。同时，当讲到爱的真正体验时，鲍萨尼亚说的都是关于教育的。似乎对鲍萨尼亚来说，在谈论爱时，更为便利也最能澄清概念的方式，就是根本无须谈及肉体。然而，厄律克西马库是医者，因此他的权威不能仅仅建立在谈论灵魂的基础上，还必须谈到肉体；也不能仅仅谈论天上的世界，也要说说自然的世界。因此，当厄律克西马库再次提到关于属天的爱和属地的爱的区分时，他说，这种区分要同时应用于灵魂和肉体两个方面。对厄律克西马库而言，肉体并不像鲍萨尼亚所说的，本质上是混合的、不纯的；灵魂也并非一定是由有序原则支配的，因为灵魂既可以是属地的也可以是属天的，既可以是有序的也可以是无序的。从某种角度上说，灵魂中有健康的爱也有邪恶的爱，同样地，肉体中也分健康的爱和不健康的爱。鲍萨尼亚煞费苦心、百般周折所做的努力，就是想辩护，有爱情的爱者是出于教育的兴趣去追求被爱之人的，但此时却被厄律克西马库给悄无声息地瓦解了，因为厄律克西马库说，爱者对于被爱之人的兴趣，不管在灵魂上还是肉体上，都潜藏着某种双性同体的元素。

厄律克西马库没有对此说太多，厄律克西马库也没有明确挑战斐德罗的演讲，尤其是鲍萨尼亚的演讲中所提及的那种男子气概的思想意识。不过，对于鲍萨尼亚自己提出的属天的和属地的区分，厄律克西马库现如今所做的工作实则是在破坏鲍萨尼亚所提出的一个主要观点。然后，接下来将要发生的一件事是，耳朵灵敏、观察细致的阿里斯托芬洞察了这个问题，在他讲述的关于浪漫爱情的起源和本质的故事中，他将此问题作为其演讲的中心主题之一。

在我看来，厄律克西马库的演讲故意有些喜剧意味。他的演讲中有拙劣模仿的一面，但并不意味着其中没有严肃的要点。前三场演讲构成了一组，当阿里斯托芬开始发表演讲时，对话又重新起头。我想，大多读《会饮篇》的读者朋友都承认，与接下来的演讲相比，前三场演讲无论在趣味性还是思想性方面都稍逊一筹。但要知道，这三场演讲的不完善至关重要，因为关于情爱本质它们已经提出了一系列完整的问题，这些问题在后来的演讲中会更加充分地得以论述。

哪怕雨也没有如此小巧的手

一边是和莉之间如梦般的激情，一边是与汉娜一起的安逸现实，孰轻孰重，他在脑中不停地掂量着。

此前我已论及，《会饮篇》中的前三个演讲者，都将自己展现为一种权威和自我控制的形象：勇士、教者、医生。在每个角色中，演讲者们总试图躲避或抑制酒神狄俄尼索斯和爱神阿佛洛狄忒，因为这些不羁的神祇，对每个人都想捍卫的男子气概的自我形象是一种威胁。然而，这种躲避与抑制并未成功，在每种情况下，被抑制者都依旧冒出头来。尤其有趣的是，柏拉图让女性气质闯入了每个演讲者所想要建立并栖居的属于男人的浪漫世界中。斐德罗没能回避阿尔刻提斯，鲍萨尼亚不能将阿佛洛狄忒说成完全男性的，厄律克西马库也无法维持肉体是女性的、灵魂是男性的明确区分。既然每位演讲者都将如何融合男性和女性的问题作为一个公开明朗的关注点，下一位发言者阿里斯托芬就摒弃了这种抑制的策略，而将双性同体的问题置于讨论的焦点之中。在柏拉图看来，如果不放弃某种控制和自满的理想，这种融合终将是不可能的。

关于自我控制的假象可能会摧毁浪漫爱情，对此方面最好的探究方式之一，就是聚焦于女性而不是男性。伍迪·艾伦是过去五十年中美国最杰出的电影制片人之一，他在1986年编剧和导演了电影《汉娜姐妹》。因为这部电影，他赢得了奥斯卡最佳原创剧本奖，其中两位演员，迈克尔·凯恩和黛安娜·维斯特分别将最佳男女配角奖收入囊中。（顺便说一下，伍迪·艾伦在大学里学的是哲学，在他的电影中可以看得出来。）剧情的展开，重点围绕一个近四十岁的成功女演员汉娜（米亚·法罗饰演）以及她的复杂家庭。

剧中有三个关键场景，它们之间的时间都相隔一年，那就是家庭举行的每年一次的感恩节庆祝派对。这些派对很隆重，当然花费也不少，都是由大姐汉娜组织操办的。在第一次聚会上，我们听到的画外音，来自汉娜的丈夫爱略特（迈克尔·凯恩饰演），他在描述汉娜最小的妹妹莉（芭芭拉·赫希饰演）是多么漂亮。莉和她以前的大学教授弗雷德里克一起生活。她十分钦佩汉娜，但她同时也享受着爱略特对她的爱慕。二姐霍莉（黛安娜·维斯特饰演）是姐妹中最反叛的一个，她总是从汉娜那里借钱但从未还过，她也为自己总是依赖大姐而埋怨过自己。在画面中，我们也见到了姐妹们的父母，他们曾经都是相当成功的演员，现在他们正和大家一起谈心，讲述他们以前是多么漂亮，多么帅气。母亲喝了不少酒，父亲正在钢琴上弹奏爵士标准曲《着迷、麻烦与迷惘》（来自罗杰斯和哈特1940年创作的音乐剧《佩尔·乔伊》）。这首歌成了这部电影的音乐标志，在其中出现过许多次。它的歌词讲述了坠入爱河的狂喜和愉悦，特别强调了爱情引致的意乱情迷和危险。这也为接下来浪漫的复杂关系设定了某种情绪的基调。

除了这首歌，伍迪·艾伦还为我们提供了另外两条关乎情绪的线索。在三个感恩节的第一次庆祝派对上，汉娜的父亲提到，汉娜在亨利克·易卜生1879年创作的经典剧《玩偶之家》中成功扮演了娜拉这一角色。娜拉是一个著名的坚强女性的人物，当她意识到自己在婚姻中只是被当作玩偶而不是真正的人时，便勇敢地将自己从压迫的婚姻中解放出来。影片最后的第三个感恩节，汉娜的母亲祝贺她即将扮演莎士比亚《奥赛罗》中苔丝狄蒙娜的角色。当然，苔丝狄蒙娜与娜拉截然相反，她最后被自己妒火中烧的丈夫给谋杀了。伍迪·艾伦希望，观众朋友们能带着这两个著名的人物事例，去审视汉娜的故事。在下一章，我们会详细分析《奥赛罗》，这里我只想稍带提一下：奥赛罗杀死妻子苔丝狄蒙娜的部分原因是因为他无法忍受自己对她的依赖。在伍迪·艾伦的电影中，没有人杀死汉娜，但她的自足自立也几近毁了她的生活。

同伍迪·艾伦的很多影片一样，这部电影可能会被指责过于公式化，也就是说，其中的人物角色似乎脱离了个性，被归类为代表了某种类型。拍摄于《汉娜姐妹》之后的另外一部电影《爱与罪》，被很多人认为是伍迪·艾伦最好的电影，但在我看来它比《汉娜姐妹》低了好几个档次，正是因为其中的角色代表了抽象的类型或想法，根本不是真正的人物。虽然从某种程度上来说，《汉娜姐妹》中的角色被归类为不同的类型，但至少在我看来，这部电影很成功地将各个类型中的真正人性给彻底地表现出来了。我们不妨只看这两个角色——最大的姐姐和最小的妹妹——在她俩身上，控制和自满的问题被集中放大，形成了鲜明的对比。汉娜是家中的长女，我们可以把她看作某种童年生活的产物。（作为成年人，我们的生活仍然是经由自己的童年所造就的，这个观点在电影《理发师的情人》中至关重要，我们将在以后的章节中加以分析。）在家中，她一直扮演着这样的角色——去成就其他每一个人，去化解、

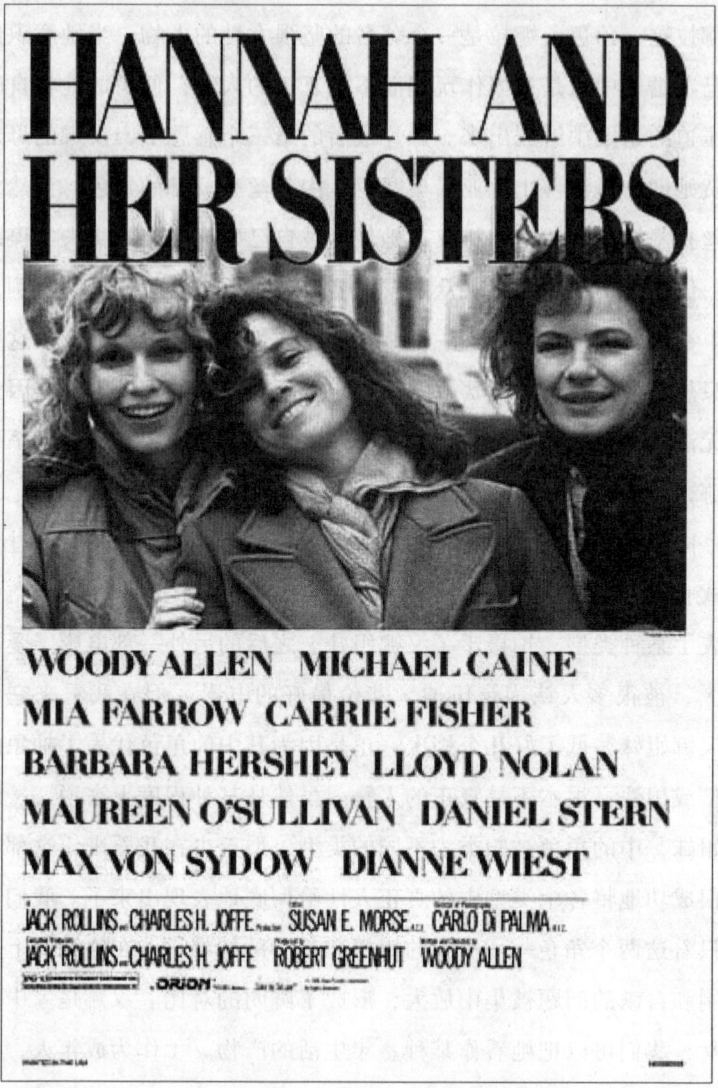
HANNAH AND
HER SISTERS
WOODY ALLEN MICHAEL CAINE
MIA FARROW CARRIE FISHER
BARBARA HERSHEY LLOYD NOLAN
MAUREEN O'SULLIVAN DANIEL STERN
MAX VON SYDOW DIANNE WIEST
JACK ROLLINS CHARLES H. JOFFE
SUSAN E. MORSE
CARLO DI PALMA
JACK ROLLINS CHARLES H. JOFFE
ROBERT GREENHUT
WOODY ALLEN
ORION

《汉娜姐妹》电影剧照

搞定各种矛盾，特别是她那对嗜酒父母之间的矛盾。而作为家中的小妹，莉却能够逃避责任，一直由人照顾，却从来不需要顾及他人。如果汉娜是独立的典范，那么莉就是依赖的典型：依靠她的姐姐，依仗男人，依赖酒精。

从表面上来看，汉娜和爱略特的婚姻美满而幸福。对他俩来说，这都是第二次婚姻。爱略特很感激汉娜，是汉娜让他之前乱糟糟的生活变得有序。他似乎也很喜爱汉娜第一段婚姻中留下的孩子并和他们生活在一起。但爱略特对汉娜给予的帮助的感激之情，渐渐变成了对其控制的不耐烦。因此，他开始想变换一种关系，在其中他可以让别人感激而不是感激别人。正是想化被动为主动的欲望，让爱略特渐渐对莉产生了爱慕之意。莉与汉娜截然不同，她总是爱上比她年长的男人，那些她视为导师的男人。（如果在同一时代，鲍萨尼亚应该是她理想的对象。）看什么书，听什么音乐，爱略特总是给莉与此相关的建议，他想了个计划来试探莉对他的心意。他安排了一次“偶然”的巧遇，地点离书店不远，也是莉去参加某个无名戒酒会的必经之地——因为酗酒多年，莉要靠参加戒酒会让自己镇静。在书店里，爱略特送给她一本诗集，并告诉她特别要读某一页，他说，那样会让她想起他。（背景音乐中响起了《着迷、麻烦与迷惘》的曲子。）之后，莉读到了关键的诗行（来自被称为“小写的肯明思”的美国诗人的作品《有个地方我从未去过，在经验之外》）：

“没人，哪怕雨，也没有如此小巧的手。”

不久之后的某个下午，爱略特和莉在某个酒店的床上安排了一次幽会。“那真是太完美了，”她的声音咽在喉中，“你为别人而毁了我。”莉想要做一个接受他人给予的人，而爱略特很高兴能有这个机会。“我想为你做些事情，”他回答说，“汉娜不怎么需要我。”当天晚上，爱略特坐到和汉娜同眠的床上，一边是和莉之间如梦般的激情，一边是与汉娜一起的安逸现实，孰轻孰重，他在脑中不停地掂量着。他感到内疚和负罪，但他没有断绝这种婚外关系。他想要被人需要的感觉，因此他很喜欢莉对他的需要感。之后，我们又一次看到爱略特和莉在某个酒店房间里，两个人相拥跳舞的同时，爱略特拿酒给莉喝。在两姐妹之间的选择，好像爱略特更喜欢被需要的陶醉，而不是控制下的冷静；但是两姐妹从孩提时期与酗酒父母的成长经历中，就已经铸就了现在的性格角色。在影片中爱略特给莉递酒，我们可以将此解读为是让她更顺从，把一切都归咎于她的同居丈夫。不过，另外一种解读似乎更符合莉这个角色。莉喝酒是为了让自己否认正在做的事，这样，她就能把责任推给别的东西或别的人——这也是对莉的性格最准确的定义之一。她躲避爱情，因为她想逃避责任。

爱上一颗走钢丝的心

柏拉图让这些躲避爱情的方式更为生动，更加明显。即使对爱情的恐惧，令他们试图驯服爱情的野性，但这三个男人仍然坚信爱情的魔力。

莉是一个外表靓丽、有吸引力的女人。她的需要和需求——“你为别人而毁了我”——十分性感又有奉承之意，正好说到了年长爱者的心坎里，撩拨着乐为导师的情人的幻想。这部影片的美学力量以及对于道德的不确定性，部分体现在它让你爱上了一个如此可怕的人。（与姐夫上床是很可怕的，我假设你同意这样的观点。）电影走在一条紧绷的线上，那是一条高空钢丝，但它想要的最好结局是喜剧。影片中的人都没有为他们的道德堕落承受后果，他们总能从中化险为夷，被挽救回来。

小妹妹莉总是将自己置于依赖的地位，而米亚·法罗饰演的大姐则总是避免处于依赖的地位。莉通过把自己交付给别人实现自己的自由，她的自由以不承担责任为代价。汉娜的自由则相反。汉娜通过完全为每个人负责，甚至为她的父母负责，来实现自己的自由。你可以说，伍迪·艾伦通过这部电影系统地探索了一些人性的选择和我们所面临的诱惑。所有这些诱惑都是在逃避某些东西，而这些东西也许就是爱情所需要的。

汉娜从来没有发现自己的丈夫与自己的小妹在偷情，但她感觉到了丈夫的疏远与冷淡。汉娜的第一任丈夫不育，因此她的孩子都是人工授精或领养的。以前她和爱略特说过，两个人一起要个孩子，但现在当她提到这点时，爱略特对她十分粗鲁无礼。以前让他一直心存感激的事情——她任劳任怨，精心地组织家庭生活，为他们的将来计划打算，现在竟都成为他指责她的理由。“这一切都被预先设定了。”他对一脸惊诧的汉娜说。可怜的汉娜不知道，为何她的丈夫突然认为她所做的一切都是为了控制。然而，孩子是对未来的承诺，而他不再确信这是不是他想要的未来。曾经被视作礼物与计划的一切，现在则是对他自由的禁锢和威胁。

所有关于汉娜自立自足的问题积聚在一起，终于在第二次感恩节时到了爆发的地步。家中叛逆的二姐霍莉写了一部电影脚本，并分发给所有的家庭成员看。当然，她写剧本的事业，之后也得到了汉娜第一任丈夫、由伍迪·艾伦亲自饰演的米基的帮助，他俩之间已经奏响了浪漫曲。（伍迪·艾伦似乎真的很喜欢“与姐妹上床”的主题。）除了汉娜，人人都认为这是一个伟大的故事，而且她非常生气。很显然，脚本上描述的是她们的家庭经历，而汉娜不喜欢其中对自己形象的描写。“我就不能接受别人的想法和感受？”她对霍莉埋怨说，“你把我写成好像无欲无求似的。你觉得我太过自立自足了？”霍莉试图宽慰汉娜：“你总是在付出，我们都很感激的。”但汉娜并未平复下来，“你们是感激吗，你们是让我愤怒。”汉娜回答说。而汉娜好像从来都没有任何困难和问题，这种完美是很不正常的。“我确实有问题，”汉娜说，“但是我不想麻烦其他人。”霍莉回答得简单而干脆：“我巴不得被麻烦。”我们应该还记得，被“麻烦”在这部电影中是爱情的音乐标志，当天晚上，当汉娜质问爱略特时，这一点更加明显——此时，《着迷、麻烦与迷惘》的曲子又在背景中响起了。“你是不是认为我付出太多了，太过能干了，甚至完美得让人反感？”她问。“我需要找个认为我很重要的人。”他回答说。我们想起了他曾对莉说的话：“与一个付出太多却要求回报很少的人相处，真的很难。”汉娜伤心，绝望，她不知道该说些什么。“我有很多需求。”——她搜肠刮肚，终于找到了这句话。

正如影片中所展现的，汉娜从来都不愿意让别人觉得她有什么需求。她对二妹霍莉说：“我不想麻烦其他人。”通过电影中的音乐，“麻烦”这个词在影片中承载了深刻的含义。也许，只有像《异域夜店》中DJ（节目主持人）艾瑞克最喜欢说的那句话，我们只有舍弃自我，愿意成为一个“由内而外的火热的麻烦人儿”，我们才能体验某种浪漫爱情。因此，当影片中汉娜说“我不想麻烦其他人”，在其他人听来，意思就是“我不想得到任何人的爱”。我想要爱，但我却不想“被”爱；我想要给予，但我却不想要“被”给予。所以，汉娜患上了一种特别的“大姐综合征”，那就是总大包大揽，总扮演着导演其他每个人生活的角色。当然，她是一个好心的导演，不过这种角色总让人感受到她的控制欲。

因此，汉娜的自立自足，她不愿意向别人吐露自己的需求，也不愿意让爱她的人为她做任何事，影片对此加以关注和质疑。不错，当初正是汉娜的导演般的干练个性吸引了爱略特。爱略特曾提过，遇到汉娜之前，他的生活是一团乱麻。然而，就是当初汉娜身上吸引他的东西，现在却让他觉得喘不过气来。面对汉娜自立自足的问题，我们应该站在哪一边？当然，汉娜不愿意别人将自己解读为一个无欲无求的人。汉娜对爱略特说："我有很多需求！"——这句话如此悲摧，在我看来，这是整部电影中最可怕的一句台词，让人听了后会深感不安。想象一下，如果你处在这样的情境，如果你竟然需要说服你的爱人你对他是有需求的，那是怎样的境地。对她来说，这无疑是身陷囹圄。所有她认为是对别人馈赠的东西，所有的帮助，所有不愿麻烦他人的努力，现在竟都被摔回到她的脸上，好像她做这一切都是出于自私，根本就不是无私或忘我。别人没有感激她，因为他们想给她以回报，却发现没有什么可做的。

当然，汉娜这方面的性格特征也有些滑稽。还记得小的时候，每到圣诞节，我的父亲就会给我们兄弟姐妹一些钱，他让我们拿这些钱去购物中心给妈妈买些东西。不过，我们从来就没听他说："帮我买些东西吧。"即使我们真拿钱给他买了东西，他也会觉得很奇怪，因为他更愿意送礼物给别人，却不太愿意接受别人的礼物。不过，当年纪渐渐大了，他现在比以前好多了——倒不是说好像变得贪婪了，而是更习惯接受别人的礼物了。但是我想，他也一定花了很长时间才学会从孩子那里收到礼物。事实上我觉得，汉娜就是这么对待她的妹妹和父母的，当然还有她的丈夫。

那么，通过对婚姻所面临的某些挑战的探索，这部电影总体来说达成了怎样的成就？从某种程度上说，这部电影是极度乐观的，因为即使遭遇了婚姻中的灾难，尽管他们所处的婚姻本身就是灾难，这些人物角色依然找到了通向爱的路径。诚然，他们与自己第一任配偶的婚姻并不怎么成功，但对于婚姻，这部影片背后所蕴藏的一个观点是：熟能生巧。通过跟第一个配偶相处，他们学会了如何更好地应对世事，然后逐渐成长，待足够成熟后再跟另一个配偶去开启一段真正的婚姻生活。我想，我们不必去想，是否汉娜真的自始至终都不知道丈夫爱略特和自己的小妹有出轨行为，因此，我们也不要迫使自己去想，汉娜是否有能力来应对这种特殊形式的不忠。但我们确实看到了，影片中所有的情侣都有着幸福快乐的结局，都找到了通向爱情之路。不过，与电影中喜剧明亮的一面相对应，这部影片也潜藏着一股阴暗至极的暗涌，它让婚姻中的忠诚变得不仅很难实现，而且也许是不可能实现的，不仅不可能实现，而且就算可能实现，也不值得拥有。这部影片中的不忠，并没有在剧中人物身上留下深深的烙印，与奥赛罗试图战胜对苔丝狄蒙娜假想的不忠相比较，他们对真正的不忠似乎轻易都跨过坎去了。在我看来，这部影片中对婚姻不忠的启示，让我们对婚姻的态度、对婚姻让我们变得怎样的看法，究竟是更加乐观了，还是更加悲观了？我想，这是个很现实很生动的问题，也是这部电影值得我们去深思、去探究的问题。如果只是觉得这部电影很有娱乐性，说明你还没有看懂电影。影片要求我们作出判断。我对这部电影的判断是很消极的。虽然我很认可这部电影相当成功，也很有娱乐性，但在我眼中，它也是不道德的。从我的角度上看，这部电影可能只是试图让我们带着喜剧性的态度，去看待自己所面临的诱惑和不忠。也许，这样挺不公平，但我也没有说过我本来打算要讲公平。

影片最后，在第三个也是最后一个感恩节上，伍迪·艾伦向我们展现了一对对夫妻和情侣的圆满和幸福。莉断绝了与爱略特的情人关系，她嫁给了一个教授。爱略特和汉娜似乎又再次回到了对对方的满意当中。最后一句台词的戏份给了二姐霍莉，她已嫁给了汉娜的前夫米基，她宣布了一个令他惊喜万分的消息：“我怀孕了。”戏剧的奇迹治愈了米基的不育，所以，影片以一个最古老的大团圆结局——关于孩子的消息——结束了整个故事。和另一个人一起孕育一个孩子，可谓是可以想象到的男性和女性最极端的融合，也是最极端地失去自立自足感的行为。《汉娜姐妹》通过逃离虚假的自立自足收官影片，这与鲍萨尼亚、斐德罗以及厄律克西马库结束演讲的方式有相同之处——这应该也是他们的主要话题。

三个男人，三种躲避爱的方式，让对爱的真正喜悦与狂喜的舍弃，变得更加简单，更加容易，也更加易于掌控。通过几个不同男人的展现——有吸引力的、有趣的、招人喜爱的男人，与我们很相似的男人，拿着清晰的镜子竖在我们面前的男人，柏拉图让这些躲避爱情的方式更加生动，更加明显。即使对爱情的恐惧，令他们试图驯服爱情的野性，但这三个男人仍然坚信爱情的魔力。在下一章，我们将探讨柏拉图的一个更为激进的实验：有一个男人是如此愤世嫉俗，他不再相信爱情，甚至完全拒绝它。也许，对激烈拒绝爱情的探讨，其中最伟大的文学作品应该是莎士比亚的《奥赛罗》，这部剧将斐德罗提及的对爱人的死亡考验引到一个可怕的弯路上。斐德罗提出了爱情和死亡之间积极的联系，因为这种联系为问题——“谁愿意为你而死？”——提供了明确的答案：“那个爱着你的人”。然而，莎士比亚却探索了一种阴暗的可能性，一个用相同的答案也可以回答的问题——“谁愿意杀了你？”

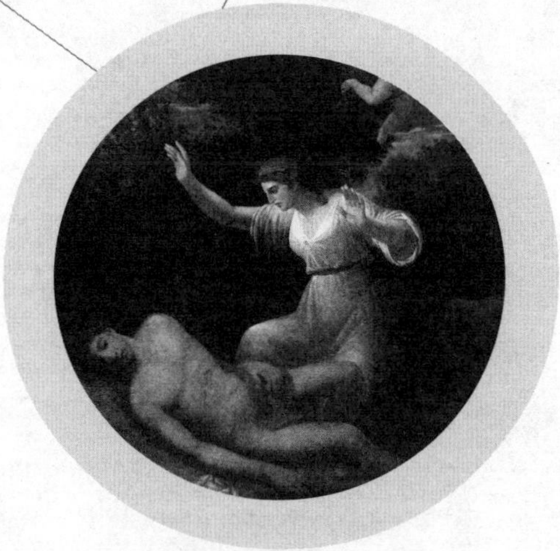

（Ⅲ）毁灭爱情

马丁的母亲和这个双目失明的小男孩一起望着窗外。她描述着外面的景色，还有一个在花园里扫落叶的男人。但是，年幼的马丁拒绝相信她的描述。“我没有听到他的声音，”他说，“他不在那儿，那儿根本就没有人！”马丁的母亲，肯定每天都要忍受这个男孩的不信任以及他愤怒地想要独立的尝试，她不无疲惫地回答道：“我为什么要骗你呢？”但是，年幼的马丁，带着野蛮和不公平，对他疲惫的母亲说：“因为你能。”

浪漫的不安

思考坠入爱河或身处热恋的最基本问题是，我们自己身在何处？这就是为何我们从酒神狄俄尼索斯和爱神阿佛洛狄忒这类令人不安的神祇开始讲起的原因。此前，我分享了一些看《异域夜店》时的体验，对我来说，那是种非常令人不安的经历。我特别要感谢它的导演和编剧阿托姆·伊格扬，在他的带领下，我们进入了一条幽深的路，我们无法预见这条路的尽头，就连它的开头也躲避着我们的视线。我们以为这部电影会是关于欲望的东西，但它带给我们的却是关乎需求和伤痛的思考。

在如此不安的体验中，我们学到了不少新东西，于是我们再转向柏拉图，看看在《会饮篇》中，柏拉图是怎样围绕浪漫生活进行哲学思考的。事实上，柏拉图哲学的核心观点认为，浪漫生活是什么取决于它可以成为什么，即使我们永远无法抵达“可以成为”的状态。只要我们一直带着开放的心态，最终成为的肯定比一开始期盼的要多。当我们坠入爱河，我们没有像有些人说的那样“安定下来”，而是变得不安分，以我们以前从来不敢想象的方式去追寻。因此，浪漫生活是一种充满渴望、不断追求的生活，而不是一种简单满足的生活：是一种舍弃。浪漫让我们体会到，生活并不完美。

通过哲学，我们学到一个艰难的事实：我们常常害怕并且躲避现实。但是，当我们坠入爱河并开始作为爱人和被爱之人的崭新自我时，这种害怕反而没有之前来得强烈。在安德鲁·德布斯的笔下，当我们看到主角的心被打碎时，他们也让我心碎；但是，这种心碎同时也打开了真爱的大门。就如阿托姆·伊格扬，柏拉图也试图揭示，当我们躲避爱情，当我们试图如驯狮般操纵爱情时，我们究竟在害怕什么？《会饮篇》开场便是好几个驯兽师般的男子，他们都渴望爱情，但又都想在爱的承诺和狂喜中躲避些什么。柏拉图期望，我们能从这些胆小的爱者身上看到自己的某些影子，一旦我们认识了它们，我们便能站在更好的位置来克服这些恐惧。

胆小的爱人，通常以喜剧形式出现，他们求爱过程中的踌躇，我们的读者会带着同情付之一笑。但在柏拉图和莎士比亚的作品中，对于爱的躲避，远远要来得极端甚至致命。我们上演着一部喜剧，在其中我们既追求爱又在躲避爱；我们创作了一部悲剧，虽然在其中我们要求爱，但我们却拒绝爱甚至毁灭它。正是这种激进、愤世嫉俗、致命的拒绝，才是本章的中心主题。莎士比亚的悲剧《奥赛罗》和柏拉图的对话《斐德罗篇》，将与乔斯林·穆尔豪斯的电影《情如物证》和艾伦·鲁道夫的电影《牙医的秘密生活》一起，成为我们的对话伙伴。在我看来，这两部电影能帮助我们更好地理解柏拉图和莎士比亚，我要感谢美国哲学家斯坦利·卡维尔，他对莎士比亚，特别是对《奥赛罗》（收录于《弃绝知识》一书）很有难度但很精彩的见解，启发了我对该剧的整体思考。

奥赛罗，你的名字是地狱

我们的内心有多大一部分，不愿承认我们依赖别人，不愿承认我们的人生之锚能被他人掌控？因为如果他人能够成为我们的锚，离开他们，我们的生命之舟则会随波逐流。

让我们从《奥赛罗》这部剧中爱人的名字——奥赛罗和苔丝狄蒙娜——说起。本剧的主角奥赛罗是一位了不起的海军将军，他和年轻貌美的女子苔丝狄蒙娜坠入爱河。在与土耳其人作战中，奥赛罗率领威尼斯军队屡战屡胜，令敌人闻风丧胆，只不过他是非洲北部的摩尔人。虽然他因军事才能受到敬重，对威尼斯人来说，奥赛罗看起来格格不入，迷人而又离奇，好像有股神奇的力量笼罩着他。奥赛罗手下有一个阴险的旗官伊阿古，蛊惑奥赛罗怀疑苔丝狄蒙娜不忠。伊阿古成功策划了一连串的意外，特别是设计让苔丝狄蒙娜丢掉了奥赛罗送给她作为定情信物的手帕，从而让奥赛罗相信，苔丝狄蒙娜与另一名副将凯西奥有不寻常的男女关系。奥赛罗信以为真，在嫉妒与愤怒中掐死了苔丝狄蒙娜，当得知真相后，他悔恨之余拔剑自刎。当然，《奥赛罗》的优美精彩之处成千上万，远非这个简单的概述所能捕捉。

每个英语读者都会注意到，在苔丝狄蒙娜的英文名字"Desdemona"中间有个词"demon"（恶魔）。在整出剧中，这个词作为一个核心词，被用来烘托一种情绪和气氛。莎士比亚之所以堪称天才，就在于他在每部戏剧中所创造出的思想和词汇世界都是独一无二的。奥赛罗与同是悲剧人物的李尔王、麦克白、哈姆雷特之间也互不相同。这些特定的角色，不仅有他们自己独特的思考和感受方式，还有自己与众不同的词汇世界。

在《奥赛罗》的语言世界里，有一系列与不可捉摸的邪恶紧密相连的词汇，我们认为这些词汇属于恶魔一类。在《奥赛罗》中，关于角色伊阿古最有名、最精辟的描述，来自浪漫主义诗人塞缪尔·泰勒·柯勒律治。柯勒律治不仅是位伟大的诗人，同时还是位批评家，他写了最早的关于莎士比亚的文学批评。我想正是从那时起，也就是莎士比亚之后约两个世纪，世人才开始对莎士比亚的天赋有了公正的评价。柯勒律治注意到，伊阿古在这部剧的许多地方都表明了他不喜欢甚至憎恨奥赛罗的理由，但是这些所谓的"理由"都不足以引致伊阿古想将奥赛罗毁灭的行为，它们更像是伊阿古一直试图为其行为找到合理化的解释，而不是真正的理由。柯勒律治将此经典描述为"有目的地寻找无动机的恶意"。换句话说，我们妄图弄明白伊阿古对奥赛罗的邪恶敌意根本就是徒劳，他的憎恨远远超过了我们能够找到的任何动机。在此，莎士比亚向我们展示，只有邪恶意图却没有目标是个什么样子。因而，《奥赛罗》中有个可怕的谜团就是，在这样一个天生的邪恶世界里，爱何以存在。

莎士比亚抓住了恶魔——苔丝狄蒙娜名字中的恶魔——的可怕世界。但是，苔丝狄蒙娜名字中有个魔鬼，这毕竟只是基督教的观点，其中蕴含的远比这个多。“Desdemona”这个名字还有更多非宗教的意义，与柏拉图的想象比较接近。它源于一个希腊词，意思是“superstitious”（迷信的），它用来描述那些总是向诸神祭祀供奉或担心被黑魔法攻击的人们。希腊语的迷信来自恶魔名字的两个部分——第一个音节“des-”和词根词“daemon”（demon的变体，“恶魔”的意思）。恶魔是一种支持、掌控、影响你生命的神灵，这种“life-daemon”（生命恶魔），与命运的概念联系密切。“生命恶魔”这一非宗教性的希腊词的概念，有点儿像基督教中所盛行的守护天使，不过“生命恶魔”不一定是好的。苔丝狄蒙娜名字前的三个字母“des-”，在希腊语中意思是“恶的，不健康的”。因此，苔丝狄蒙娜这个名字告诉我们，她是一个拥有邪恶命运的女人，或者说，她过着不幸的生活。

相比于苔丝狄蒙娜名字中的恶魔，奥赛罗（Othello）名字中的地狱（hell）可能不那么明显。莎士比亚的《奥赛罗》是基于一个古老的意大利故事创作的，在莎士比亚那个时代，“Othello”这个名字的读法更倾向于意大利语的发音，也就是中间的“th”不发音，读法近似于“Otello”。这样，不仅名字中的拼写包含“地狱”（hell），就连读音也像“hell”。解读这部剧的一个重要任务，就是要试图理解，是什么导致了奥赛罗生命中的地狱。可以说，自从有了对《奥赛罗》的评论，批评家们就一直惊叹奥赛罗竟然总是听信伊阿古对苔丝狄蒙娜的诽谤中伤。我们不能简单地理解为，是他误读了伊阿古向他展现的对苔丝狄蒙娜不利的种种迹象和证据。奥赛罗的内心之中，势必早就埋下了什么东西，驱使他、诱导他相信苔丝狄蒙娜是不忠的，而这不是仅凭伊阿古的挑拨诽谤就能使之信服的。我忍不住想更进一步说，苔丝狄蒙娜的不忠是奥赛罗渴望已久的，正好填补了他内心某个阴暗的沟壑。仅仅这些扭曲的证据，难以催生其嫉妒甚至杀戮的暴怒，不过，这些好像是他一直想要寻找的借口。对不忠的控诉，是心怀恶意地去寻找隐藏在黑暗中的秘密动机。那么，吸引奥赛罗去假定苔丝狄蒙娜不忠的秘密是什么呢？

与恶魔相关的词汇世界，将一切描述得如人间地狱一般。除了这些，在第一场中，本剧还呈现出另外一类词汇世界：将人类的性爱贬低为兽行的语汇。伊阿古尤其擅长，他可谓是能把性说得肮脏无比的文学巨匠。在他口中，性已沦为一种动物特征，我们表达性欲求，似乎就是在贬低人类自己。对那些自恃清高的人来说，愤世嫉俗者把我们从天上拉下来可能是正确之举；但是，我们不能让愤世嫉俗者偷偷地将这种绝望思想种在我们心里，因为我们虽然不是神，但也绝不是兽。

莎士比亚的魔力所在，就是不仅让奥赛罗深受伊阿古的影响，也让我们读者同样难逃其力。伊阿古让观众意识到，其实我们也有将性贬低为兽性的一面。莎士比亚强迫我们去想，如果我们扮演伊阿古那样享有特权的旁观者，看着那些傻瓜坠入爱河，轻蔑地笑看他们用自以为高尚的修辞相互表达着彼此的性吸引，会是怎样的场景。我们之所以嘲笑他们，说明我们自认为知道这一切“实际上”是什么。因此，伊阿古这个明显的恶魔形象，不仅让我们看到了苔丝狄蒙娜名字中的恶魔和奥赛罗名字中的地狱，同时还让我们看到了自己身上的伊阿古——每当我们感受到被拒绝的酸楚时，便邪恶地涌起将性贬低为兽性心理的阴暗欲望。

伊阿古揣摩出，奥赛罗倾向于把他心爱的苔丝狄蒙娜看作天使，远远高于有血有肉的人。但就是因为对苔丝狄蒙娜的认识太过虚假和错误，绝望中的奥赛罗又将这个真正的人，这个普通女性扭曲、贬低得一无是处，甚至看作动物。人的标准如果定得过高，无法企及，那这种虚假的标准就很容易钻到空子，被作为武器用来毁灭人。

我们看到，从本剧的开场部分，莎士比亚和伊阿古便营造了一种兽性气氛。在苔丝狄蒙娜的父亲——一个在威尼斯有头有脸的人物——家门前的大街上，伊阿古鼓动起骚乱。他用低劣的动物交尾的比喻嘲弄这位父亲，他年轻貌美、皮肤白皙、有着纯洁童贞的女儿，已和老大不小、皮肤黝黑的奥赛罗私奔出走了：这对情侣，正在“干那禽兽一样的勾当”，是“一头老黑羊”在跟“您的白母羊”交尾。

苔丝狄蒙娜的父亲勃拉班修气急败坏，他将众仆都叫了起来，一群人手持火把，分头寻找，要将这对男女抓住。这个时候，伊阿古赶紧回到奥赛罗身边，假意提醒他赶紧躲一躲，其实，他想蛊惑奥赛罗逃跑，以让其凸显狼狈之态、犯罪之实。伊阿古不断制造紧张感，对奥赛罗说：“看，你最好快跑，他们在追你，他们真的已经愤怒至极了！”但伊阿古的伎俩没能行得通，因为奥赛罗是如此自信，他根本不会为了躲避苔丝狄蒙娜的父亲而逃跑。“我对威尼斯人所立下的卓越军功，足以驳倒苔丝狄蒙娜父亲的控诉。我不是一个自夸的人，但是如果有人认为苔丝狄蒙娜太过高贵而不能成为我的新娘，我可以将我的不朽功勋告诉他，证明我是完全可以娶她为妻的。”然后，莎士比亚让奥赛罗说了一些他是如何理解自己功绩的话，我认为，这些话揭露了内情，也是该剧的中心。“告诉你吧，伊阿古，倘不是我真心爱恋温柔的苔丝狄蒙娜，即使给我大海中所有的珍宝，我也不愿意放弃我无拘无束的自由生活，来俯就家室的羁绊的。”我们不妨把这句话分解开来，奥赛罗说，如果不是因为我爱苔丝狄蒙娜，我“无拘无束的自由生活”不会让家庭所束缚。我不能被局限在一所房子里——这里也蕴含了奥赛罗对自己尊贵的部分认识，就是他没有“安定下来”，他仍然有自由的灵魂和精神世界。一个真正的男人应该不受家庭的羁绊，是狂野、自由的，这样的想法在现今亦随处可见，只不过他们的表达并不如此有力罢了。说穿了，奥赛罗认为，娶妻有风险，男人需谨慎。奥赛罗，就像安德鲁·德布斯的短篇小说《世间所有时间》中与露安上过床的那个男人一样，问题出在C字母开头的词——“commitment”（承诺）上。爱看起来是枷锁，家如囚牢。这句话同时也展示出，对奥赛罗而言，家室羁缚的对立面，正是广阔海洋的无边无际。当然，他的一生一直在海上度过，于战争中，于历险中；如果有了妻子，他的生活将会变成什么样子？如果不能将婚姻变成海上的战争，他难道会舍弃自己吗？在这句话中他蕴含着，为了“对温柔的苔丝狄蒙娜的爱恋”，他已经舍弃了某些男子气概。

奥赛罗接着说：“我的人品、我的地位和我完美的灵魂可以替我表明一切。”一句多么精彩的短语用以描述自己：“我完美的灵魂。”我们不得不问，一个有着如此完美灵魂和自足生活的男人，对妻子会有什么兴趣？我们是如何看待我们自己的完美的？我们的内心中有多大一部分是不愿意承认我们依赖别人，不愿意承认我们的人生之锚能被他人掌控的？因为如果他人能够成为我们的锚，离开他们，我们的生命之舟则会随波逐流。我们的内心中，有多大一部分是逍遥在家室之外，逍遥在“丰腴困厄，至死不渝”的婚誓之外的？又有多大一部分把这种房屋看作囚牢，用枷锁将我们紧紧绑缚？因此，一旦步入婚姻，背负爱一个人的承诺，我们便会放弃心中的自由画面，并由此放弃我们的完美。奥赛罗将之称为“circumscription”（界限），而这个词中间“script”（剧本）的深意是：对奥赛罗来说，进入婚姻的爱情，让他不得不被置于他人写的某部戏中，他的生活没有自由，只能按照既定剧情演戏。因为只有导演，才能安排、布局和决定。

关于这部剧，我曾提过一个问题：是否在奥赛罗心中藏着某个秘密，让他更倾向于相信苔丝狄蒙娜不忠而不是坚定地信任她？局外人可以清楚地看到，奥赛罗从伊阿古那里得到的种种迹象和证据，并不足以证明奥赛罗的结论。那为什么奥赛罗就没能看出真相呢？是否奥赛罗内心有什么东西驱使他不想看出来，而是按照伊阿古盼望的那样去怀疑她？为什么奥赛罗会收起心中的信任感，进入到伊阿古邪恶的阴谋中呢？

其实伊阿古也意识到，他炮制的关于苔丝狄蒙娜不忠情节的种种迹象和证据，本身是没有说服力的，甚至是似是而非的。但是，莎士比亚让他这样说：“像空气一样轻的小事，对于一个嫉妒的人，也会变成圣书一样确凿的证据。”正是这种嫉妒的情绪遏制了真相的出现，也正是一个个微不足道、星星点点的迹象，为这种情绪提供了机会。奥赛罗对苔丝狄蒙娜忠诚的粗暴怀疑，完全基于一种毫无理由的情绪，正是这种情绪让伊阿古导演的戏多了几分真实感。奥赛罗要求伊阿古把这出可怕的戏发展至骇人听闻的结局，他要将苔丝狄蒙娜与其非法情人见不得人的苟合行为暴露无遗。“证明我的爱人是一个淫妇，”他愤怒至极，“必须要一个证据。”天呐，这个完美的灵魂竟然说出了这样的话语。

不妨想一想这个问题，我们生活中有多大一部分是基于某种意

《奥赛罗》(1952)电影海报

义上的可靠证据度过的呢?一次次地,我们被迫接受世界上的一些观点和可能性,然后把证据往里套。如果期待我们生活中种种迹象都能达到证据的水平,这简直就是在提出一种没人性的要求。我们既没有强大的认知能力,也没有足够的时间去检验一切。因此,那些被我们当作证据的东西,很可能是种可笑的误读。

因此,奥赛罗认为他所处的人性境地,事实上与我们自认为所处的人性境地是一样的——在这个世界中,我们称为证据的种种事实,其实远达不到证据的标准,也远远无法证明是合理的。奥赛罗在婚姻中的位置，与其他男男女女所处的位置并非完全不同。在说出结婚誓言的时候，他们只不过是在庆祝他们不能真正看见的东西，结局是什么他们压根儿不知道。一场婚礼，并非是庆祝已经实现的爱，而是对开放的未来的一种承诺，这个未来可能会更好，也可能会变糟。我们永远也不会有目击的证据，如果我们为实现目击证据的愿望而舍弃自我，那么对婚姻是什么、婚姻应该是怎样的，我们只会也只能处于盲目之中。

悲剧《奥赛罗》也是一种思考承诺和责任的途径。当然，我们都不希望自己的婚姻生活在身边轰然崩塌，我们也不希望爱情证据突然逆袭，一切都呈现出新的让人极为痛苦的面貌。我们希望这一切永远不要发生在我们身上。但是，此类悲剧没有发生在我们身上，是因为我们比奥赛罗聪明很多吗？是因为我们是比奥赛罗更优秀的男人，比苔丝狄蒙娜更聪慧的女人吗？是什么能让我们安然处于配偶和身边人的诚实之中？是什么能让我们了解自己以及配偶是什么样的人？

《奥赛罗》以一种特别令人不安的方式，提出了一个关于婚姻承诺和责任的认识论上的问题。这部戏剧揭秘了人类认知的脆弱，如果我们一味地要求获取能被称为证据的东西，我们的生活将会陷入极度困难之中——因为依赖证据本身也许就是拒绝信任。现在，我们面临着信任，我们也可能同时面临着对某种安全感、对某种迹象或某种证据的需求。

路过爱情，视而不见

手指和眼睛是不一样的。

于1991年上映的电影《情如物证》，由乔斯林·穆尔豪斯编剧并执导。它教会我们如何认知莎士比亚的《奥赛罗》，如何理解人类害怕爱情，以至于在爱情面前想要遮蔽双眼让自己变得盲目，甚至想要毁灭它。

这部神奇的电影，揭示了一种阴暗的精神地带，与隐藏在《奥赛罗》背后的想法如出一辙：人类倾向于对世事，特别是爱，提出非人性的要求。奥赛罗提出了对苔丝狄蒙娜不忠“目击证据”的非分要求，编剧兼导演乔斯林·穆尔豪斯在此给出了自己的精彩版本。

《情如物证》讲述了盲人马丁（雨果·维文饰演）拼命致力自我独立的故事。马丁讨厌依赖任何人，他不断地试探进入到他生活中的每个人，试图找到任何人任何意欲利用他的蛛丝马迹。和奥赛罗一样，他拒绝被他人怜悯和同情，他的这种拒绝如此极端，以至于拒绝任何人爱他。他对自由和自足感的渴望是如此极端、非人性化，与奥赛罗不分伯仲。虽然奥赛罗说，为了自己深爱的苔丝狄蒙娜他愿意舍弃这种绝对的自足感，但是悲剧的血腥结局揭示，他甚至以妻子宝贵的生命作为牺牲，来祭祀所追求的自由与独立。奥赛罗对苔丝狄蒙娜不忠的“目击证据”的要求，只不过是他对苔丝狄蒙娜的爱视而不见的面具而已，他假装看不见任何她可以提供的爱的证据。马丁在失明的生理缺陷中，体味着奥赛罗般的地狱生活。

电影开场展示了不少静态的照片，里面有一张马丁的狗比尔在公园里的照片。后来，关于这张照片，在电影情节的推进中发挥了重要作用。首先映入眼帘的是本片主角盲人马丁，他行走在街道上，手上白色的导盲杖不停地敲点着地面。电影画面开始聚焦，用特写镜头给了一个十分奇怪的细节：马丁肩上斜挎着一部照相机。电影突出马丁的照相机，这个特写镜头是导演的视觉邀请，邀请我们将自己置于马丁的位置：除相机能展现给我们的以外，在其他东西面前，我们观众也是盲目的。

接着，我们看到马丁离开一间餐厅的后门，走进一条脏乱的小巷。他跌跌撞撞，撞倒了堆放在路边的瓶瓶罐罐和垃圾，并无意中伤到了一只名叫“丑八怪”的流浪猫。安迪（罗素·克劳饰演）是一个在餐馆工作的年轻人，他长得不错但没有什么理想和抱负，他一直用剩饭剩菜喂养着这只流浪猫。当时，碰巧在后巷的安迪看到了那里发生的一切，他抱起看上去已死的猫，看着马丁离开的背影。

马丁继续走在回家的路上，天开始下起了雨。他进了家门，准备换掉被淋湿的衣服。我们无比清晰地听着房间里的各种声音，有水滴声，还有壁炉里的烧火声。虽然我们是用眼睛看电影，但电影场景迫使我们和马丁一起，进入他的声音世界——导演再一次邀请我们将自己置于马丁的位置。他开始脱衣服，突然，他听到香烟灰被弹落到烟灰缸中的声音。这是他的管家，一个名为西莉亚（吉纳维芙·皮科特饰演）的女人，斜倚在沙发上抽烟。西莉亚的年龄与马丁相仿，身材苗条但外表冷峻，她的声音，如同为病人看诊的医生或正解雇员工的老板一样，扁平、干脆、冷淡。她见马丁将一叠刚从商店里冲洗好的照片带回家，“我能看看你的照片吗？”西莉亚说，“我能帮你描述它们。”马丁毫不客气地拒绝了。从这里我们能够感觉到，西莉亚提议，马丁拒绝，类似的对话以前肯定发生过，这应该是他们紧张关系中常有的部分。马丁来到放钱的保险柜前（后来我们知道，里面还放了他曾拍摄的最重要的一张照片），拿现金付给西莉亚管理家务的报酬。当他打开保险柜的时候，马丁用一只手蒙住了西莉亚的眼睛，让她看不到保险柜里的东西。西莉亚又提议帮他准备晚餐，但马丁再次拒绝了她的帮助。西莉亚转身离开，但为了提醒马丁他是多么地依赖她，她将立式烟灰缸从原来的地方悄悄搬到门口，这样马丁会绊倒的。这个女人处心积虑，想要马丁承认他是多么需要她，而马丁也同样殚精竭虑地不愿承认他有任何需要。

马丁为何如此警惕西莉亚？电影带我们回到了马丁小时候，那是他六七岁时，已经失明了。通过倒叙马丁儿时的情景，电影向我们展示了他为何成长为这样一个对任何帮助、任何依赖都没有信任感的男人。我们看到，儿时的马丁站在熟睡的母亲的床边，他看不见她，但他用手轻轻地触摸着母亲紧闭的眼睛、她的面颊，直至她的胸口。母亲被惊醒了，因为他天真的触摸有些尴尬。“你不能想什么时候摸别人就去摸，”她责骂道，“手指和眼睛是不一样的。”幼小的马丁将他母亲震惊的反应解读为，他用手触摸而不是用眼睛看，这种了解事物的方式太过亲密，让人难以接受。双目失明的孩子渐渐长大，他脑海里也慢慢认为别人不想他去了解他们，就像他的母亲不想让他触摸一样。我们终于明白，马丁之所以如此粗鲁地拒绝西莉亚，其实是他沮丧之情的不断重复而已。他母亲不让他触摸她、了解她，好像保守了某个秘密不让他靠近，从那时起，这种重重的沮丧和挫伤便深埋心底。

还是流浪猫“丑八怪”巷中事故发生的当天，让我们回到餐馆里，安迪正在工作。马丁坐在一张餐桌前，多次试图点餐，但繁忙的女服务员并没有注意到他。马丁感觉到，不仅自己失明，其他人也好像对他视而不见。他没有继续寻求帮助，而是很好地控制了形势。他拿起桌上的一瓶葡萄酒，直接倒在了桌子上，假装对不准下面的杯口。现在，服务员不得不关注他了，赶紧跑到他桌前。马丁并没有理会倒在桌上的酒，自顾自地向服务员点餐。电影场景很快地跳转到，马丁未经注意地从餐馆后门走出来，来到后面那条脏乱的小巷，因为他点的东西仍然没有上来。安迪又一次看到了他，他质疑马丁并告诉他要像其他人一样付钱——这是一个重要的时刻，它让马丁感到，安迪并没有因为他是盲人而区别对待。安迪告诉马丁：“你杀了小家伙‘丑八怪’。”猫已经被扔到后巷的垃圾桶里，安迪打开垃圾桶让他看受伤的猫。安迪认为猫已经死了，但马丁摸过之后知道它还活着——通过触摸，马丁感知的东西比安迪眼睛所见的似乎要多些。

性，谎言和照相机

马丁害怕别人会利用他的失明，这种害怕和恐惧缔造了一个世界，在这个世界中住满了连地狱都装不下的魔鬼。

马丁抱着猫，安迪开车和他一起前往兽医办公室，马丁经常带他的狗比尔来这里。在等候区有不少人，都带着自家的宠物，马丁出人意料地突然拿出相机，让安迪抱着流浪猫“丑八怪”拍张照片。安迪有些尴尬，因为房间里的所有人都很奇怪，不知道他和这个拿着相机的盲人在干什么。然而，当他们看到马丁拍照片时，都想和自己的宠物合影，于是，马丁拍了不下于几十张照片，在其中捕捉了每个人、每只动物和房间里的每个特征。影片没有放映这些照片被拍摄的过程，而是直接以移动的画面展示了一张张静态的照片。当事件被照片记录下来后，看到这些静态的照片就好像看到了正在发生的事件。

安迪和马丁驱车回家，他们在车上的谈话加深了我们对拍照这件事的疑问。安迪笑着说：“盲人摄影师。现在不出一周，消息就会传开来。”马丁讲述了他拥有相机的故事。“当我还是个小男孩的时候，我妈妈送给我一部相机。”安迪不理解：“有些残酷，不是吗？”但马丁解释说：“是我想要一部相机。我想它能帮我看到东西。”我们开始理解了这句奇怪的话的第二天，马丁来到安迪所在的餐馆，他带来了一些照片，让安迪将它们简要准确地描述给他听。（因此，在西莉亚身上所禁止的亲密，在安迪这里被允许。）当安迪看照片的时候，马丁拿出一个小机器，好像在上面打着什么东西。事实上，他是将安迪的简要描述用盲文打孔做成标签，贴在照片的背面。安迪又一次有些尴尬，他问马丁这样做是在干什么——盲目地拍照片，然后找个人来解释，同时做好标签。“我所获得的，”他说，“是证据——照片里有的就是当时在那儿的。”安迪本是一个没有抱负、无忧无虑、看起来并不可靠的年轻人，可现在，他像一个真理代言人一样，严肃地描述照片，让他感觉不太舒服。“可是这些照片，”他说，“哪里都有，什么都有。”“除非它不是（记录事件的那张照片）。”马丁回答道。他提醒安迪，对兽医院候诊室里当时的种种特征，他所感受到的要比安迪多，特别是声音和气味，不管是动物的，还是人的。“这个，”马丁手持其中一张候诊室的照片说，“就是我所了解的通过你的眼睛看到的证据——真相。”马丁说，他喜欢安迪简单直接的描述风格，并提出聘请安迪为他描述照片。安迪很乐意进行这样的描述，但他嘲笑也不同意为钱做这件事。这种交换也向我们展示，马丁想要控制安迪，就像控制西莉亚那样，通过付钱让他们来帮助他，而不愿相信他们的关心、友谊以及他们的爱。

当安迪同意作为朋友而不是雇员来帮马丁描述照片时，马丁突然变得严肃起来，对安迪说：“你绝对不可以对我说谎。”安迪回答得很干脆：“我为什么要那样做？”画面又切换到对过去的一个回忆场景中，这个场景时常困扰着马丁，让他不愿意信任任何人的爱。马丁的母亲和这个小男孩一起望着窗外。她描述着外面的景色，还有一个男人在花园里扫落叶。但是，年幼的马丁拒绝相信她的描述。“我没有听到他的声音，”他说，“他不在那儿，那儿根本就没有人！”马丁的母亲，肯定每天都要忍受这个男孩的不信任以及他愤怒地想要独立的尝试，她不无疲惫地回答道：“我为什么要骗你呢？”这个问题和安迪刚才问的一样。但是，年幼的马丁，带着野蛮和不公平，对他疲惫的母亲说：“因为你能。”

这是本部电影的中心时刻，因为它揭示了，马丁对爱他的任何人都充满了无限的怀疑。马丁想要证据，所以他拒绝信任。马丁，不管是在成人或是孩童时期，将他的母亲、西莉亚、安迪，将每个想得到他信任的人，都看作可能是伊阿古，或笛卡尔的恶魔。这些肆意的魔鬼将我们作为对象加以愚弄，他们无缘无故的恶意没有任何解释。马丁害怕别人会利用他的失明，这种害怕和恐惧缔造了一个世界，在这个世界中住满了连地狱都装不下的魔鬼。为保护自己免受未经证实的信任的伤害，马丁始终将自己排除在外，从不信任爱情。没有爱可以足够地证明自己，足以经受马丁的无端猜疑。因此，为了保护自己免受想象中的伊阿古的伤害，马丁甚至把自己变成了伊阿古，变成了充满无目的怀疑的怪物，变得无法坠入爱河，也不能身处爱恋。他俨然如紧闭的坟墓一样，固若金汤，无法攻破。

影片将马丁一切都要有目击证据的变态要求暴露无遗。西莉亚充当了暴露的工具。在马丁拍的照片中，安迪见到了西莉亚，他将她描述成朴素的、看起来还不错的人，并且询问马丁关于她的情况。“西莉亚没有心，我讨厌她，”马丁粗鲁地回答道，“是她要求我给她拍照的，”他继续说，“但是我想，如果我继续拒绝她的要求，她就再也不会怜惜我了。相反，我可以可怜她。”马丁将西莉亚的爱斥为同情，又将同情解读为贬低，这是一种挑战他自足感和男子气概的东西。他宁愿对西莉亚残忍，也不愿意被她同情。至少，马丁所言就是这个意思。当然，我们会怀疑，是否他既想要得到她的怜悯又恐惧它，就像奥赛罗一样，既爱那个同情自己遭遇的苔丝狄蒙娜，又怕接受这种基于怜悯的爱会让自己失去男子气概。

当西莉亚在马丁家中做蛋糕时，同情与欲望的交互影响进入了这部电影。当马丁闻到烘烤的味道，他再次用钱拒绝了来自西莉亚的任何帮助或礼物。“那要花费我多少钱？”他吝啬地说。但是，西莉亚之所以烘烤蛋糕，是因为当天是她30岁生日，她希望马丁能和她一起庆祝。实际上，她不希望马丁将料理家务看作付钱的服务，而是希望作为爱被接受，她希望马丁能为了她的爱舍弃一些自主和独立。她的话语中有些诱惑之意：“你知道吗，一旦你过了30岁，你不能再叫自己女孩了；你不得不承认你是个女人了。可是你不会明白的，马丁，女孩和女人之间的区别，是吗，马丁？”西莉亚将马丁的手放到她的上衣上，马丁赶紧将手抽离，说：“西莉亚，你不会从我这儿得到生日礼物的。”多么不寻常的说法！当她给他礼物——蛋糕以及她自己——他明明是在接受礼物，而他说得好像是他更愿意自己是一个给予礼物的人。对于马丁来说，每一个接受都是昂贵的。西莉亚将烟灰缸放在他的走道中间，她给予他蛋糕和爱，但马丁从未承认他对这个女人有任何需要。尤其是，他不愿意让西莉亚做安迪做的事情：成为他的眼睛。西莉亚嫉妒这种信任，她下决心要摧毁它。

这部电影通过一种奇妙有趣的顺序，向我们展示了马丁和安迪之间的友谊是如何与日俱增的。正如许多爱情故事和伙伴电影的

《情如物证》电影剧照

桥段一样，朋友的友谊都是通过冒险经历得以建立并巩固的。要成为马丁的眼睛，仅仅描述静态的照片是不够的，安迪决定更深入更彻底些，于是他带着这个盲人一起去看露天电影。正如在影片开始对马丁肩上斜挎相机的特写镜头一样，在此导演邀请我们将自己置于马丁的位置，而将安迪这个迷人但看起来并不可靠的年轻人放在了导演的位置。我们——我的意思是指马丁以及我们这些《情如物证》的观众——会让自己信任那些能将我们所见的东西控制到一部电影里的人。安迪选择的是一部便宜的露天恐怖片，一个穿袒胸衣的少女正受到一个持刀杀手的威胁。毫无疑问，比起马丁，这部电影更适合安迪的品位。马丁在安迪的指引下开着车，但很快就发生了小事故——对一个盲人驾驶员来说没有什么稀奇的！当警察到达时，马丁忽然灵感一现，叫了出来："我看不见了！"好像因为这个事故他变瞎了。满怀同情的警察——他认为安迪和马丁是爱人——告诉在医院的安迪："你的朋友马丁他似乎瞎了。"当然，帮马丁做检查的医生更知道真相，她对马丁说：“你一直都是看不见的。那你怎么还要开车？”马丁给出的回答，让他俩之后大笑不止：“我忘了。”和其他许多有趣的话一样，马丁这句简单的话也揭示了一个严肃的事实。因为接纳了安迪的友谊，马丁确已忘记自己是个盲人。他停止了对爱、信任以及生理上和心理上失明的加倍怀疑。马丁看到了安迪，也被他看到了。他们之间的关系，让马丁拒绝给予，也拒绝接受西莉亚的事实变得更加残酷。

你的欺骗，足以毁灭世界

对人类来说，真相是需要承认信任，但不一定是任何东西都需要完全笃定。

回到马丁家中，安迪注意到壁炉架上有张老照片。那上面的女人是马丁的母亲，安迪为他描述这张照片。马丁说："我从来都没有和妈妈出去过。她觉得带着我很丢人。她一直想要一个正常的孩子，能和她做些正常的事情。"我们应该还记得在前面的场景中，还是小男孩的马丁对他母亲的无端怀疑。他将自己依赖于母亲的尴尬，扭曲为对母亲尴尬的回忆。"有一天，"他继续说，"也许我会给你看一张照片，是通过我家窗户可以看到的一个花园。那是我拍过的最重要的照片。我总是想发现她是在骗我。""你的妈妈为什么要骗你呢？"安迪问，重复着之前关于动机的问题——这个问题也是电影的核心——马丁粗鲁的回答，给出了另一个版本："对我的惩罚，作为一个盲人的惩罚。"当然，不是母亲而是儿子自己在实施惩罚，对看不见的世界、对没有证据的种种怒气，他将缺少证据解读为缺乏爱。安迪无法理解马丁为什么会有这种无缘无故、毫无必要的要求，问道："就算花园里的事她骗了你，又有什么关系呢？”“有。这是我的世界。”马丁回答。现在我们明白了：马丁将对不可能也非人性的要求转变为一种生活方式，这种生活里充满了足以毁灭世界的怒气。安迪肯定达不到马丁那种几乎不可能的真相标准，可西莉亚确信她可以。

马丁习惯于经常带着他的狗比尔到公园里遛弯。马丁在那里拍下照片，之后让安迪帮他描述。马丁很是不解，为什么他有时叫比尔，狗却不马上过来。这个谜底的答案，导致了安迪在对一张照片的描述上对马丁撒了谎。安迪碰巧经过马丁家，听说他在公园遛狗，就去那里找他了。在公园里，安迪看到比尔向西莉亚走去，但在马丁叫喊比尔时，西莉亚故意抓住比尔不让它跑到马丁那里去。马丁拿出相机，这边拍那边拍，试图捕捉到为什么他叫比尔时它总不过来，究竟是什么阻止了它。安迪试图跑出相机的镜头内，这时，西莉亚悄悄地放开比尔并离开了公园，马丁根本就不知道她曾来过这里。之后，马丁让安迪帮他描述这些照片。安迪看到照片中西莉亚拉着比尔，而自己也在背景里，试图从镜头画面中跑开。安迪看着在马丁家中打扫卫生的西莉亚，她微笑地看着他，于是，安迪在这张照片上骗了马丁，说比尔是和另一只狗在一起。马丁有点儿怀疑，但还是接受了比尔经常失踪几分钟的答案。能迫使安迪选择保护她而不告诉马丁真相，西莉亚很高兴。在马丁问安迪另一只“狗”是什么样子的时候，西莉亚在一旁评价道：“可能是只母狗，在发情期的。”

现在，西莉亚尝试着最后一个疯狂的计划，试图让马丁接受她的爱。她拍下了马丁正在上厕所的照片，并威胁要将照片悄悄地贴在他某件衣服上，除非他和她约会，陪她一个晚上。她对马丁品位的理解，比安迪要好得多，她带他来到音乐大厅，但之前并没有告诉他是在哪里。他们听着贝多芬雄壮的第五交响曲，这是他热爱的音乐，马丁被音乐深深地吸引并感动着；这是他第一次到现场听并感受这部伟大的音乐巨作。马丁感谢西莉亚，他以为陪她可以结束了，但西莉亚坚持要一起到她家里去。“我有点儿像个摄影师了，马丁。”她说。马丁问：“真的吗？你拍过什么？”“我爱的东西。”她回答说，影片镜头拉回到沙发后面的墙上，令我们吃惊的是，整面墙都挂满了照片——都是关于马丁的照片。“今晚是我期望已久的，”她说，“还有更多。”但马丁跑出了她家，惊慌失措地，在街边左右徘徊着，希望打辆出租车，直到西莉亚将车开到他跟前接他。西莉亚默默地送他回家，直到下车。“马丁，我为你做了所有的事，”她说，“我就像你的妻子，但你就是不信任我。我需要你的信任，我需要你的尊重。”她希望得到他的爱，即使不行，至少能继续做他的管家。“你喜欢这样。”他对她嗤之以鼻，认为她喜欢他的粗鲁和残忍，当然我们知道，是出于爱和迷恋她才会忍受这一切的。

躺在自己床上，马丁蜷缩着，哭了，哭得那么痛苦。影片画面中，揭示了一段眼泪背后的回忆场景。男孩马丁的母亲告诉他，她要死了，他必须去和奶奶一起生活。对男孩马丁来说，就跟不想依赖母亲的爱一样，他也不能接受母亲的死，他以自己习惯性的拒绝回答道：“你不再想见到我了，你说你要死了，只是想要躲避我。你绝对不会告诉我真相的，我永远也不会相信你的。”之后，影片给我们呈现了一个精彩而悲凉的画面，男孩马丁，独自站在母亲的棺材旁，他用小手抚摸并叩敲着棺材，说：“这是空的。”甚至死亡，也没有将他带入对现实的触摸之中。马丁宁可认为母亲抛弃了他，也不愿意承认他难以接受母亲的死。

西莉亚心中满是辛酸，马丁不接受她的爱，她也不愿意他接受其他人的，于是，她引诱安迪。“关于那张照片你骗了他。你为了我而骗了他，万一……”她对安迪说，我们知道她的意思——万一你想要背叛他和我在一起。西莉亚安排在马丁的房子里与安迪见面——她仍然是马丁的管家——她知道马丁回来后，会发现他们的恋情。马丁已经带着比尔去兽医那里了，她特地在比尔的项圈上拴了一张照片——在公园里，她坐在椅子上，手里拉着比尔，背景中安迪意欲跑开。兽医发现了这张照片，他将上面的情景描述给马丁听。马丁回到家，正好与在家里的安迪和西莉亚撞个正着。“我和西莉亚相爱了。”安迪说。安迪和西莉亚一起离开，去了西莉亚的公寓。当安迪看到整个墙上都挂着马丁的照片，他意识到西莉亚利用了他。“他不会原谅你的，现在不会。”她说。我们和安迪一起意识到，西莉亚做这一切的目的是破坏他们之间的信任和友谊。

如果这部电影只满足于沿袭《奥赛罗》的悲剧情节，完全就可以以安迪的背叛和马丁对信任的拒绝结尾。相反，它呈现了一幅充满希望的愿景——马丁与他的母亲、西莉亚、安迪达成了和解。首先，马丁去母亲埋葬的墓地。墓地的管理员将他带到他母亲的坟前，马丁问了一个令管理员感觉奇怪的问题，不过我们观众是理解的：“你有没有遇到过一个空棺材被埋葬的情况？”不过，现在马丁终于接受了：他的母亲是真的去世了，她的棺材并不是空的，她一直深爱着他，而他却一直拒绝她的爱。然后，我们返回马丁的家，在那里他终于告诉了西莉亚真相，并结束了他们之间的关系。“很抱歉让你受了这么长时间的苦，”他说，“我知道你对我的感觉，剥削你的感情是我的错。你被解雇了。”西莉亚还是忍不住要再给马丁一个提醒，提醒他，她已经为他做了很多，提醒他，他是多么地需要她——当她最后一次离开马丁的房子，她又将一个衣帽架放在了走道中间。

马丁和安迪之间的和解，发生于安迪来到马丁房子前的道歉。马丁对他说："你应该小心一点儿，安迪。我是一个盲人，和其他人不一样。你不会明白真相对我来说有多么重要。"安迪意识到，他达不到马丁所过生活的标准，但他同时也认为马丁的标准是不可能的、无情的、非人性的。"每个人都说谎，可他们不总是说谎。"马丁回答说，"让我怎么相信你？"——他总是死死地抱住一个绝对的要求，完全是或完全不是，要么是真相，要么是魔鬼般的幻想。安迪回答说："你不会的。"也就是说，你不可能相信我，因为你所理解的"相信"是要我所说的一切都是绝对的肯定，没有任何风险，也没有任何怀疑的可能性。"你说得对，马丁，你的一生都是真相，"安迪继续说，"而我们其他人，都有一些遗憾。"这是一个美丽的时刻，安迪所说的遗憾同时也是一种对真相的思考。马丁的生活不是一种人类的正常生活，因为他将真相变得无情。最终，安迪的友谊和爱，让马丁变得愿意给予并接受遗憾。马丁从保险柜里拿出一张老照片，他很信任地让安迪来描述它。"一个男人在花园里。"安迪说。"送给你了。"马丁说。影片的最后，是孩提时的马丁坐在窗前。他不再需要这张照片了。马丁再也不期望证据了，因为他接受了爱。我们观众也意识到，马丁并不比我们更盲目。

怜悯与杀戮

奥赛罗坦白地说出，他之所以能让苔丝狄蒙娜着迷，同情是她爱的中心。

让我们回到这个问题，为什么奥赛罗会如此相信伊阿古对妻子苔丝狄蒙娜的中伤？对这个问题，我将提出一个可能的答案。不过，我对奥赛罗谋杀秘密的分析，无疑也是一种有争议的解读方式。你们不一定非要接受我主张的观点，至少不要像奥赛罗轻信伊阿古那样。在此，我也要将斯坦利·卡维尔的见识和洞察再推进一步，因为你们也要对他进行检验和评判。如果我们确实想将本剧看作一场真实故事的演出，但我们却会发现，剧中关于某一行为的事实描述十分不可思议，至少我是这样觉得的。那就是，奥赛罗与苔丝狄蒙娜这对新婚夫妻，他们之间的鱼水之欢是怎样被打断的。我相信，莎翁意在让我们认识到，婚姻是永远不会圆满的，并以此为线索来探讨奥赛罗的秘密。

在开头的场景中，奥赛罗与苔丝狄蒙娜在准备度蜜月的旅馆房间中，突然听到苔丝狄蒙娜父亲和一大帮人在旅馆外边。奥赛罗告诉伊阿古他将用其完美的灵魂表明一切后，他不得不离开房间，下楼去见这些人。一会儿之后，才知道原来在塞浦路斯发生了紧张的军情变化，奥赛罗需要马上登舰前往处理应对，苔丝狄蒙娜则请求跟他一起去塞浦路斯。奥赛罗告诉威尼斯当权的公爵和长老们，他准备出发去应对与土耳其军队作战的新任务，他甚至说，他知道自己内心好似对战争的残酷有所偏好，以至于对他来说，“冷酷无情的战场”比“温软的眠床”更有吸引力。这种强硬和男子气度的话语本身并无稀奇之处，但在这个语境中就显得过于尖锐，格格不入。对奥赛罗来说，他的新婚之夜刚刚开始，就从婚床上被拉下来，在此刻，一个人竟然说，相比躺卧娇美爱妻的初夜温床，他更偏爱布满冷石冰刃的战场之榻。奥赛罗只有一个请求，就是希望苔丝狄蒙娜能在威尼斯后方得到很好的照顾，要受到与威尼斯贵族家庭成员以及他的妻子这两种身份相称的对待。有人建议苔丝狄蒙娜可以住到她父亲家中，但她的父亲和新婚丈夫都不同意，就连苔丝狄蒙娜自己也断然拒绝了。“我也不愿住在父亲的家里，让他每天看见我，想到那些不耐烦的想法就生气。”她说。——你认为这些想法是什么？这些想法是伊阿古在街边深深植入到她父亲脑中的肮脏的想法。苔丝狄蒙娜知道，一想到她与奥赛罗的性爱关系，她的父亲就会感到不安，尽管现在奥赛罗已是他的女婿。于是，苔丝狄蒙娜提出了她自己的请求，与奥赛罗不同的请求。她开始礼貌而明确地陈述对奥赛罗的爱恋——“我因为爱这摩尔人，所以愿意和他生活在一起。我不顾一切跟命运对抗的行动可以代我向世人宣告。”“我如此满怀激情地爱着这个摩尔人，”她说，“我的激情驱使我准备好承担与他在一起的暴力和风险，我和父亲的决裂就可见一斑。”她淡淡地说，“我想要‘和他生活在一起’。”与奥赛罗的勇敢一样，苔丝狄蒙娜也有她自己的勇敢方式，男人离开，她不愿意独守空房，在床上孤独守候。“把我遗留在和平的后方，过着像蜉蝣一般的生活，而他一个人迢迢出征，”她说，“那些令我爱他的礼仪都将离我而去，我将不能朝夕侍奉他。让我跟他去吧。”这礼仪不是别的，而是让他们实现婚姻完满的礼仪——圆房。在此，莎士比亚是基于古老的基督教的传统，认为婚姻圣礼的完成，单单有婚礼誓言还不够，只有当这些誓言经由婚后第一次圆房，才能得以庆祝和认可。如果不能和奥赛罗“生活在一起”，她就不会结婚。就在苔丝狄蒙娜到达那里的当晚，伊阿古又在街道上策划鼓动了一场乱子，奥赛罗又一次被从床上叫起来。奥赛罗向苔丝狄蒙娜道歉：“这就是军人的生活，才合眼，芳香的好梦又被杀声惊动。”奥赛罗在这里的道歉，并非只是字面上理解的被从睡梦中惊醒。夫妻间“芳香的好梦”，是另一种含蓄的说法。

奥赛罗支持苔丝狄蒙娜和他一起共赴塞浦路斯的请求，但他将激情加以冷却，使得听起来仿佛他对与新婚妻子行床第之欢并无多大兴趣。“我向你们这样请求，并不是为了贪尝人生的甜头，也不是为了满足我自己的欲望，”他说，“因为青春的热情在我已成过去了。”他意在向威尼斯人保证，战争的重大使命并不会因为年轻性感妻子的出现而有所懈怠。但是，他说他的性爱激情——“青春的热情”——“已成过去了”，也就是熄灭了，难道不觉得有些过了吗？这足以让任何婚姻的温床，都化为冰冷。在剧中不止这一段，在好几处奥赛罗或其他人都谈到，他情爱激情的温度，已因为他的年龄而降低冷却。同时，在许多段落中也提出了这样一个问题，甚至有的是奥赛罗自己提出的，那就是如此年轻貌美的女人，对这个有着黝黑皮肤和异国血统的年长男人来说是否有性爱的吸引力。

我想，婚礼仪式被多次打断的情节，在读者朋友们脑中埋下了这样的问题：奥赛罗与苔丝狄蒙娜两个人究竟有没有圆房，让他们的婚姻得以完满？事实上，他们可以吗？考虑到奥赛罗已然没有激情的情形，也就是剧中所说的“虚弱的功能”，他可以吗？我们至少会提出疑问，奥赛罗是否没那么渴望新婚的一夜春宵？我想，面对这个貌美而且正如我们前面所见还充满激情的年轻姑娘，面对这个刚成为他妻子的女子，奥赛罗似乎认识到他能力的丧失，至少是减弱。这也是对自由灵魂的一种威胁。在威尼斯婚礼的当晚，奥赛罗不得不下楼应对旅馆外的众人；之后又因塞浦路斯的军情危机被迫分开；最后他们在塞浦路斯团聚的“好梦”被叨扰：所有这些场景中，每一次的圆房最终都被打断。所有的场合中，他们的婚礼都遭骚扰而未能完满，他们的婚礼誓言也未能经由圆房而实现完满。在本剧中，莎士比亚呈现的是正统基督教对于婚姻圣礼的理解，婚礼誓言仅是对婚姻“公共的”完满，而初夜圆房是对婚礼圣礼的“私密的”实现。

婚床上的圆房仪式，随着剧情的发展一次次地被打断，终于在最后一幕中达到了高潮，带去了极度可怕的感觉，就像是婚姻的一种安魂弥撒。奥赛罗慢慢来到苔丝狄蒙娜床边，苔丝狄蒙娜不知道他要杀她。苔丝狄蒙娜对她的侍女爱米利娅，也就是伊阿古的妻子，说：“今夜把我结婚的床单铺在我的床上。”现在，这简单的动作中蕴含着可怕的含义。她要的是将纯净洁白的床单铺在床上，表明她愿意献出自己以成为奥赛罗妻子的意愿。但是，奥赛罗拒绝让血从她身上溅将出来，就连杀她都不愿意采取让她溅血的方式。他想要杀死苔丝狄蒙娜，但又想要保存她。他把她想象为一尊石膏塑像。想想那个不一般的意象。一方面，让苔丝狄蒙娜成为一尊石膏塑像，作为一个永恒的美的象征，而不是一个有血有肉、会腐败消亡的女人。当然，它还有另外一个用途就是制作墓碑。因此，把她变成石膏做成的东西，既是把她看作永恒的美而非血肉之躯的女人，同时把她看作已然没有生命的东西，某种值得死亡的东西。苔丝狄蒙娜要在结婚的床单上献出自己，但并没有能够通过做爱圆房实现婚礼誓言的完满，取而代之的是，奥赛罗掐死了她，她以这种方式献出了自己。

那么，奥赛罗的秘密就是，因为他不想感觉失去男子气概，所以不能接受苔丝狄蒙娜爱的礼物。思考一下这里的场景，当人们质疑他一定是用魔法俘获了这个美丽的白人姑娘的芳心，奥赛罗为自己辩护时说了一段话，这段话也许是众多台词中最精彩的，即便以莎士比亚的高标准也可谓精彩至极、非同寻常。一个像奥赛罗这样黑皮肤、厚嘴唇、大鼻子的中年男人，怎么能让美貌可人、皮肤白皙、有着威尼斯高贵血统的女人爱上他呢？在苔丝狄蒙娜的父亲和其他威尼斯人看来，肯定是用了魔法，黑魔法。奥赛罗的辩护揭示了他们爱情背后的真正魔力。“她的父亲很看重我，常常请我到他家里，”他说，“每次谈话的时候，总是问起我过去的历史，要我讲述我一年又一年所经历的各次战争、围城和意外的遭遇；我就把我一生的事实，从我的童年时代起，直到他叫我讲述的时候为止，原原本本地说了出来。我说起最灾难性的遭遇。”此处，“disastrous”（灾难性的）一词蕴含着某些词源含义，意指“处于邪恶星辰之下的”。其中，第一个音节“dis-”与苔丝狄蒙娜（Desdemona）名字前三个字母“des-”意思相同，都是“恶的，不健康的”意思，第二个音节“aster”意思是“star”（星星，星辰）。从占星术意义上去解释，灾难指在邪恶星辰的影响下发生的事件。苔丝狄蒙娜被奥赛罗所吸引，并非由于他的成功，而是因为他的灾难，这也正适合她自己的名字。奥赛罗描述了海上、陆上惊人的奇遇，间不容发的脱险，在傲慢的敌人手中被俘为奴。同时，他还回顾了充满神奇的“旅途中的种种见闻”，从广大的岩窟、荒凉的沙漠、突兀的崖嶂、巍峨的峰岭，讲到彼此相食的野蛮部落和肩下生头的化外异民。在整个过程中，苔丝狄蒙娜总是孜孜不倦地把他所讲的每一个字都听了进去，即使为了家庭中的事务，她不得不时常离座走开。

巫术、黑魔法是什么？究竟在哪里？魔法，当然就是奥赛罗有过格外浪漫的传奇经历。从这个意义上讲，就是他活得很魔幻，但魔力则来自他对其魔幻经历的诗意描述。奥赛罗能吸引苔丝狄蒙娜，是因为他诗性的力量。不只是因为他刚巧过着如此充满危险的冒险生活，而是因为他刚巧有能力能以充满魔力和神奇的方式讲述他的人生故事。正如我们迷恋莎士比亚一样，苔丝狄蒙娜也这样深深地迷恋着奥赛罗。按照奥赛罗的说法，苔丝狄蒙娜“带着贪婪的耳朵”回来“孜孜不倦地把我所讲的每一个字都听了进去”，她平日所听到的，只是一鳞半爪、残缺不全的片段，但现在她希望能够坐下来，不受任何打搅，专心听完他所有的故事。“我答应了她的要求，”这位擅讲故事的大师说，“当我讲到我在少年时代所遭逢的不幸打击时，她往往忍不住掉下泪来。”

这里是关键时刻：苔丝狄蒙娜被奥赛罗故事中“遭逢的不幸”深深地吸引着。从一开始，这就不是讲奥赛罗——作为一个自足的完美的灵魂，一个缔造自由、完全是自己生活主宰的人——这方面的故事，而是讲述奥赛罗遭逢不幸、受苦遭难的故事，在其中他是生活的病人，是命运的遭受者。“我的故事讲完以后，”奥赛罗说，“她用无数的叹息和香吻酬劳我。”苔丝狄蒙娜激情的叹息和香吻表达出的是对奥赛罗怎样的情感？她不是爱他的成就，而是爱他的伤痛，因为她把他的故事说成“非常奇异而悲惨的”。正是奥赛罗的这种能力，能有本事把其艰苦的经历描述得如此悲惨，让人怜悯，抓住了苔丝狄蒙娜的心。奥赛罗证明其有吸引力的又一论述，将这部悲剧继续向前推进。悲惨且让人怜悯，说到底，他会承认正是他脆弱的一面吸引了这个可爱的女人吗？

在辩解的最后部分，奥赛罗坦白地说出，他之所以能让苔丝狄蒙娜着迷，同情是她爱的中心。“她为了我所经历的种种患难而爱我，我为了她对我所抱的同情而爱她：这就是我唯一的妖术。”他感受到她的同情，就如《情如物证》中盲人马丁感受并探索着西莉亚的怜悯一样。但是，他也和马丁一样，对这种同情和怜悯不信任，感觉这让自己失去了男子气概，变得懦弱。我认为，奥赛罗在证明其有吸引力的又一论述中，将同情说成他之所以被爱的基础，也为我们解读奥赛罗为何轻信伊阿古提供了一种有用的方式。如果说苔丝狄蒙娜是因为他的脆弱而爱上他，那么，苔丝狄蒙娜与其他敬佩奥赛罗的人很不一样，别人爱他，因为他是一个伟大的统帅，因为任何激情或困境都难以让他动摇。因此，在我看来，奥赛罗在这段特别的辩解之词中道出了他和苔丝狄蒙娜之间的爱情本质，为后面段落中，奥赛罗为何如此轻信伊阿古埋下了伏笔。在戏剧最后，是不是相比于让他的妻子成为一个活着的、有血有肉的婚姻伴侣，奥赛罗觉得不如让妻子苔丝狄蒙娜变成永恒的贞洁雕像和墓碑更加容易些？是不是奥赛罗不愿意面对这样的挑战——让自己始终处于年轻貌美妻子的怜悯之中，让自己因为“虚弱的功能”而在妻子面前抬不起头，对其唯命是从？我不想坚持说这是对《奥赛罗》这部婚姻悲剧唯一的解读方式，但它确实可以帮助我们理解，为什么在这部剧中婚姻真的是一种地狱。

大师是怎样调情的

现在，苏格拉底明白斐德罗向他发来了一个含蓄的浪漫提议。然而，作为一个大师级的高手，他并没有像奥赛罗那样简单地表白。

108 在柏拉图的作品中，我们感知到的拒绝爱情的暴力，不比莎士比亚悲剧中的少。对于浪漫爱情中的愤世嫉俗，这位希腊大师和这位英国巨匠有着同样深邃的理解和认知，但他们的思路却截然不同，柏拉图更倾心以喜剧的形式表达。在《会饮篇》的开场部分，我们所见的那些胆小的男人们，他们渴望成为爱者，但在寻求爱情时他们充满着喜剧性的踌躇犹豫，因为他们拒绝为了爱情舍弃自我。在他的《斐德罗篇》中，柏拉图不再只用这种胆小的躲避方式，而是尝试用一种激进的方式拒绝爱情，不过即便如此，他仍然以苏格拉底般的轻松语调来对待这个主题。在阴暗的《奥赛罗》之后，我们终于可以迎来些许光明。

柏拉图的《斐德罗篇》是以《会饮篇》中第一个发表演讲的那个年轻人命名的。斐德罗同时也是被爱之人的典型。这个年轻英俊的男子与苏格拉底在路上不期而遇，令人惊讶的是他俩都要去城外散步。柏拉图选用了一个老主题——从城市去往乡村——不禁将苏格拉底和斐德罗，也将我们读者一起带入到度蜜月的情绪中去。

我们得知，斐德罗实则刚听过当时一个人的演讲，那人是当时伟大的作家和演讲家吕西亚斯。吕西亚斯展示了一篇关于爱情的演讲，斐德罗非常喜欢，于是想溜出城去，找个安静的地方仔细研读。一番友好的抬杠之后，苏格拉底要求斐德罗将藏在衣襟下的纸卷读出来。在这篇将斐德罗牢牢吸引的演讲中，吕西亚斯认为，一位年轻英俊的美少年最好将他的浪漫情怀给予欣赏他的美丽却不爱他的人。吕西亚斯的意思是，如果你采纳我的建议，你应当接受不爱你的人。吕西亚斯同时还说，当人们谈论爱情时，大多在谈论自己。

究竟是什么导致了这么一个矛盾的结论：一个被爱之人应该更青睐于不爱他的人，而不是爱他的人呢？吕西亚斯以非常细致的笔调告诉我们，为什么最好避开对我们有爱情的人。问题似乎是，一个有爱情的人从本质上来说是个疯狂之人，已经不能用头脑清醒地思考。由此，和一个有爱情的人相处，就必须要忍受他可能做的各种疯狂举动。吕西亚斯的演讲，在很大程度上，是将这些人坠入爱河后的种种愚蠢行为一一列举了出来。他在演讲中特别让我们看到，作为这种疯狂之爱的对象，被爱的人是多么的不幸。吕西亚斯尤其说到，爱你的人，对你有极强的占有欲，他会试图将你从亲朋好友身边拉走，因为他会嫉妒你和他们在一起的时间，他希望你所有的精力都集中在他身上，死心塌地地认为拥有他会让自己安心，得到保护。同样恶劣的是，吕西亚斯继续说，爱你的人，会试图让你变得比原来更笨拙、更缺乏男子气概，希望你完全依赖于他，他想让你一直保持“cute”（娇小可爱）的状态。虽然在希腊语中我们难以找到一个与英语中的“cute”相对应的词，但这正是吕西亚斯意欲指出的问题。娇小可爱是好事吗？有人渴望成为娇小可爱那样的吗？也许没有。其实，娇小可爱与笨拙愚蠢之间的界限并不清晰。

与《会饮篇》中一样，关于爱情是否会让人失去男子气概，在柏拉图时代的希腊，不仅仅在年轻男子中间会有这种忧虑，相同的忧虑也同样存在于男人和女人的爱情中。年老的恋人经常会说，坠入爱河让他们重新找到了青春，但是，看到一个已是成熟之年的男人或女人形如青少年那样举止言行，除矫揉造作外又有多少吸引力？在古代雅典的文化语境中，吕西亚斯所捕获的忧虑，与我们在《会饮篇》中看到的很是相像：爱者将成为他爱人的年轻男子变得柔弱娇气。因此，吕西亚斯指出，跟一个对你有爱情、迷恋你的人在一起，问题在于，爱你的人会倾向于把你当作宠物来对待。对待你的身体是如此，对待你的心灵亦如是，爱你的人会尽量让你避免成人间的谈话，而让你更多地接触不知所谓的甜言蜜语，当第一次听到从所爱之人嘴里说出“哦，你是我的甜心”或“E等于mc的平方”，爱人会更容易加记得也更加看重哪一句呢？

因此，如果你将自己依附于一个不能清醒思考、爱你爱得发狂的人，不管在身体上还是心灵上，你所依附之人会使你变得更加糟糕。另一方面，吕西亚斯说，如果你的情爱青睐于我，而我是不爱你的，即使我觉得你长得很好看，但我并不爱你——因为我的头脑仍然处于清醒状态，我不会做这些疯狂的事。我不会表现得像奴隶一样，大半夜睡在你家大门外，或者写歌歌颂你的家人——在希腊社会，这些事都是爱者们为引起所爱之人注意的传统套路。

所以，吕西亚斯要说的是，没有爱情的人，也就是我，更适合和你建立情爱关系。和爱你的人一起获得的愉悦，在我这里也同样可以得到，但同时，我却不会试图让你变得更加愚笨。我，没有爱情、充满理智的人，想要成为你的导师，将你介绍到成人社会中——这种非常好的安排令我们很容易想起《会饮篇》中鲍萨尼亚的演讲。他是要教育你，让你变得更有修养，带你涉足更重要的社会圈。因此，没有爱情的人会关注你的灵魂和心灵，而不是让你变成头脑简单的宠物。

要知道，在对情爱有忧虑的文化环境中，这种演讲如家常便饭。正如我们在《会饮篇》中已经探讨过的，这些忧虑在于，情爱可能意味着失去某些控制力，也可能面临着身份丧失的危险。在我看来，这种忧虑不管在古代雅典，还是在现在的美国和大学校园里，同样存在。正如吕西亚斯大胆提出的那样，这种忧虑宣称，一个正在成长过程中的有野心和抱负的年轻人最好远离浪漫。现在，要想避免情爱关系中丧失身份的办法，就是拒绝谈情说爱。鲍萨尼亚认为，从所爱之人那里获得情欲满足是合理的，因为他是所爱之人的老师，帮助其变成好人和聪明人。作为没有爱情的人，吕西亚斯在他的演讲中表达了相同的动机，不过也碰到了同样的问题。如果理性控制是如此强大，情爱关系是如此危险，为什么要告诉这个漂亮的年轻人你青睐他呢？如果你的思想这么纯洁，为什么还要把手放在他的大腿上呢？

让我们重新来想象一下这个对话情景，不管吕西亚斯在发表演讲时头脑中都想了些什么，斐德罗将这些东西统统都为自己所用。苏格拉底正巧撞上了斐德罗，他们都想出去走走，亲近自然，远离人群，在那里他们可以独处。在这样浪漫的情境中，蜜月般的情绪极易产生，斐德罗展示给苏格拉底的演讲也正巧传递了以下的意思：“我亲爱的理智的人：你无须丧失理智的自我身份，却可以享受一个年轻美男子的陪伴。”想象一下，这样的情境是多么地恰如其分。斐德罗根本不必如此直白地对苏格拉底说：“苏格拉底，我想做你的爱侣，成为你所爱之人。”取而代之的是，他将这一切都经由第三个人——吕西亚斯——的演讲说了出来，而斐德罗假装只是在复述这个演讲，让调情显得并不那么直接。

苏格拉底执意要求斐德罗复述的演讲，恰恰是斐德罗所希望的，想想这样的情节安排多么精彩。柏拉图上演了比苔丝狄蒙娜强逼奥赛罗讲故事更绝妙的版本。苔丝狄蒙娜告诉奥赛罗：“如果你有一个朋友爱上了我，只要教会他怎样讲述你的故事，就可以得到我的爱情。”换句话说，苔丝狄蒙娜邀请奥赛罗将他自己的演讲用作追求她或引诱她的行为和道具。奥赛罗即使并非调情高手，也能明白其中的暗示，在苔丝狄蒙娜半遮半掩的邀请后，进行了明确的求爱。苔丝狄蒙娜邀请奥赛罗成为他自己的朋友；斐德罗邀请苏格拉底成为吕西亚斯。这邀请背后的含义是，苏格拉底可以使用吕西亚斯的演讲来引诱斐德罗，但同时可以保持自己理性的身份。这是大师级别的调情！在这轮情爱的试探中，斐德罗和苏格拉底使用了同样的方式保持了距离感。

现在，苏格拉底明白斐德罗向他发来了一个含蓄的浪漫提议。然而，作为一个大师级的高手，他并没有像奥赛罗那样做；也就是说，苏格拉底并没有简单地向斐德罗表白，希望斐德罗开始与他的关系，虽然只要简单地说吕西亚斯的演讲也就是他想说的话便可达到目的。苏格拉底表示要脱离吕西亚斯，给出一个更好的关于无爱之人的演讲。但是，他做事很奇怪，从不能以他自己的名义来发表这个演讲可见一斑。“因此，斐德罗，我不会因为你而分心，”他说，“当我演讲的时候，我要用披风盖住我的头。”所以整篇讲话是在苏格拉底蒙着脸的情况下说出来的。

苏格拉底对斐德罗说：“吕西亚斯的这篇演讲确实有其不赖之处，但我认为，他通过赞扬没有爱情的人想要达到引诱一个被爱之人，还不是足够的好。”斐德罗听出了其中的暗示，他敦促苏格拉底给出一个更好的演讲，因为他认为，苏格拉底会很乐意通过自己的演讲担负起引诱者的身份，虽然他不愿意担负起斐德罗提供的吕西亚斯的身份。苏格拉底和斐德罗之前一样，扭扭捏捏，假装不愿意，说：“我可写不出能与之争锋的演讲，我只是个外行。”斐德罗现在开始强迫他，说：“我可不吃你这套，别忘了，这里很偏僻，只有你和我，我比你强壮，也比你年轻。”“我只得向你屈服认输了，”苏格拉底笑着说，“那我就给出一个比吕西亚斯的演讲更好的版本。”注意，苏格拉底并没有说，“我将给出我‘自己’的演讲”。他仍然只是好像提出了一个其他人“可能”给出的演讲，而将这篇演讲所催生出的身份给空了出来，可能是他，也可能是斐德罗，会愿意担负起这种身份。“这类演讲，”苏格拉底说，“它的作者应该是深爱着某个美少年的人，但他却故意要使这个美少年相信他并不爱他，他是一个理智的、有控制力的、没有爱情的人。”当演讲中的实际内容慢慢展开，我们发现，苏格拉底给出的演讲是比吕西亚斯更好的版本，更理性，也更愤世嫉俗，是对爱情更有力的拒绝。“但是真实的情况是，”这位情爱大师解释，“给出这类演讲的作者，只不过假装成不爱者，看似理性的外观，不过是作者掩盖激情的面具。”

在苏格拉底对吕西亚斯演讲的改进版本中，有一个段落尤其醒目。我们还记得，吕西亚斯抨击疯狂爱者让所爱之人变得愚蠢幼稚。苏格拉底让他的演讲者以更加尖锐的版本对爱者进行控诉。苏格拉底说，爱者让所爱之人丧失的不仅仅是成人领域的交锋，尤其是不让他们接近智慧。由此，苏格拉底将吕西亚斯对于爱者的控诉，转变为一种邀请：如果和我建立关系，成了我的所爱之人，我会带你走进哲学的殿堂。不过，苏格拉底不会直接说："此时此刻，斐德罗，我所想的其实就是你和我。"

吕西亚斯的演讲通过诽谤爱来赞美理智和哲学，这在苏格拉底隐晦的演讲中表现得更加尖锐和激烈。虽然相比于奥赛罗对爱的暴力拒绝，这里多了些戏剧的元素，但是两者之间的相同点很多。摩尔人和不爱者，两个人都假装想要知识和智慧，实际上他们真正想要的是控制。柏拉图想要为哲学找到能够拥抱浪漫爱情的方式，而不是拒绝它。愤世嫉俗者则头脑更僵化，想通过拒绝愚蠢的爱情去追求灵魂的完美。斐德罗与苏格拉底的对话同《会饮篇》一样，在谈到情爱这个主题时，一开始就打出一个问号——哲学能否忠实于真理？能否摘去面具？在《斐德罗篇》接下来的演讲中，苏格拉底拿下罩在头上的披风，讲述我们为什么需要放纵自己沉湎于危险之中，同时去接受情爱身份丧失的狂喜，我们期望找到一个更加真实的身份，这个身份只有在我们所爱之人的眼中才能找到。

戴维到后台去想把它送给妻子，突然间他停住了，因为他瞥见了黛娜好像正在被另一个男人亲吻。在电影中，这可谓是奥赛罗的时刻，只不过相比于一条丢失的手帕，戴维有更好的证据。

愤世嫉俗的不爱者戴着哲学家的面具。正如嫉妒的奥赛罗和失明的马丁一样，他们认为自己在追求真理。但是，他对真理的要求掩盖了对爱情的拒绝。他的口号是，没有证据我就不会相信，但他的秘密动机却是要拒绝相信。这种难以治愈的不信任感犹如心上的恶魔，他总是生活在地狱般的状态之中，这也正是法国哲学家笛卡尔所认为的哲学的起点：我们总是处在正受恶魔之骗的怀疑和假设中。

我想以另一部我喜欢的电影《牙医的秘密生活》（2003年）来结束这种思维。这部由艾伦·鲁道夫导演、克莱格·卢卡斯编剧的电影，讲述了一个名叫戴维的牙医，他是一个与奥赛罗完全相反的角色。奥赛罗需要证据以便杀戮爱情，而戴维却拒绝证据以保持爱情鲜活。

电影的开场画面是牙医戴维（坎比·斯科特饰演）和他同为牙医的妻子黛娜（霍普·戴维斯饰演）在他们共同开办的牙科诊所

中为病人看牙的场景。戴维遇到一个难缠的新病号，我们只知道他姓施莱特（丹尼斯·利里饰演）。施莱特是一个爵士乐号手，他不想让戴维的补牙影响他吹号的能力。戴维建议他不要用力咬刚修补过的牙，但施莱特没有听。在隔壁房间，黛娜正对一个病人谈论朱塞佩·威尔第的歌剧《纳布科》，因为当地一个剧团正在上演这部剧，而黛娜会在该剧中参演合唱部分。《纳布科》讲述的是犹太人被囚禁在巴比伦的故事，犹太女奴隶合唱的对失去自由的哀歌，是这部歌剧中最著名的一段，也与该部电影有关。黛娜说："这部歌剧是你在生活中所有无法真正诉说的东西，经由音乐得以提升和净化。"爵士乐和歌剧可能是完全不同种类的音乐，但影片却都将两者用以表达自由和美丽。第一个场景就已然为我们设置了电影的核心问题：我们能否期望婚姻中的爱情能达到音乐、艺术的标准？安德鲁·德布斯的小说《坠入爱河》中的女演员苏珊就想要这样的生活，为了拥有它，她甚至牺牲了孩子和丈夫。

戴维和黛娜有三个年幼的女儿，在艾伦·鲁道夫的精彩导演下，这些年轻的女演员发挥得十分出色。我们看到，黛娜还没有离家去参加最后的彩排前，她们都坐在饭桌前，黛娜告诉女儿们，她发现音乐是多么鼓舞人心。参加彩排后，黛娜很晚才回家，她似乎相当伤心，心烦意乱。戴维醒来后的"我爱你"似乎对她的情绪毫无帮助。她的婚姻已经陷入一个无聊的套路，"我爱你"只是嘟哝在睡着与醒来之间空荡的回音而已。当黛娜说："还记得那些度日如年的日子吗？"我们听到了她声音中的沮丧。刚从一个关于奴隶渴望自由的绝美歌剧中走出来，她感觉到现实生活的疲倦、单调和乏味——我们称之为"现实生活"，但也许她在舞台上的时刻才是现实？在剧中扮演一个角色的兴奋和狂喜，是否比将自己拖入一个毫无情节的婚姻中来得更加真实？黛娜的厌倦令她精神沮丧，玷污了她的心灵，她渴望得到提升和净化。

第二天晚上是正式表演，戴维和两名较大的女儿开车送黛娜去剧院。关于合唱的内容，黛娜对孩子们最后解释道，“我们都为上帝歌唱，祈求他的宽恕和救赎”，便赶紧加入到演员队伍中去准备了。戴维准备停好车带孩子们去观众席，但突然发现，黛娜忘记了孩子们给她的好运礼物——一个兔脚。戴维到后台去想把它送给妻子，突然间他停住了，因为他瞥见了黛娜好像正在被另一个男人亲吻。

在电影中，这可谓是奥赛罗的时刻，只不过相比于一条丢失的手帕，戴维有更好的证据。在歌剧演出过程中，总是在突然间，戴维的脑海中不时闪现出他们组成家庭、生活在一起的种种画面，从一开始他们同窗邂逅，到黛娜拔第一颗牙，到买第一套房子，再到他们的女儿出生。所有这一切，多少年日益增长的爱情，如今却置于随意瞥见的一吻的赌注上。演出结束后，他带女儿们到后台找妈妈，在那里意大利指挥很热情地祝贺黛娜，却无视旁边的戴维。戴维自然会怀疑，这应该就是他之前瞥见的男人。

戴维会有怎样的反应呢？戴维是那种倾向于避免冲突的人。他对冲突的厌恶，从一个例子中可见一斑。那是演出开始前，他和女儿们在观众席落座，突然，对戴维心怀不满的患者施莱特出现在观众中，他大声斥责戴维帮他补的牙掉了。戴维很尴尬但仍旧保持冷静，他让施莱特有空再去诊所补一次。但也就是这次之后，每每当戴维怀疑黛娜的不忠并思考自己该怎么办时，施莱特的影子就会在他脑中出现。其实在戴维内心，有想变得更加决断、能够掌控和回击的部分。在戴维脑中，一种无意识的想法已经成形：也许我应该更多地像那个粗鲁但有男人味的施莱特。他处于矛盾的撕裂中，不能自拔。那么，戴维哪一部分的自我会最终胜出呢？

看完演出，回到家，黛娜比以往任何时候都沮丧。“我无法相信，它就这样结束了，”她说，“那太美妙了，我甚至可以每天晚上永远唱下去。”戴维以典型的男性方式试图安慰黛娜，他并没有承认她的痛苦，而是给她建议，让她振作起来，还会有其他演唱的机会。就如为了宽慰丧子的父母你会这样说：“你们还会再有孩子的。”黛娜反应中的愤怒可以理解，“我不想唱‘其他’的东西”；她希望这种经历，这种非常兴奋的感觉能够成为一种常态，能够日复一日，覆盖白天和黑夜。简言之，她希望她的生活能提升到歌剧的标准，生活的乐章应该由朱塞佩·威尔第来谱写。对这个女人莫名的悲伤，戴维无所适从，他试图改变话题，提到了被施莱特羞辱的事，不过看起来并不凑效，她的妻子根本没理他这茬。“美丽的华尔兹，”她说，依然沉浸在歌剧中，只有在剧院中，她才能找到更加真实的自我，“真是场悲剧。原本你是可以跳舞的，但你却不能那样。”

第二天早晨，黛娜起来说要出去买些果汁、报纸等等。但为什么她打扮得这么漂亮，她又为什么出去的时间比平时长呢？她是和那个性感的意大利人在“跳舞”吗？戴维看到了更多可以作为证据的东西。但晚上在床上，他甚至躲避了黛娜起头的与他的谈话。“我希望我们应该更好一些。”她说。但是戴维背向她，假装睡着了。次日，在牙科诊所，当妻子下午要早点儿离开时，戴维对她说：“差不多六点见。”“好吧，六点半，也不一定。”黛娜回答时是不是故意打了个擦边球？她是计划与情人来个小“约会”？回到家中，戴维和女儿们一起吃晚饭，黛娜到家时已经迟了一个小时。“耶，真好，妈咪回家了！”戴维乐呵呵地对孩子们说。但他的脑海中闪现出在后台瞥见的亲吻一幕。

证据已经越来越难免，黛娜显然有些话想要对戴维说。“你喜欢我吗？”一天晚上她问他，孩子们已经上床睡觉了，黛娜坐在沙发上看电视，“我的意思是，如果你不是和我睡在一张床上，你愿意和我说话，愿意和我一起吃午饭吗？你觉得我们是朋友吗？”戴维不知道该说些什么，黛娜道出了她沮丧的想法，她原本期望婚姻能“更像是一部电影”。这个场景也是在引导我们观众思考，是否想拥有“电影般生活”的幻想，对我们拥有的现实生活是有破坏性的。期待婚姻能像电影那样浪漫，期望你的配偶总能像好朋友般谈笑风生，这势必会令你陷入一个悲哀的故事中。第二天早晨，黛娜又一次离开了家。

戴维的危机已经到了必须做个决断的时刻了，他要决定下一步应该怎么做，他也必须在倾向避免冲突的戴维自我和像施莱特那样希望对抗冲突的自我之间作个选择。从这时起，影片所呈现给我们的危机，已经将戴维头脑中“戴维-施莱特”的争论置于真实的世界中。施莱特的幻影开始出现在戴维的真实生活中，给他建议，敦促他更像个男人，让他掌控形势。施莱特幻影首次出现，是在黛娜再次提早离开诊所，戴维开车去接孩子们放学的时候。施莱特坐在戴维的车上，挑战他的男人尊严：“你在这里真像个妈妈。”黛娜回到家又比较晚时，施莱特在那儿，指导戴维要更有主见。在施莱特的指引下，戴维亲吻黛娜，当戴维问黛娜都做了些什么、有什么新鲜事时，她似乎又在含糊其词。“就像平常一样。”她说。“平常一样？”施莱特嘲讽地将这句话重复给戴维听，“不太妙啊。”施莱特强迫戴维去想，“一切如常”可能就是去见她的情人。全家人共进晚餐，施莱特不断地煽动戴维心中的怒火。最小的女儿不肯吃东西，还把盘子打翻了。“一家之主的气势哪儿去啦？”施莱特说。戴维气愤地将小女儿扔到房间里，我们听到戴维向她吼叫，看到老爸发飙，其他两个女儿还有黛娜都坐立不安。当戴维回到餐桌前，黛娜指责他对小女儿太凶。施莱特在一旁敦促戴维不要容忍她对自己男子汉气概的挑战。他把一根壁炉拨火棍放在戴维身旁的餐桌上，说：“要是我，我就杀了她。”戴维对黛娜呵斥：“承认吧，日子在一天天地变糟。”他屏住呼吸，小声地说了一句话——“我要杀了你。”——却足以让黛娜和孩子们听到并震惊，他自己也很惊讶，这是他第一次将脑中施莱特式的想法给说了出来。

当然，戴维并不真正想要这么多，不是吗？温和的牙医还没有变成那个充满杀气的摩尔人，他试图平缓大家震惊的情绪，于是他转向女儿说：“人不能控制自己的思想，你可以想任何事，但你不是想什么就要做什么的。”戴维开车离开家，想清清自己的脑子，理理思绪，施莱特又出现在副驾驶座上。他将车停在一个没人的地方，下了车，大声吼叫。施莱特也同样吼叫，并问戴维他真正想要怎么做。“我希望我妻子能爱我，”他回答道，“我希望她能用渴望而不是绝望的眼神看着我。”施莱特刺激他：“为什么你不直截了当地问她呢？从我个人角度来说，不管是黑是白，我宁愿弄清楚实情。”在这个关键点上，也是电影的支点上，施莱特似乎变成了理性的声音，知识和智慧的声音，奥赛罗的声音：“戴维，你拒绝看有罪证的照片，你就像个盲人；你怎么能拒绝而不去把它们冲洗出来呢？证据，证据，证据；杀戮，杀戮，杀戮。”对于施莱特坚持让他去了解真相，戴维有自己的答案。“我尽量避免去问我妻子的不忠，”戴维说，因为“那样，我就不得不采取行动，也就是

《牙医的秘密生活》电影剧照

说，我们的婚姻就要发生变化”。当戴维给出这个回答，我们很难说，他究竟是一个软弱的男人，还是一个好丈夫、好父亲。也许他是两者兼而有之。

戴维决定尝试一下夫妇间重新点燃浪漫火花的传统方式：他建议全家到乡下的房子里去度过小假。黛娜赞同他的提议，不过说自己会晚些到。戴维带着孩子们驱车前往他们乡下的房子。施莱特当然阴魂不散地跟着，戴维摆脱不了施莱特对黛娜为什么没有一起来的讽刺。“你猜此刻她在做什么呢？也许她死了。”施莱特说。戴维想象着黛娜和不同的情人在一起，想象着警察从她的牙齿信息上辨认出了她的尸体。像奥赛罗一样，他始终被折磨着，陷于自己报复的幻想中。但是，与奥赛罗不同的是，戴维承担着无比恐惧的危险，他一直在回避证据。黛娜当晚很晚才到，戴维躲在屋子外面。“我知道你在那里！”她叫他，但他没有回应。他告诉施莱特，因为“她决心告诉我了，看看她脸上的表情”。第二天，他一大早醒来，烹饪早餐、修剪草坪、吹扫树叶，用这些充满噪声的工作保持自己忙碌的状态，以便黛娜找不到机会跟他谈话。他们回家后，次日早上戴维躺在那儿，对黛娜前一天晚上很迟才到乡下的家想象了一个更加愉悦的对话场景。在他的幻想中，她说：“我今天真的很想你。我爱你。”她解释说，她待到很晚是因为办公室的水管裂了，她还安慰他说：“你瞎想什么呢，怕我有外遇吗？”但是，当戴维从重建的爱的梦境中醒来时，施莱特又在那儿。依附在戴维身上的那个施莱特般的自我，幻想逃离家中的混乱，逃离妻子和孩子。“这些孩子，她们该挨揍了。”施莱特说，每个父母都听得出这个声音中的愤怒。

“如果我让她告诉我一切，我们不得不做一些事情。”戴维说，所以他继续耐心地跟时间做游戏。施莱特将小号抓在手上，蛊惑并邀请戴维："把这个婊子扔出去，让别人收养这些孩子吧。我们一起去旅行演出吧。你也知道你是想去的。"毕竟，戴维内心有一部分，也像黛娜心中有的，希望他的婚姻能像一场表演，完美地演绎着美丽和自由，而非工作和承诺。证据已经变得越来越明朗，在牙科诊所的人已经开始谈论纷纷。黛娜取消了患者下午的就诊预约，一个助理对另一个窃窃私语："你现在相信我了吧？"晚上吃饭时，大女儿问妈妈哪儿去了，戴维哄孩子们睡觉，妈妈没有回来。黛娜第一次彻夜未归。施莱特无法理解，为什么戴维会忍受这最后的耻辱。"为什么你总这么任劳任怨？"戴维在反省，为什么自己做了这么多努力去避免知道真相，为什么他愿意忍受妻子和孩子，愿意做一切。忍受这些人，也就是忍受他的家庭——因为对他来说，爱比真相更重要，这是他唯一的答案。"都是为了拥有这些，我现在所有的一切。"他回答施莱特。清晨，黛娜回到家里，坐在餐桌前——多少个家庭时光在这里度过。"直到昨晚，"戴维说，"我都对自己说，是否我可能一直都误读了这些信号。不是吗？"黛娜没有直接回答，超过在此刻向丈夫揭露真相，她的思绪转到了对家庭的潜在后果上，她说："孩子们怎么样？她们好吗？"戴维（又有施莱特在旁边怂恿，让戴维接受他最后的忠告）回答道："我想问些问题，你是走还是留？"黛娜的一个词说出了戴维需要知道的一切："留下。"最小的女儿在大声叫爸爸，戴维应道："马上就来，宝贝。"然后他转过来对黛娜说，"我不想知道他是谁。我不想知道你做了什么。"随之，施莱特的声音消失了。爱情的真相是信任，而不是揭露。

我的许多学生不喜欢这部电影，因为他们和施莱特一样，对戴维躲避真相很是沮丧。我想，他们也是某种特定类型的哲学家。但我担心他们更像奥赛罗而不是苏格拉底，总要抓住真相作为工具或武器，指望得到对爱的控制权，哪怕以牺牲配偶和子女为代价。不过，虽然在这种强硬的面纱下，但我认为他们还是爱者；我希望，他们能更多地去适应并接受他们语言中舍弃的而不是拥有的东西。

（Ⅳ）爱让我们免于分裂

原初的人类，是依照诸神的形象创造出来的。他们圆形的形状以及他们运动的方式，都和那些神圣天体的意象一样。他们直立行走，就像我们现在一样，但是，如果他们想要快跑的时候，就会伸出所有的手脚，绕成圈，像风滚草一样向前翻滚。这种强大的运动方式，也是对神圣天体依圆形轨道永恒运转的模仿。

最初的我们是圆的

我们死抓着不真实的自足感去躲避爱情狂喜的种种方式，被柏拉图在《会饮篇》开头逐一加以呈现。柏拉图塑造的人物，和他所处时代的很多人一样，我们现今也有不少这样的人，他们所捍卫的虚假的理想形象其实只是一种狭隘的男子气概。当然，这种不真实的形象拒绝软弱，倾向强硬，让长笛禁声，将酒抑于瓶内：哲学总是乐于扮演这样的自我形象。然而，无论爱神阿佛洛狄忒还是酒神狄俄尼索斯，都不可能永远被排除在浪漫爱情之外。因此，当接下来的两位演讲者，戏剧之尊阿里斯托芬和阿伽松，让众神卷土重来便不足为奇了。斐德罗和鲍萨尼亚苦心营造的男性氛围，被他俩给毫不留情地打破了。同时，医生厄律克西马库提出的爱可以加以科学控制的观点，也成为他俩的嘲笑对象。

斐德罗呈现了以阿喀琉斯为代表的理想男性，为将之比下去，阿佛洛狄忒和狄俄尼索斯的两位虔诚信徒，也呈现出一个新的理想形象，即“androgyne”（双性同体）的形象。“androgyne”前一部分的希腊单词“andro-”是“男人或阳性”之义，后一部分“gyne”则是“女人”的意思。成功地将男性和女性融合到一个人身上，阿里斯托芬和阿伽松为之庆贺。还记得苏格拉底进到晚宴现场准备坐下时，阿伽松与他逗趣的对话吗？他们当时所谈论的模式——满与空的模式——被阿里斯托芬和阿伽松重新用来比喻爱情。阿伽松邀请苏格拉底坐到他旁边，希望苏格拉底的某些智慧能像水一样，从满杯流入空杯。在阿里斯托芬看来，我们之所以对浪漫充满渴望，这是空虚的标志：爱是以一种需要的形式而存在的。阿伽松则持相反的观点，认为正是人类的心脏太满了，所以才溢出了爱。在本章和下一章，我都将专注于阿里斯托芬的观点。你们应该还记得，阿伽松之前已经跟苏格拉底放出话来，他们将让主管葡萄酒和演剧的神祇狄俄尼索斯做裁判，来比拼智慧。因此，等谈到苏格拉底的演讲时，我们再一起去思考阿伽松的演讲。

对许多读者来说，阿里斯托芬的演讲是柏拉图《会饮篇》中的重点和亮点。第一，阿里斯托芬通过一个神话故事，讲述了人类从何处而来，为什么性爱对我们如此重要。这个故事太有趣、太生动，也非常地具有智慧，甚至可以说，即使经过多少世纪的岁月变迁，哪怕柏拉图著作的所有手稿全部遗失，但只要阿里斯托芬讲故事的这几页残留下来，我们也仍然可以由此得知，他是一个伟大的大师级人物。第二，在苏格拉底的演讲中，他只对阿里斯托芬的演讲进行了有针对性的回应，而其他人却没有获得如此待遇。第三，柏拉图故意将阿里斯托芬的对话放在了整个对话的中心位置。要知道，柏拉图在其对话中，总是把特别重要的内容放在中心位置。从某种角度上说，通过让我们关注演讲顺序，柏拉图向我们展示出，对话实际有两个中心，而阿里斯托芬的演讲就是其中之一，另一个中心，当然就是苏格拉底的演讲。演讲开始前，阿里斯托芬自己就明确了这样的事实——他的演讲与前面两个演讲的方式不一样，是一种新的赞美爱神的方式。于是，从阿里斯托芬的演讲开始，整篇对话有了一个新的起点。

与斐德罗、鲍萨尼亚以及厄律克西马库的演讲都不同，阿里斯托芬的演讲并没有提出对爱的任何分析或理论。他的演讲完完全全就是在讲一个故事，更确切地说，阿里斯托芬是通过一个神话故事来告诉我们如何去思考爱。阿里斯托芬讲述的神话，是一个关于人类起源的神话历史。这种关于人类如何成为人的起源神话，能够帮助我们去思考人类的本性，思考我们是怎样变成现在这样的。神话往往能通过历史来抓住本质。在此种情况下，通过讲述我们人类是怎样从没有性爱的原初状态发展成为有性爱的生物，阿里斯托芬其实就是在思考情爱的问题。

当然，阿里斯托芬是个伟大的喜剧诗人，他写的是喜剧，而不是悲剧。因此，如果他讲的故事显得幽默诙谐并不奇怪。不过，在发表演讲之前，他就做了说明。他对厄律克西马库说："如果我的发言真的很滑稽，那么我倒不在乎别人怎么笑，一名喜剧诗人就是想要逗人笑。我害怕的是那种极端的荒谬可笑。"因此，阿里斯托芬演讲中的幽默，是一种深邃的、有思想的幽默，而不仅仅是一种消遣。就阿里斯托芬看待问题的观点来说，喜剧并非就是严肃的对立面。事实上，我怀疑，在爱情领域里，任何好的思想，任何有深刻见解的思考，都会活跃于情爱体验的幽默中。每当读到关于坠入爱恋本质的极其冷静的分析，我都会想，是否缺乏幽默感是伴随着思考的欠缺而产生的。由此可见，像鲍萨尼亚那样的演讲，对于爱情的看法是如此冷静，思想是如此严肃，这就说明其对于爱情分析的某项重要特征缺失了。阿里斯托芬则是在为喜剧正名，他坚称，在理解爱情时，喜剧本身应该是我们必备的一个重要视角，如果我们太过严肃，最终可能会迷失双眼，无法真正看清我们所试图了解的真相。

神的孩子曾完美如初

这些原初的人类，是依照诸神的形象创造出来的。他们直立行走，就像我们现在一样，但是，如果他们想要快跑的时候，就会伸出所有的手脚，绕成圈，像风滚草一样向前翻滚。

“从前，人类并非是现在的样子。”阿里斯托芬开始了他的故事。事实上，最初的人是圆的，像一个球。在原初状态，我们比现在更加强大，也更加具有自足性。我们最初有一个脖子，圆圆的脖子上顶着一个圆圆的头，两张脸分别朝着前后不同的方向。我们球形的身体有着圆圆的背和两侧，有四条胳膊和四条腿。这些原始的人类同时有一对生殖器，分别置于球形身体外部的两边。这就是我们原初的样子；现在的我们，只不过是人类原初完美的形态被劈开后，破裂的一半而已。正如阿里斯托芬在神话开头所说，这些完整人类的球状，正是从圆圆的神圣天体那里继承过来的。他们或是由太阳生的，或是由大地生的，又或是由月亮神塞琳娜所生。虽然在希腊人眼里，月亮是女性神祇，但这里则认为月亮兼具大地和太阳的特征，因此同时具有女性和男性两种性别特征。这些原初的人类，是依照诸神的形象创造出来的。他们圆形的形状以及他们运动的方式，都和那些神圣天体的意象一样。他们直立行走，就像我们现在一样，但是，如果他们想要快跑的时候，就会伸出所有的手脚，绕成圈，像风滚草一样向前翻滚。这种强大的运动方式，也是对神圣天体依圆形轨道永恒运转的模仿。因此我们可以说，不管是他们的形状还是生活的模式，原初的人类都是某种神圣之物的形象。

柏拉图将这幅图片通过文字进行了生动的描述，可能你会想，是不是不少画家以及其他艺术家，已经尝试通过他们的手，把这段神话文字中描述的图像给画出来。不过，我认为没有。至今为止，阿里斯托芬所描述的人类原初的形象，可以说，还没见到任何一幅出名的代表作问世。但是，在电影《摇滚芭比》的歌曲《爱的根源》中，有一个关于阿里斯托芬神话的卡通版——这个版本大胆地将挪威神话中的雷神托尔引入到希腊的故事中。

同时，原初的人类也不是我们通常所理解的有两种性别，即男性和女性。事实上，原初人类分三种性别，虽然在我们看来，可能每种都称不上是性别。两张脸孔和一对生殖器都是男性特征的，是太阳类型的完全男性。大地类型的则是完全的女性，脸孔和生殖器也相应都是女性特征的。而月亮类型的则是双性同体，一边是男性的脸孔和生殖器，另一边则是女性的脸孔和生殖器。阿里斯托芬提到，现在第三种性别的人已经绝迹，但他们的名称仍保留至今，那就是双性同体的“阴阳人”，这个词现在只用来表示轻蔑和侮辱之意。

由于现在我们将性别区分为男性和女性两种，所以在描述这些人类的原初状态时，我们会倾向于认为他们是由两半组成的，这两半要么都是同一种性别，要么是两种不同的性别。但是，神话却试图打破我们的这种性别识别方式。要知道，原初人类并非是由两个生物体黏合在一起的。他们是一个综合的完整体。那么，原本属于人类本性的力量、神性和自给自足，怎么就会贬低削弱成现在的样子呢？通过对原初人类这种滑稽形象的描述，阿里斯托芬提出了一个严肃的、发人深思的要点：作为综合完整体的人类，是某种神圣之物的形象。然而，作为原初形象的破裂体，我们也应该就是某种神圣之物被削弱的、不完整的形象。

人类被神劈成两半

这些被劈成两半的人，把所有的时间都用于拼命寻找另一半。

现在事实证明，阿里斯托芬说，这些球状的原初人类有着巨大的力量，因此他们也积聚着极大的野心。在野心的驱使下，他们对神不敬，并试图反以取代神。他们并不满足于只是依照诸神的形象被创造出来，相反，他们想要篡夺诸神的地位，拥有他们的特权和力量。（请注意隐含在神话中的神性的概念：神的主要特征是权力和统治。而对神的定义的不同理解——例如，创造力或慷慨度——就将产生人类效法诸神的不同方式。）我们可以说，原初人类不满足于他们只是作为人的自足性，而是认为诸神剥夺了本应该属于他们的相关权利。因此我们原始的祖先就试图攻击居于山脉要塞中的奥林匹斯众神。因为这种不敬的挑衅，原初的人类受到了宙斯的惩罚，虽然宙斯对原初人类非常生气，但他又不想简单地消灭人类，因为诸神很享受人类对他们的献祭和崇拜。于是，宙斯绞尽脑汁，想到了一个既能消除动乱又不至于把人类全都毁灭的办法。作为惩罚，圆形的人类被宙斯的雷电劈成了两半。在人类遭受了这种可怕的灾难之后，宙斯让光明之神阿波罗去将人类的身体进行重整。原本在我们圆滚滚的形状中，我们的头与身体最圆的部位——也就是现在的臀部——朝着同一个方向。但是，在宙斯的惩罚过后，阿波罗把我们的脸孔转了过来，让它能用切开一半的脖子低下头来看到我们身体破裂的部分，也就是切开的伤口。他又把切开的皮肤从两边拉到中间，拉到现在人的肚皮的地方，最后打了个小结，这个小口子就是肚脐。因此，肚脐仍然提醒我们，这是阿波罗修补的伤口。而我们原初处于外围的圆滚滚的部分，也就是我们的臀部，现在处在我们的背后，因为我们的脸孔被转了过来。这样，我们就能看到因为不敬而遭受惩罚的标志了。因为遭受了神的惩罚，我们从原初综合的、完美自足的状态沦落下去，而且我们身体的形状无时无刻不在提醒，我们因为不敬遭受了惩罚。

阿里斯托芬说，这个阶段的人类还不是我们现在的样子。这些被劈成两半的人，把所有的时间都用于拼命寻找另一半。当他们找到之后，就会用四肢将相互之间的切口围起来，他们用尽全力紧紧抱住对方，试图弥合伤口，治愈破裂的伤痕。如果这一半死了，那一半还活着，活着的那一半就会到处寻找配偶，碰上了吻合的就与之合体，不管另一半是男的还是女的。因为对自己另一半的想念是如此深切，除了回归合体，他们对生命中的其他任何东西都置之不理，以致时间长了死于饥饿和虚脱。对他们来说，没有什么比重新合为一体更重要。我们读者应该理解，这也是阿里斯托芬对斐德罗死亡考验的回答。对于斐德罗所说的我们为真爱而死，阿里斯托芬是同意的，但他并不认为这种为爱而死是英雄式的，是对阿喀琉斯及其勇气的模仿。我们拥抱死亡，因为爱是我们逃避破裂的拼命一搏。

注意，阿里斯托芬在神话的讲述中挑战了鲍萨尼亚对于肉体和灵魂的严格区分。这些爱人的初衷并非试图将他们的“灵魂”加以复合，也不是仅仅让身体重新复合。这个神话并不认为人类是肉体和灵魂两种事物的结合体。他们所追求的完整在生理和心理上是平等的。因此，在这篇特别的演讲中，并没有出现像鲍萨尼亚在其演讲中所讲的灵魂高于肉体的观念。

那么，也正是希望修复这种破裂状态所产生的渴望，成为性爱的起源。但是，破裂的人类所寻求的身体上的交织状态只是“半性爱的”。别忘了，在我们原初的完整状态下，我们的生殖器是处于外围的。而在那种破裂的状态下，阿波罗已经缝合了伤口，但是我们的生殖器并未变换位置。我们的眼睛被转了方向，以便我们能意识到自己的伤口。对自我破裂伤口的意识，让我们产生了与另一半进行交融的渴望，那是一种足以罔顾死亡的渴望。宙斯意识到这种方法不能奏效，人类因为分开的痛楚正在毁灭自己。诸神可不希望人类灭绝。他们只想惩罚我们的不敬，而并不想我们就此消失。因此，阿里斯托芬说，宙斯又想了一个新办法，他把阿波罗叫回来。这次，他让阿波罗把人的生殖器移到身体的另一边，也就是我们原初身体内部的这一边。现在，阿里斯托芬说，当人类进行身体上的亲密接触，这种相互交织的过程，足以满足破裂的状态，足以满足人类对另一半的渴望。

对我们身体的最终重整，产生了我们人类现今的模样。我们仍旧在找寻某个可以成为我们另一半的人，来治愈我们的伤口。这使得这种拥抱比之前更有满足感，是一种与我们原初的完美状态更加接近的完美状态。这种满足感，足以阻止我们不再因为对破裂的牵挂和渴望而走向灭亡。

这是一幅关于人类浪漫生活的有趣图景。我们疯狂地寻求伴侣，尽可能地与之合体，而意想不到的后果就是生了孩子。但是，这个神话同时也是深刻严肃的。我们不妨来思考一下阿里斯托芬建立在该神话中的三个观点。首先，他挑战了大男子主义，挑战了斐德罗和鲍萨尼亚演讲中所强调的，当然也是整个酒宴中所弥漫的那种男子气概的倾向。大家应该还记得，这两个演讲者贬低了男人和女人之间的爱，并以男人之间的爱取而代之，他们赞扬这种爱是英雄式的，是属天的。但是，阿里斯托芬的神话很明显将双性同体的阴阳人，也就是男性和女性的集合体，作为人类模仿神祇的典范。只有原初双性同体的两半实现回归合体，才能满足繁衍的神圣目的。阿里斯托芬允许男人与男人相配、女人与女人相配，但是作为人类佳偶典范，也就是与我们原初完美的本质最接近的，莫过于由男人与女人组成的双性配偶。在人类被劈开破裂之前，阿里斯托芬说，我们是通过无性繁殖的，是完全自足的，在我们新的状态下，我们能够实现交融和繁衍。其次，阿里斯托芬演讲中的一个中心点，是对鲍萨尼亚所认为的灵魂高于肉体的观点进行了明确的否定。在浪漫爱情中，阿里斯托芬认为，根本就没有灵魂和肉体的严格区分。事实上，在他的神话中，阿里斯托芬从未做出这样的区分。爱人之间作为肉体伙伴和精神伙伴的程度是同等的，这种观点使得爱情的生理表达变得比之前演讲中所提及的更加重要，也更加有意义。再次，在这个神话中，被劈开的人类的情爱动力只是为了实现回归合体。生育只是表达人类情爱欲望时所附加的神圣后果，它本身并不是人类情爱欲望结构的一部分。

爱让我们免于分裂

铁匠之神问：“是不是你们愿意放在炉子里融为一体，这样成了一个人，只要在世一天，你们就像一个人那样生活，到了死的时候也一起死？”

阿里斯托芬的神话围绕着人类情爱历史的三个阶段进行布局。一开始，我们处于一种原初的、完整的健康状态。这个阶段是无性的，从本质上讲，在沦落至不完美之前，我们是无性的人类。性是我们被破裂的最强有力的印证标志，只是因为惩罚才得以来到世上。其实性本身并非是一种惩罚，但是因为所受的惩罚，我们感受到了孤独的结果。注意，这里讲到了你的爱人对你的亲密感。你的爱人不像你的手或脚，与你的任何肢体相比较，你的爱人是你更加亲密的一部分。毕竟，即使一个人由于事故或疾病失去了一只胳膊或一条腿，他仍然是一个完整的人，是一个完整的有机体。但是在这个神话中，只有一对浪漫的配偶才构成一个真正的有机体，才称得上是真正意义上的人、原初意义上的人，这是任何个体都难以达到的。通过性爱，我们似乎回归到之前原初的状态，在那个状态中，我们并不是被削弱的形象，而是与神相似的形象。那么，此刻的你，只是属于真正人类的一部分。即使与爱人相拥，伤口也会永久地留于我们的身体之上。

阿里斯托芬说，从坠入爱河中真正想得到些什么，我们对此很模糊，甚至是一个谜。他的神话则把光照进了这些模糊的情爱之谜中。他的神话告诉我们，我们有爱所渴求的神性的一面，虽然一个爱人并不能让我们完整，但他或她至少能够治愈我们生命中的伤口。如果你想理解我们渴求交融的欲望是多么完整，阿里斯托芬说，不妨尝试一下这个思想实验。假设火神，也就是铁匠之神赫淮斯托斯，下到凡间，问一对在床上相拥而眠的爱人："你们到底想从爱情生活中获得什么？"这对爱人可能不知道如何回答。他们只能感到对彼此情爱欲望的力量，却不知道如何将这种欲望的终极目标给表达出来。情爱欲望并不是一种清晰简单的信息，不会告诉我们："这就是你想要的。"相反，欲望就像是某些带有神性的甲骨文，充满了让我们捉摸不定的含意。我们需要通过某些占卜术来解读我们欲望的爻辞，指引我们对自己所寻求的目标有更加完满的解释。通过赫淮斯托斯，阿里斯托芬向我们提供了一种模糊的解读。当两个爱人不知所措，不知道用什么词来表达时，赫淮斯托斯提供了他们需要的文字。"这是不是你们想要的？"铁匠之神问："是不是你们愿意放在炉子里融为一体，这样成了一个人，只要在世一天，你们就像一个人那样生活，到了死的时候也一起死？"这对爱人听了神祇提供的答案很是高兴，认识到这实际上就是他们在实现情爱欲望时所一直想要的。他们自己没法表达出来——因为很难表述清楚——但当赫淮斯托斯或阿里斯托芬给出了一种合理的解读，他们就能够辨别并立即意识到。神祇的语言天赋，克服了他们之前在情爱世界中的种种局限。同时我们再次看到，对于斐德罗所讲的为爱而进行的死亡考验，阿里斯托芬是怎么给出一种更加世俗化也更加人性化的解读的。阿喀琉斯为了爱人的死而复仇时所进行的英雄式的牺牲，并不是爱情的证据，更加人性化的解释应该是，如果爱人死了，我们也要一起死。赫淮斯托斯建议，与爱人一起死，在冥府里也算是一个人：这是对爱的履行和实现。铁匠之神和喜剧诗人几乎同时采用了基督教传统的婚姻誓言：丰腴困厄，至死不渝。

过去十几年，被引用得最多的一句话，就是汤姆·克鲁斯1996年主演的《甜心先生》中的那句“你成全了我”。很多说这句话的人，并没有认识到自己是借了柏拉图或阿里斯托芬的光，而是自然而然地说出来的！但是，要想找到一个能够成全你的另一半，存在一个问题。在阿里斯托芬的故事中，这些破裂的人类去寻找原初的另一半，但是，如果这一半死了，那一半还活着，活着的那一半并不会把自己杀死，或者是将时间浪费在悼念上。他们仍在到处寻找另一半配偶，碰上了就伸出手脚去搂抱。他们的生活始终是偏离方向的，总是试图回到原初的完整状态。那些由原始男人切开的男人一直在寻找与自己相合的男人，那些由原始女人切开的女人一直在寻找与自己相配的女人，而那些由原始的双性同体人切开的一半，在寻找与自己互补的另一半。其中一种理解是，存在一个“唯一”的另一半，如果与之交融合体，我们就能回到原初的状态中。从这个观点看，阿里斯托芬演讲的焦点是，一个完全互补的特定的人，能让我们的情爱渴望得以极度完满地实现。但从神话中的其他段落听起来，好像我们的情爱渴望并非十分局限，所以，我们所寻求的其实是合适“类型”中的“某个”人。（当然，这些被切开破裂的一半并非真正的人，他们是有着可怕伤口的半人。）如果我们以这种方式来理解，只是关注某一类型而不是唯一的特定个体，那么性爱的互补性或情爱的互补性，就允许其对象具有多样性，而不是我们所想的，一定要找到那个特定的完美贴合的另一半。

我是这样看的，恋爱中，我们大多数人都倾向于另一半是特别的个体。但如果你是浪漫爱情的旁观者，你仍旧会如此坚信情爱对象的特定和唯一吗？我的一个学生曾告诉我，在上大学前，她的祖母只给了她一条忠告：谈恋爱，但不要只局限在一个特定的人身上。假如你给一个失恋的人建议，是不是很容易说出“大海里有的是鱼”这样的话？

你的情爱海洋中有多少鱼呢？作为旁观者，为什么会更加倾向于以类型为中心的概念呢？而当你身处爱恋，你则希望被爱之人是独一无二的。你不愿意听到有人说，你的女朋友和她的姐妹很像。你也不愿意听到别人说，男朋友送你的礼物和其他男生送的没什么两样。你希望你们的关系独特唯一。如果你很难将你的爱人看作一种类型而不是特定的个体，那么你以这种方式看待自己将会难上加难。但是否你已经落入这种情爱模式中了呢？我有个朋友，他曾一连跟四个叫詹尼弗的姑娘约会。我认识这样的男人，他们的情爱兴趣对象是一连串金发的女人，我也认识一些女人，她们只对宽肩膀的男人着迷。但他们并不认为，自己的浪漫兴趣是以类型为中心的。他们也不会对自己说，今晚我想去找个金发姑娘。一想到喜欢某人是因为某种类型，我们会感觉不舒服，同样，想到自己被他人喜欢是因为某种类型，也同样不是滋味。但也许，这个世界就应该习惯于这样的想法，不管我们爱别人还是被别人爱，其实都是因为某种类型，而不是特定的个体。你可以告诉你倾心的类型中任何一人，“你就是唯一的那个”，这样不算撒谎。这种策略既抬举了个别的鱼，同时又扩展了你的领海。

爱我所爱，至死不渝

我们希望如此紧密地熔铸为一体，任何寒冷或邪恶都难以将我们分开。

我曾提到，像阿里斯托芬所说，爱人是对方的“另一半”这种观点是流行文化的一部分，我们可以在各种歌曲和电影中重复听到。我所发现的当代最完美的阿里斯托芬式的爱情故事，发生在电影《理发师的情人》中。这部1990年的法国电影，出自杰出导演帕特利斯·勒孔特之手。这部电影讲述了一对不寻常的夫妇，安托万（让·雷谢夫饰演）和玛蒂德（安娜·加列娜饰演），他们的交融可谓是阿里斯托芬原初人类自足性的极端版本。我很想说，帕特利斯·勒孔特让整部影片都在思考，对两个爱人来说，如果他们被赋予了赫淮斯托斯的祝愿，被融为一体成为一个人，这将意味着什么。

在讨论之前，让我先简述一下整部电影。电影在安托万的成人生活和童年生活之间不停地切换，因为他的童年造就了他的现在。我们可以说，他的童年生活就是关于安托万命运的成因，他的过去向我们解释了他的现状。

电影开头，是安托万还是个小男孩时全家每年夏天在海滨沙滩度假。他伴随着阿拉伯音乐翩翩起舞，上肢动作夸张，屁股扭来扭去，风格十分搞笑，直至成年后他也依然如此。在画外音中，成年的安托万回想起母亲逼他和哥哥穿的羊毛泳裤。羊毛不太容易干，所以潮湿的泳裤总是磨破兄弟俩的皮肤，火辣辣地作痛，两个人对此恨之入骨。但是，这是影片中的第一次暗示，暗示成年的安托万受到童年的影响是多么深刻。成年的安托万反而感谢母亲那令人讨厌的羊毛泳裤，因为正如他所说的，这引起了他对自己生殖器的注意。孩提时种下的种子，结成了成年安托万性爱的果实。

场景从海边转移到男孩安托万的家中。这个小男孩离开家去理发，其实，他只是希望见到理发店里那个妩媚的女理发师。她用香波帮他洗头，理发店里弥漫着化妆水和古龙水的味道，还有理发师那重重的体味，他享受着这种嗅觉上的快感。当她弯下身子帮他洗头时衬衫的一只扣子意外地弹开了，男孩目不转睛地盯着她那对丰满的乳房。那天晚上，全家人一起共进晚餐，安托万的父亲问儿子长大后想干什么。哥哥想成为一名土木工程师，但安托万的回答令他的父母猝不及防："长大后我想娶一个理发师做老婆。"父亲对这个回答极度震惊——他可能意识到儿子迷恋上了性感的女理发师——以致他顺手就给了安托万一记耳光。安托万跑到自己的房里，父亲在门外向他道歉。"你的生活你做主吧！"他告诉儿子。于是男孩安托万知道了，他要娶一个理发师的愿望是安全的。请注意，在阿里斯托芬的演讲中，恋爱对象是特定个体还是某一类型的角力，在男孩安托万身上体现无疑。安托万暗恋那个特定个体的女理发师，但对他来说她代表了一种类型，而这种类型将决定他的浪漫欲望。

在介绍了孩提时的安托万以及建立起他的情爱欲望模式之后，影片切换到了成人安托万。他正在一家理发店里边读着报纸，边和一个漂亮丰满的理发师说话（之后我们知道，这个女理发师的名字叫玛蒂德）。玛蒂德注意到，她的一个熟客在渐渐变老，也越来越不关心自己的外表。在电影中有许多这样的场景，但这是第一次出现这种场景，在其中我们看到玛蒂德对于时间流逝的担心和忧虑。故事又回到了玛蒂德更为年轻的时候，那时的她刚从原先主人那里盘下了这家理发店，因为原主人决定退休。原来的主人是个老头，从影片中我们得知，他是个同性恋。（以前的主人是同性恋，这与本故事有一定的相关性，因为这意味着他没有孩子，另外，这个主题也是电影的核心。）“因为喜欢独处，她单独撑起这家店。”一天，安托万碰巧看到了她，他立即意识到，这就是他一直在寻找的理发师。这是一个阿里斯托芬式的时刻，这是一种完整的关联的体验，它代表了过去的经历对安托万的巨大影响。在他的头脑中，与父亲一起在海边的一个场景令他记忆深刻。他的父亲绞尽脑汁，正在做一个非常难的纵横字谜，年轻的安托万问他为何如此愉快。他的父亲大笑着，他认为爱情和猜字游戏一样，“她们反抗得越厉害，她们的臣服就越发甜蜜”。儿时的安托万向上提拉着自己的羊毛泳裤，跑开了。成人的安托万沉浸在记忆中，脸上露出了笑容，他又想起了父亲的那记耳光：排除万难，他所做的一切，都是为了得到他生活中想要得到的。他将是这个理发师的丈夫。

安托万进到玛蒂德的理发店，预约当天迟些时候再来理发。当她弯下身子用香波帮他洗头时，就如孩提时面对妖艳理发师的场景一样，又一场记忆的风暴席卷着他，我们看到了发生在安托万童年时的一件可怕的事，这件事也对他的成长有着决定性的影响。男孩安托万透过玻璃往发廊里看，他看到了躺卧在沙发上的身体丰满的理发师。她的身体滚到了地上，他意识到她已经死了：她是自杀的。这个复杂的记忆深深地嵌在安托万的脑海里，将他欲望中的性和死亡连接起来，影响着他的整个生命。就像斐德罗，又如阿里斯托芬，对安托万来说，爱情必须通过死亡的考验。我们观众朋友们可能在想，这似乎是成人安托万与玛蒂德未来生活的某种前兆。

在理发的整个过程中，安托万静静地坐在那里，享受着狂喜和愉悦。当他付钱给玛蒂德并准备离开时，他问了一个足以令她晕倒的问题："你愿意嫁给我吗？"她张大嘴巴看着他，什么也没说，他喃喃自语着"原谅我的冒昧"，离开了理发店。但是，成年的安托万一直都没有忘记父亲的教导，凡事须坚持不懈。他还记得有一次在沙滩上，他和一群男孩试图筑起一道坝，挡住退落的潮水。他们的小铲子根本无法完成这项艰巨的任务，但年轻的安托万发现一辆推土车正在沙滩边上作业，他说服推土车司机推起了足够多的沙子，筑起了大坝，那时的他俨然就是大家心目中的英雄。儿时的安托万认为，"没有什么梦想是实现不了的"，成人的安托万同样如此认为。三个星期后，虽然时间太短，他根本不需要理发，但他的欲望还是驱使着他回到了理发店里。当玛蒂德帮他洗完头、理好发后，她满足了他的幻想。"如果上次你不是开玩笑，"她说，"我愿意嫁给你。"玛蒂德的接受和安托万的求婚一样，那么突然，如此神秘，我的学生们都感到可笑。但，是不是如果时间再长些，坠入爱河这件事就会变得不那么神秘呢？这种突然性强调了其中的神秘感，但并不是引致它的原因。

安托万和玛蒂德一起坐在理发店里，共同规划着他们的未来。"我们就待在这里，"安托万说，"过去的一切都死了。"除了在海边度过了一个短暂的蜜月——成年的安托万想让玛蒂德看到，儿时的安托万是怎样成就现在她爱的这个男人的——他们所有的时间都是在理发店和楼上的一间小公寓里度过的。他们甚至把自己的婚礼也放在这里，玛蒂德穿着婚纱，安托万的哥哥、嫂子，还有理发店退休的前主人都来祝福他们。哥哥给他带来了那条旧的羊毛泳裤，以及儿时的安托万和父亲在沙滩上的照片。“玛蒂德没有家。”在影片中我们是这样被告知的。安托万想要看看玛蒂德童年时的照片，但她说一张也没有，因为它们让她伤心。“时间过得太快。”她说。成年的安托万是一个完全由过去造就的男人，而玛蒂德却是一个没有过去的女人。之后，安托万随着阿拉伯音乐跳起了他儿时常跳的舞蹈，他邀请玛蒂德和他一起跳。他紧紧地抱着她，我们听到了安托万的画外音，这简直就是神祇赫淮斯托斯的原话：“我们希望如此紧密地熔铸为一体，任何寒冷或邪恶都难以将我们分开。”

生活终有尽头

海德格尔相信，忘记死亡就是忘记生命存在。如果过着一种生活，却忘记了生活终有尽头，那么这种生活方式就并不属于一个完整的人。

从此，安托万和玛蒂德就成了阿里斯托芬所言的完美夫妇，他们是一个自足的整体，除了他们自己和理发店，他们对外界没有任何需求。他们通过了死亡测验：他们完全生活在对方的欲望里，在此之外他们宁可选择死亡。通过思考这种封闭的完美带来的后果，影片在慢慢地得出结论。一组场景着重聚焦于，一般的夫妻认为孩子是他们关系中固有的组成部分，但这对自给自足的夫妇却与之相异。另一组场景则侧重于，时间及其变化对这种关系的完美所带来的威胁。从电影的视角看，一种渴望不变和永恒的关系，就像安托万和玛蒂德的情事，会发现孩子是一种分心之物甚至是威胁。起码，这种“完美夫妻”就像阿里斯托芬口中破裂的半人一样，回归合体是欲望所在，而生育只是一种始料未及的后果。

关于孩子的问题，影片中出现了两次。在这两种情形下，孩子似乎都是某种关系的障碍或威胁。第一种情形是，我们看到一个男人急匆匆地进到理发店里，试图躲着他的妻子。他让理发师帮他理发，并试图躲在玛蒂德穿在他身上的理发围裙下。但片刻之后，他的妻子就找了进来，她大踏步地走向这个顾客，并对打断玛蒂德干活表示歉意，然后狠狠地在她丈夫脸上掴了一记耳光。她离开后，这个男人承认，他值得她的一巴掌，他称赞她，特别说到，对他们的三个孩子来说，她是一个好妈妈。影片中后来有一个场景，他来到理发店里，他的孩子们站在外面。他过来是想告诉安托万和玛蒂德，妻子离开了他，孩子现在由他照顾。关于孩子的第二个场景，也是电影比较搞笑的画面之一，一个夫人将一个牢骚满腹、蓬头垢面的男孩生拉硬扯到理发店里。后来我们知道，这个男孩是她收养的儿子。她希望玛蒂德把他凌乱的头发给理干净，但是她们都无法让他平静下来，因为他不愿意坐到椅子上。安托万想到用他的舞蹈来救火。“我让你看一些你从来没见过的东西。”他对这个糟糕的男孩说。他打开音乐，开始了他搞笑的舞蹈。男孩坐下了，陶醉着，静静地坐在椅子上让玛蒂德理发，他的母亲在旁边惊讶地看着。我们听到了安托万的画外音：“我们没有孩子，我们也没有朋友，但他们又能为我们的生活增添些什么呢？”他说，“玛蒂德平平的肚子永远不会因怀孕而变形”。画外音中他继续说，当一对夫妻要和他人共度时光，“这说明他们的爱情很缺乏”。当男孩和他的母亲离开时，她对玛蒂德和安托万说：“永远都不要收养孩子。”后来，他们伴随着安托万播放的音乐一起跳舞，玛蒂德对他说：“我真害怕，有一天你会不愿意和我跳舞。我从来没有属于过任何人。”安托万试图安慰她。“我对你没有要求。”他说。至少从安托万的角度来看，他们是如此完美的一对夫妇，没有什么，甚至连孩子也不可能为他们的生活增添多大贡献。

关于“时间改变一切”这个问题，一次又一次地出现在影片中。在其中，安托万对他们的关系有着开朗乐观的期许，但是玛蒂德却有种忧郁的恐惧。我们看到玛蒂德在看一本杂志，并把上面的一个减肥广告念给安托万听。安托万开玩笑地说：“你要是瘦掉半磅，我就一头撞死在车上。”玛蒂德的回答出乎意料地严肃认真：“如果有一天你不再爱我，不要假装爱我。”不一会儿进来一个常客，他总喜欢吟诵一些短诗，一直将它们挂在嘴边，好像它们的美永远不会陈旧。“一些持续着，其他的消失了。”他说。当玛蒂德帮这个追求美的顾客理发时，安托万在她身后偷偷地抚摸着她。我们看懂了这个场景的意思：当这个客户寻求诗意之美常新时，安托万对玛蒂德的欲望也总是历久弥新的。

一天晚上，他们发生了在一起的十年里仅有的一次矛盾，之后安托万在理发店里吸烟。他回想起，他曾有一次和哥哥一起偷偷地抽烟喝酒，那天他们的父母都不在家。玛蒂德从楼上走下来，和他一起抽烟，安托万说：“我们应该经常吸烟。”他们用古龙水调制鸡尾酒，整晚喝酒跳舞。第二天早上醒来后，他们还带着可怕的宿醉——就像《会饮篇》中一样，银幕上看到，玛蒂德躺在安托万的身旁，脸色十分苍白。安托万的画外音说：“没有什么如此快乐；除非死亡，没有什么可以将我们分开。”他的记忆回到了孩提时，男孩安托万透过玻璃往发廊里看，看到了自杀的场景。

当他们一起跳舞时，安托万注意到，天花板上有一条裂缝。为什么导演帕特利斯·勒孔特特意向我们展示这个小细节呢？在接下来的场景中，我们看到安托万和玛蒂德一起去看退休的理发店主人，他现在在一家养老院，颓废地过着日子。他们聊到了理发店，安托万说到，他准备将天花板重新粉刷一下。天花板上的裂纹，即使是在跳安托万永恒的舞蹈时发现的，依然是时间流逝的象征。当他们离开养老院时，安托万高高兴兴地走在街上，但玛蒂德却回头看着养老院那关闭的大门，她的脸上带着焦虑。回到理发店，影片开始就引起玛蒂德注意的那个顾客再次出现，玛蒂德对他的变老一直十分注意。当他离开时，玛蒂德说："他的背一天天地弯下去了。"安托万回答说："他在一天天地变老。"这是玛蒂德所能承受的最后一次对时间流逝的提醒。她看着外面说："就要下大暴雨了。"随后，雷电交加，把理发店笼罩在其中。"坐在你总坐的那个地方。"突然，玛蒂德在暴风雨中离开了理发店，她跑到河边，从桥上纵身跳进湍急的河水中。这是第二次，安托万的理发师自杀了。在遗书中，她告诉他，她不希望他们的欲望和激情冷却到只有亲情和友情。在画外音中，这也是她唯一一次拥有了旁白者的权利，我们听到了玛蒂德自杀的遗言："我在吻你，如此温柔，我愿意为之而死。"

在最后一幕中，安托万独自一人坐在理发店里。日渐变老的熟客透过玻璃看着他，然后走开了。一个男人走了进来，安托万用香波帮他洗了一下头（手法很糟糕的那种），打开了他的音乐，跳起了舞蹈。这个顾客也和安托万一起跳，直到音乐关掉。"理发师会回来的。"他说，又重新坐了下来。毕竟，只有理发师才是他喜欢的类型。

对这部精彩的影片而言，关于其中的一些思考，我的概述可能并不能公正地表达。《理发师的情人》重点关注记忆在情爱生活中的地位。更笼统地说，推进这部电影的引擎，是对短暂的情欲，对时间和爱情的思考。之前我曾提过，维特根斯坦是20世纪伟大的哲学家之一。20世纪哲学界还有另外一位巨擘，那就是马丁·海德格尔。在他的哲学生涯中，最为人称道又或深受诟病的是对死亡重要性的讨论。海德格尔相信，忘记死亡就是忘记生命存在。如果过着一种生活，却忘记了生活终有尽头，那么这种生活方式就并不属于一个完整的人。这部电影就是一个思想实验，其中人物所过的是一种体验不到时间流逝的生活。男主角安托万，他就没有体验到时间是线性的、流逝的。在他的体验中，时间是循环的、重复的。因此，对安托万来说，时间的转瞬即逝并未随之带来死亡和尽头。可以说，他一直处在年轻的状态中，是对影片开头所呈现的童年的不断重复。一个成年人，总在重复他的童年生活，这似乎有些滑稽。影片通过羊毛泳裤，向我们暗示了这种滑稽。从某种程度上说，他将始终都是理发师的丈夫，但至于理发师是谁，只是个次要问题。从这个角度看，安托万是阿里斯托芬神话中的类型模型的体现和化身。但要注意，可以这样说，安托万并非只是为那种类型而生。取而代之的是，这种类型来自记忆，来自过往的生活体验。因此，在《理发师的情人》中可以看到，我们的特定情爱类型是由我们自己的历史塑造的。正是我们的历史，不管是好还是坏，让我们成为与众不同的个体，让我们对待爱情时显得独特，也决定了我们的爱恋对象。安托万具有异常强大的情爱依附，在很大程度上是因为，奠定他情爱欲望的童年经历是异常强大的。同时，他的情爱依附以一种非同寻常的方式与死亡连在一起，特别是自杀。

因此，安托万这个人物，是一个逃离时间短暂性并进入到某种永恒状态的角色，这种永恒和时间停滞是通过重复实现的。我们不妨进行一个有趣的假设，如果我们将这部影片中的性别进行对调会是怎样。安托万是一个中年男人——出演这部影片时，演员让·雷谢夫五十多岁，快六十了。他不是特别的帅，事实上长得还有些奇

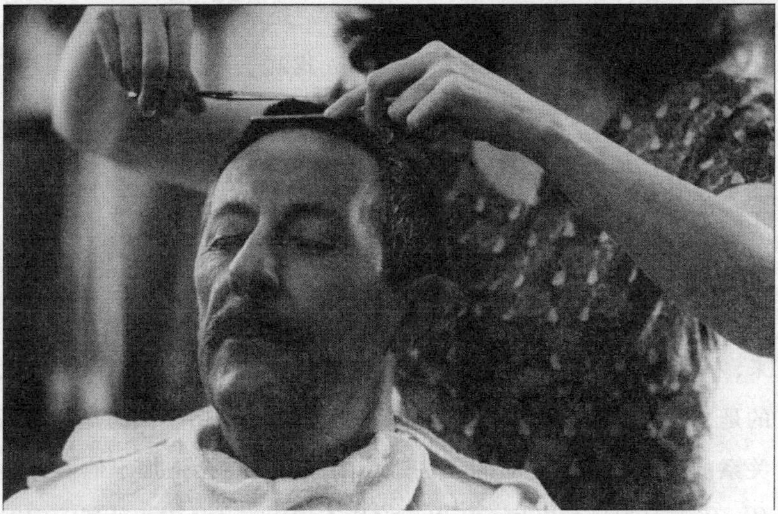

《理发师的情人》电影剧照

怪。当然你观看这部电影时不会想到，“哇喔，那就是安托万，一个帅哥！他真是太有型了。”事实上，他是个极乏味的人，是一个褪尽了男性幻想的普通男人。他很有意思，从这个方面看他可能还有点吸引力，但他的外形根本让人提不起任何兴趣。而扮演玛蒂德的女演员安娜·加列娜很是漂亮，可谓艳惊四座，她应该可以配得上阿佛洛狄忒的名字。想象一下，如果影片反过来，让女主角人到中年，相貌平平，而男主角却是个年轻美男，像狄俄尼索斯那样俊美，影片会如何铺陈呢？我想，至少在今时今地，这部电影认为，男性对于时间暂存性的体验与女性不同。女性对于时间暂存性的体验，会认为时间的流逝更多地是对情爱吸引力的威胁。

在整个影片中，呈现出了男性和女性之间对于时间暂存性的鸿沟。这种呈现，在我特别喜欢的一个场景中更是异常有力。我们一开始看到玛蒂德在念杂志上的减肥广告。她解开扣子后，安托万爱抚着她，对她说：“你要是瘦掉半磅，我就一头撞死在车上。”那么，安托万在说这些时，他在“想”些什么？他是在说，玛蒂德，你不要有任何顾虑。我是完全爱你的。你不需要有任何改变。我无法想象，怎么会比现在更加爱你！她则认为他是在命令：“千万别改变！如果你变了，我就不再爱你了。”玛蒂德“想”的并非是玛蒂德“听”到的。她头脑里想的，经由她对安托万的回答反映出来，“如果有一天你不再爱我，不要假装爱我”。他“意图”表达的是，完美的浪漫幸福会永恒重复下去；而她“听”到的是对他们关系的某种威胁，是时间无法避免的改变终将会强加于他们身上的，尤其是对她的影响。所以，安托万想用来让她安心的话，实则却触及她内心最深的忧虑，关于他们爱情终将走到尽头的忧虑。在影片中，男性和女性对于爱情和时间的不同感知，是该剧的核心，也是造成悲剧的原因。在所有这些十分甜蜜的场景中，有一个非常深刻而具有威胁性的主题，那就是玛蒂德得出的悲剧性结论：女性对时间的短暂性充满恐惧。

场景中关于那个糟糕的被领养的男孩——对于我而言，这个场景总是特别地震撼，因为我三个女儿中有两个是领养的——在影片中引入了一个主题，那就是关于浪漫情事和孩子的关系问题。场景中对孩子的解读，与阿里斯托芬演讲中对孩子的认识十分相似。在这对夫妻追求的情爱交融中，孩子并不占有一定的地位。事实上，孩子什么都不是，只是对这种关系的一种侵扰。拒绝孩子的一个特别残忍的标志，是安托万评论说，玛蒂德平平的肚子永远不会因怀孕而变形。他心目中“可爱的玛蒂德”的形象，并没有包括玛蒂德将成为一个母亲，她知道这个事实，对此也很畏惧。在我看来，这种爱情唯一允许的“孩子”，只在安托万特别孩子气的舞蹈中才出现过。可以这样说，这是他永恒能力的象征，他能如此完全地生活在这一刻，此刻他体会不到时间的流逝。

我曾提到，安托万对玛蒂德说，“我们希望如此紧密地熔铸为一体，任何寒冷或邪恶都难以将我们分开”，安托万和玛蒂德，知道他们最想要的是什么。虽然安托万感觉并不如此强烈，但对玛蒂德来说，死亡是对这种持久关系的威胁。安托万和玛蒂德之所以能形成一对完美的夫妻，同时也是因为他们是一对封闭的夫妻。大家可能会注意到，如果你的某个朋友刚刚坠入爱河或者说建立了一段浪漫关系，他们通常会从我们的视野中消失一阵子。他们进入了一种浪漫之茧中。他们的朋友会抱怨说：“嗨！你怎么不和我们一起出去玩啦。”他们羞怯地笑笑，比起朋友，他们更喜欢新爱人的陪伴。至少在浪漫爱情的某个阶段，有这么一种封闭的状态提供给我们，邀请我们进入其中。安托万和玛蒂德试图过着那种封闭的生活。当然，这并不意味着他们对其他人不礼貌。新爱人之间的欢愉总是让人受不了！这意味着，除了他们自己，其他任何东西都是出离于他们的情爱本质之外的。其中，特别处于之外的是孩子。情爱之茧封闭得如此紧密，以至于对特别浪漫的夫妻来说，孩子也会被看作入侵者。

安托万对于浪漫可能性的感知是完全男性的，安托万并不认为时间是对浪漫潜在的威胁。但是，玛蒂德则总是处在这种忧虑的煎熬之中，她认为，自己心爱的男人安托万觉得完美的自己，将会随着时间的流逝渐渐变得沦落，甚至毁坏。这也是为什么，对于童年，她和安托万有着如此不同的态度。她不是在重复童年，而是在压抑它。她不希望有任何关于童年的提醒。当安托万和玛蒂德一起到养老院去看望退休的理发店主人，不是安托万，而是玛蒂德回头看着养老院那关闭的大门，她的脸上带着恐惧，因为退休老人的现在就是她的将来。对安托万来说，这不是问题。在安托万眼里，变老不过是另一个短暂的意外，这不会从根本上改变他的生活。这部电影将此注解为男人和女人之间的区别。我们不必以相同的方式为之编码，但我确实认为，如果你试图将性别角色进行对调，那么电影片将会难拍许多。影片试图捕捉一些东西，也许只是我们文化中短暂的一部分，又或是人类本质中更加永恒的东西。《会饮篇》中的阿伽松也曾提及，即关于年轻的主题。在《理发师的情人》中，关于我们情爱欲望本质的最后一句话，出自安托万之口，他说得高深莫测："理发师将会回来的。"他之所以这样说，因为安托万一直在跳舞，一直生活在重复的模式中。对他来说，理发师始终是会回来的。他就一直跳舞，一直跳，一直跳，直至跳进坟墓。

（V）生生不息的爱情

想要与另一个人建立亲密感的冲动，会让我们的内心产生畏惧，因为我们被带到了一处无法控制的地方，那里看不到“丰腴困厄，至死不渝”的终点在哪里。如果，这就是我们找到爱人时内心的想法，那么，我们该如何充分地敞开心扉，我们该如何战胜内心的怀疑，我们该怎样朝那个方向生活并沿着那条路向前走，这便成了置于我们面前的核心问题。这不仅仅是一个哲学问题，也是日常生活中触手可及的问题，如果我们能严肃地对待它，甚至它还能令我们产生欣喜。

爱情的动力

在上一章我们看到，阿里斯托芬关于性的起源的神话，将前面演讲者曾提及的不少主题都提将出来——特别是关于浪漫爱情中男子气概和女性气质等方面的融合，关于情爱体验超越了人类的日常生活，对某种神圣和圣洁之物具有开放性。当然，阿里斯托芬自己也提出了一些新的主题，尤其是交融和需求的主题，在他看来，这些都是爱情的基本方面。阿里斯托芬引入的新想法中，最重要的也许要数人类情爱动力的双重性，它将我们认为是纯粹人类的，也即交融或回归合体的欲望，与某些神圣或圣洁之物——承载着生育或繁衍生息的目的——结合在一起。

阿里斯托芬的演讲用一个神话式的关于人类起源的"历史"，来思考人类爱情的真正"本质"。通过给我们讲述人类历史，这个关于起源的神话触及人类本性，也触碰到了人类本质。在西方文化中，关于人类本质和性的最重要的神话，依然是旧约（有些学者更喜欢称之为《希伯来圣经》）开头《创世记》中亚当和夏娃的故事。这个故事漂亮、紧凑，可以有许多种不同的解读。我将给大家建议的一种解读方式，深受新约《马太福音》第19章中耶稣语录（马克福音和路加福音中也有类似的语录）的影响，虽然那只是耶稣的寥寥数语。亚当和夏娃以及伊甸园中的整个故事，仍然占据着流行文化的重要部分，甚至可以说，即使在不认可《圣经》宗教权威的人看来亦是如此。我想要通过耶稣的视角，来看待亚当和夏娃的故事，将其和阿里斯托芬关于人类起源和爱情本质的神话加以比较。因此，在某种意义上，我根本就没有将《创世记》看作一本宗教的书，至少像柏拉图的《会饮篇》一样没有多少宗教色彩。当然，柏拉图和耶稣，以及《创世记》的佚名作者和编者，他们都会认为，只有我们承认这样的爱是超越单纯人类的，是拥有某些神圣之物的，我们才能更充分地理解浪漫爱情。在我看来，在西方文化中，对神圣之物的开放性，是哲学的自然遗产。无论如何，对这种开放性的感激，已经预设在柏拉图的文字中——当然，在我的文字中也是如此！

如果通过我们所处时代的文学作品和电影来思考这个问题，《会饮篇》和《圣经》的这种对比将变得更加鲜明，也更令人愉悦。在回到古代神话之前，我想探讨一下关于电影中现代爱情的问题，以及电影爱情中孩子所引致的问题。特别是，彼得·杰克逊根据约翰·罗纳德·瑞尔·托尔金的著名小说《指环王》（又译作《魔戒》）改编的电影中，关于精灵阿尔温和凡人阿拉贡爱情的童话故事，我想由此拓展某些想法。之后，我们将谈到亚当和夏娃的故事，最后，将以对安德鲁·德布斯故事集《晚间舞蹈》中的短篇故事《世间所有时间》的探讨，完成本章关于回归交融和生育繁衍的讨论。

生有涯而爱无穷

阿尔温选择嫁给阿拉贡，就是“选择了一个有尽头的生命”。

在上一章中，我们讨论了电影《理发师的情人》，其中呈现了一对完美的夫妻形象。在那部电影中，或者说几乎在每部浪漫电影中，浪漫与完美纯粹上就只是两个人交融或亲密的问题。我很想说，这样的电影，都是笼罩在避孕的魔咒下去思考问题的。在电影中，当看到一个男人和一个女人坠入爱河，并且具有了某种持久的性关系——在最好的婚姻状况下，他们的欲望已经避免了不诚实和不耐烦的弱点，人们很少注意到，一个自然后果就是生育孩子。我也提到，很难找到这样一部电影，其中一对夫妻定义他们相爱的某个方面，竟是将他们自己看作一对父母。在现代爱情故事中，孩子们从来都不是快乐的结局。事实上，孩子通常是浪漫交融的喜剧性障碍或干扰，一起养育孩子的挑战并不是相爱的内容，而是这种内容的分扰。

在我看来，电影用这种奇怪的避孕方式来看待人类生活是不真实的，在一场性关系中，它也没有反映男人和女人对他们共有的生育能力的真实体验。一对夫妇可能对这种生育能力有敬畏之心，或

《指环王》电影剧照

有惧怕之感，或甚至希望他们没有这种能力，但是，通常他们对孕育生命的力量，并非像电影中展现的那样，他们如此健忘，甚至忘了有生育能力这一茬。当然，不管从演员外表的吸引力，还是到身体对于车祸或枪伤的反应，电影中总有很多不真实的东西。因此，我并无意于批判所有处于避孕魔咒下的浪漫故事。但是，难道你们不希望看到更多的电影，看到其中的孩子成为爱情的目标，或者至少是目标而不是爱情的阻碍吗？

当彼得·杰克逊宣布，他们要把托尔金最伟大的小说《指环王》搬上银幕的时候，我和大约几百万的书迷一样，对这个想法抱有几乎不可动摇的怀疑。一些先驱者曾试图把托尔金笔下的奇思妙想改编成动画，不出所料，他们都壮烈牺牲了。但当我看了第一部电影之后，我惊叹于杰克逊找到了通往成功之路，只要不是原著的死忠或者偏执狂，都会认同杰克逊的电影版本。电影对小说的改编，是流畅自然的，振奋人心的。

其中的一个改编在我看来十分成功：那就是精灵公主阿尔温（丽芙·泰勒饰演）和人类王子阿拉贡（维戈·莫特森）之间的浪漫爱情故事。这个故事在托尔金的小说中有所呈现，只不过大部分细节都归集在托尔金加在书上的其中一个附录中。它的基本轮廓是，精灵与人类是不同的种群，只有在极其罕见和历史上的重要时刻，他们才会结婚，生育的后代兼有精灵和人类的特性。这种婚姻的最根本的阻碍在于，人终将会死亡，而精灵却是不朽的，虽然他们也会在暴力中被杀死。精灵最终会厌倦在地球上没有尽头的生活，不过他们有特权，可以选择乘船驶向海外仙境，在那里他们可以住在离神祇很近的地方。阿尔温的困境在于，她的父亲精灵王埃尔隆德（饰演者雨果·维文，曾在早前电影《情如物证》里饰演盲人马丁）让她坐船驶向安全和不朽的永生，但她对阿拉贡的爱致使她追随着阿拉贡，支持他为建立地球上的王国而进行的危险战争。

两个人通过婚姻接受对方，这应该说是一件激进之事，因为传统的婚礼誓言说，他们结婚是为了“丰腴困厄，至死不渝”。然而，一个精灵与凡人的婚姻是更为激进的选择，因为精灵要嫁给一个必死的人，就意味着要放弃她的永生。相比于斐德罗所说的阿喀琉斯必须要通过的死亡考验，可能更加极端。阿喀琉斯选择了短暂的辉煌而非平庸的长寿，但他并没有被迫在死亡和永生之间做出选择。这种选择，并不只是放弃她个人的永生，也意味着永远脱离她的精灵家族和亲属。阿尔温选择嫁给阿拉贡，就是“选择了一个有尽头的生命”。

两位女性编剧，弗兰·威尔士和菲利帕·伯恩斯做了一个了不起的决定，表明了一种完全符合人类心理的想法，即阿尔温因为对阿拉贡的爱而决定放弃永生，其中也包含了一种自我牺牲的神圣要素。对精灵而言，神圣就是实现永生。对阿尔温和阿拉贡而言，这种神圣是经由他们的爱，特别是他们的性爱所带来的，他们之间的罗曼史，将迎来新的生命。影片从塑造英雄的角度而言，与原作背道而驰。但在爱情话题上，抓住了托尔金思想的高度。

在第二部电影《双塔奇兵》中，埃尔隆德给阿尔温描述了一个她终将体验死亡的痛楚远景。最后，即使阿拉贡赢得了战争，依然难逃死亡，到时只剩下阿尔温孑然一身，在那里为他哀悼。这也是一个死亡考验，在这种考验中，你不是为爱人死，而是被迫比他活得长。想着这悲情的未来画面，阿尔温伤心地哭了，她决定离开，坐船驶向海外仙境。然而，一些事情最终改变了她的想法，在第三部电影《王者归来》中，她终于和阿拉贡结为伉俪。是的，她深爱着阿拉贡，但这足以解释为什么这个永生的生命体能通过死亡考验吗？难道能和她的爱人交融就足够了吗？

至少，这两个女性编剧觉得，她们并没有提供给阿尔温足够强大的理由，来解释为什么她决定留下来。因此，她们创作了另一个可谓是三部电影中最精彩的场景来加以解释。在一帮精灵的护送下，阿尔温骑着马穿过一片森林，准备到港口登船去海外仙境。突然，她看到了一幅关于自己的未来画面，这与她父亲所描绘的阿拉贡死亡的痛苦画面形成了抗争。她看到了阿拉贡，比现在老了，头发已经花白，但是奔向他怀抱的是一个小男孩。阿拉贡将他高高举起，两人都开心地笑了，男孩转过头来看着阿尔温。她意识到，这应该是她和阿拉贡的儿子。她掉转马头，骑回去向父亲埃尔隆德问个究竟。“你看到了什么？”她质问父亲。“我看到了你的未来，我看到的只有死亡。”他回答道。然而她看到的远不止这些：“但是也有生命，我看到了我的孩子。”埃尔隆德并没有否认这种可能性，他喃喃自语：“没有什么是一定的。”但是现在，阿尔温将忠于自己终有尽头的爱，她宁可放弃自己不朽的永生，放弃不朽的亲属，甚至也包括她的父亲。她的远景向她预示，终有一死的苦涩收获带来的是最甜美的果实，这是一种新生的果实，来自两个爱人的交融。为了一个凡人她放弃了自己的永生，但在她看来，通过生育，这种爱本身就已经参与到另一种永生和不朽之中。

为什么这些编剧会认为，对于新生命开放的爱足以解释阿尔温对死亡考验的接纳，而她在一个封闭自足的亲密配偶关系中却难以做到呢？如果认为阿尔温爱她的孩子“多过”爱她的丈夫，并由此轻易地判定，为一个小男孩接受死亡比一个衰老的男人更容易，那将是错误的。事实上，她对于男孩的爱与她对这个男人的爱是紧密联系的，是同样的爱的不同体现。因此，与阿拉贡的交融本身就是一种承诺，一种开放接纳她儿子的承诺。通过她和阿拉贡所造就的儿子的远景，阿尔温理解了她对丈夫的承诺的圆满，同时也有丈夫对她的承诺。只有这种圆满的、交融统一的、生育繁衍的承诺，能够让她离开父亲和亲属，义无反顾地嫁给阿拉贡。从根本上来说，她所追求的交融是一个开放性的交融，而不是封闭的。在《理发师的情人》中，安托万说，孩子并不能为他和玛蒂德完美的关系中增添任何东西，但与之相比，《指环王》在更深的心灵领域中为其提供了栖所。事实上，阿尔温甚至超越了阿里斯托芬神话中被劈开的人类。对他们来说，交融是他们情爱需求的全部。

阿里斯托芬VS亚当、夏娃

现在，这个女人被领到他面前，和他一样，这个女人也是赤身露体的。这种体验淹没了他，他的语言——对终于认识到自己一直需要什么的纯粹喜悦的表达——让他的惊呼语无伦次："这是我骨中的骨，肉中的肉。"

一天，耶稣和他的一些门徒在一起，这时一些礼仪专家过来试探耶稣说："人无论什么缘故都可以休妻吗？"耶稣用他自己的问题回答说："造物主那起初造人的，是造男造女，并且说：'因此，人要离开父母，与妻子连合，二人成为一体。'这经你们没念过吗？"当然，耶稣知道这些专家知道这两段话出自《创世记》,在《圣经》关于人类起源和性起源的神话中，它们起着至关重要的作用。他继续从这两段话中得出了其强硬的结论。"既然如此，"他说，"夫妻不再是两个人，乃是一体的了。所以，神配合的人，人不可分开。"

这里，耶稣关于婚姻见解的部分惊人之处在于，他将《创世记》中分开讲述的两段话联系在一起。第一段话，"造物主那起初造人的，是造男造女"来自《圣经》开篇的造人神话。在这个熟悉的故事中，神花了六天时间来造这个世界。在这些天的最后一天，神造出了遍布大地的活物来，最后是人，男人和女人。关于人类起源的这个神话，太过高远，太过非人格化，就像是鲍萨尼亚所说的属天的阿佛洛狄忒。它似乎更加关注上帝造男造女的旨意，而对这种性别差异的人类体验关注得不是太多。第二段话，“因此，人要离开父母，与妻子连合，二人成为一体”，出自《创世记》往后一到两页，是在讲人类起源的第二个神话，也就是亚当和夏娃的故事时提到的。这个神话更加接地气，人性化，就像属地的阿佛洛狄忒，对于亚当第一次见到神为他所造的女人时的反应，它给出了非常抢眼的描述。因此，在耶稣的教导中，《创世记》中分开讲述的两段话被整合到了一起。耶稣是在教导说，要想真正理解婚姻是什么，我们应该从将原本分离的结合起来的角度考虑。

第一段话，来自《圣经》开篇。神创造了人，我们分享了神的创造力。首先神说：“我们要照着我们的形象，按照我们的样式造人，使他们管理海里的鱼、空中的鸟、地上的牲畜和全地的野物，还有地上所爬的一切昆虫。”这一节并没有暗示，为了按照神的形象，人类必须要分性别。你可能会发现《创世记》中的神话，与阿里斯托芬的神话十分相像，其中原初的人类是完美自足的、无性的。在阿里斯托芬的故事中，人类是在受到惩罚后开始有性，之所以受到惩罚是因为他们觊觎奥林匹斯众神的地位。《创世记》以其统一的语言接着说：“神就照着自己的形象造人，乃是照着神的形象造人。”突然话锋一转，“他造男造女”，这种语言强调了一切人类对神的形象的仿照。然而当我们开始琢磨人是如何仿照神时，它是通过同时造出男人和女人实现的。只有男人和女人成为配偶，才是对神的形象最完整的仿照。我们又想起了阿里斯托芬神话中的某一方面，如今的我们是破裂的一半，我们并不完整。只有通过情爱潜能，我们才能回归完整。但是，阿里斯托芬的神话和《创世记》有个重要的区别：阿里斯托芬所说的完整的原初人类，是自足的，是一种自足的天上神祇的意象，有太阳之神、月亮之神，还有大地之神；而《创世记》神话中的男女配偶，只是对神的仿照。

《创世记》的这一段话中，生育并非是人仿照神的形象的唯一方面。书中接着说："神就赐福给他们，又对他们说，要生养众多，遍满地面，治理这地，也要管理海里的鱼、空中的鸟，和地上各样行动的活物。"由此，人类对神的形象的仿照，其中一点就是能够统治、管理、成为地球的管家。但是，对神的仿照，其最根本的是仿照神在《圣经》开篇所进行的创造的圣举，也就是说，要有创造性，要有生育力。对神的仿照，就是要生养众多。正是人类的生育能力，才是人类对造物主，对神最深层最直接的形象仿照。所以我们看到，为什么对人类仿照神性的强调有其绝妙和最佳之处，就在于这样的概念，那就是人类的性能力允许我们将神性的这一方面仿照得最有力量，也最为完满。

因此，耶稣在其关于婚姻——特别是处于离婚危险下的婚姻——的教导中所引用的第一句话，强调人类的性能力从本质上是与生殖力、创造性或繁衍生育相关联的。他引用的第二句话，来自《创世记》中第二个关于起源的神话，也就是在伊甸园中人类被创造的神话。这个神话中首先有了一个男人亚当。神觉得让这个男人独居不好，于是决定给他安排一个伴。神造出了所有的动物，带给亚当做他潜在的伙伴或伙伴候选对象。但是亚当给所有的动物都取了名字，这标志着所有的动物都是从属于人的认知力的，是他的语言能够掌控的。其中没有一个可以作为合适的伙伴，因为从某种角度上说，与人类的目的相比，它们都只处于从属的地位。鉴于人类的特殊性，那么从哪里才能找到一个既能减轻孤独感，又能让搭伴的生活成为可能的合适伙伴呢？

我们不妨将伊甸园中亚当的情境与阿里斯托芬神话中出现的需求和孤独进行一下对比。在《创世记》的讲述中，人类还没有堕落。人类并没有做错任何事。我们需要一个伙伴，那是我们在自然健康条件下的本质要求。我们的不完整并不是因为受到了什么惩罚。亚当也不是破裂或受伤的，他只是需要一个伙伴而已。与阿里斯托芬的神话不同，在这个神话历史中，我们对伙伴的需求是人类完美的一部分，并非从人类原初的自足状态中堕落至此的。现在，虽然神觉得让亚当独居不好，但是亚当自己并不知道自己错过或缺少什么。直到神让他沉睡，并用他身体的一部分（他的肋骨）造成一个女人，他才认识到这一点。神没有像造动物那样，让从他身体上造出的女人成为其附属品，而是一个与他平等的伙伴——又与阿里斯托芬所说的破裂生命体惊人地相似。之前亚当从没有过拥有伙伴的经历，看哪！现在，这个女人被领到他面前，和他一样，这个女人也是赤身露体的。这种体验淹没了他，他的语言——对终于认识到自己一直需要的纯粹喜悦的表达——让他的惊呼语无伦次："这是我骨中的骨，肉中的肉。"现在，在敞开的心中，他对自己说："这是一个伙伴！这并不是附属于我的东西。这其实就是我，只不过是在我的体外。和这个生命体搭伴，与她交融的亲密感，就如我跟自己做伴一般亲密——只不过，她更加漂亮。"看到自己真正的伙伴，亚当有着手足无措的喜悦，之后的段落中就是耶稣引用的评论，"因此，人要离开父母与妻子连合，二人成为一体"。

于是，在这一刻我们看到，在动物之于亚当的某种附属关系以及能使他满足的真正伙伴关系之间，有一种明显的区分。当然现在我们可以肯定的是，亚当和很多男人一样，都会受到种种诱惑，将妻子作为附属物来看待。关于这类问题，《圣经》上提到很多。但是，婚姻关系内的附属性，被认为是在人类“堕落”之后才发生的。也就是说，女人对男人的附属性是人类不完美的一部分，而不是人类完整性的一部分。

再回来思考阿里斯托芬的演讲。在他的神话中，人类不安分的情爱生活，都受到回归交融的驱使。正是这种回归交融，让我们重新实现完满融合和统一的完美关系，是性欲背后的真正原因。同样，在亚当和夏娃的故事中，在这个关于男人和女人的故事中，也是如此。毕竟，亚当没有说，“这是一个能做我孩子母亲的女人”。他只是说，“我骨中的骨，肉中的肉”。他关注的是这种交融的亲密感，与另一个可以实现伙伴关系的生命体的亲密感。因此，在《圣经》的开篇，在相互有关联的几页中，我们看到了两个关于男人和女人的故事。其中的一个故事，强调的是生殖力，是对神的创造力的仿照。另一个故事，讲的是关于伙伴关系、关于交融的亲密感。耶稣把这两者特地放在一起，其目的是用在关于婚姻可能性以及婚姻该是什么样的教导中。阿里斯托芬的神话，同时也考虑了人类性能力的这两个方面——交融结合和繁衍生育。只不过，阿里斯托芬在讲述人类本质的故事时，关于这两个方面的驱动力是分开的。

伊甸园在美国：世间所有时间

“companion”（伙伴）这个词的拉丁词根“panis”就是“面包”的意思。“伙伴”的字面意思，就是愿意和你分享面包的人；从另一个角度看，就是和你一起浪费时间的人。

安德鲁·德布斯的第二篇短篇故事《世间所有时间》，讲述的是特德·布里格斯和露安·阿斯诺的浪漫故事，其本身也是一篇带有深刻天主教思想的文学作品。虽然这篇故事从未提及关于教皇通谕的争论，但如果我们将该故事置于那样的背景下，能够得到最好的理解。因此，让我先说说保罗六世的教皇通谕《人类生命》。

1968年5月的法国，是一个几乎不复存在的国度。虽然现在在我们大多数人看来，这有些不可思议。1968年5月，一场波及范围十分广泛的大罢工席卷了整个法国，几近推翻政府，在二战英雄夏尔·戴高乐将军的极力平息下，国家秩序才得以恢复。同时代的美国也正经受着剧烈的社会政治动乱，那时的空气中到处弥漫着革命的气息，人们预见会出现巨大的文化和社会变革。在这样的背景下，教皇保罗六世于1968年7月发布了通谕《人类生命》。尽管当时有越南战争，还有几近垮台的法国，但这本小小的册子竟然占据了西方世界的新闻头条。一份教皇的文件，事实上也只是简单重复了天主教盛行两千多年的训导，能够产生如此影响简直不可思议。

这个文件的核心是对婚姻的理解，表达男女交融中的自然和超自然维度的方式的理解。不过，这个核心几乎被完全忽视，不管是反对者还是支持者都是如此。取而代之的是，他们重点关注避孕这一焦点。不仅天主教，几乎基督教的各个主要教派，直到1930年前后都奉行谴责避孕的行为，认为这是对婚姻中性的本质意义的否定。《人类生命》重申，基督教传统中对于新生命的开放和接纳，是性行为最基础的方面。这其实是对某种婚姻态度的质疑和挑战，而非着重于禁止人工避孕；但在关于避孕的论战烟火中，原先关于夫妻间是否能找到充分理由避孕的问题，便让位于一个更为激进的问题。那就是，是否每个性成熟的人，有权利为了追求性爱的快感，进行人工避孕。

安德鲁·德布斯的短篇故事《世间所有时间》，就是试图通过他的方式来深入思考，人工避孕是如何缔造一个新世界的。在我看来，虽然20世纪60年代前后，这项发明传播得极为迅速，但跟其他科技发明相比，避孕工具的重要性并不明显，更多情况下，它如同历史的必然，跟人类学会使用火的那一刻差不多。在廉价高效的避孕工具出现之前，性交和生育之间的关系，就像重力一样自然，这领域充满了生孩子的“风险”，但在半个世纪前的某个时刻，这个领地发生了变化。现在，每个人、每一次的男女交欢，都被一个疑问笼罩，这种性生活的阴影正是安德鲁·德布斯试图探讨的：我们允许性行为既是生育性的又是交融性的吗？

比如食物，通常，我们在进餐的时候结伴，聊天，分享人生。不妨想想，如果我们将食物的饱腹功能和社交功能加以分离，我们的世界会有怎样的不同？顺便说一下，“companion”（伙伴）这个词的拉丁词根“panis”就是“面包”的意思。“伙伴”的字面意思，就是愿意和你分享面包的人；从另一个角度看，就是和你一起浪费时间的人。由此，将进食的原意和它的社交功能分开是可能的。

同样，将生育性和交融性分开也是可能的。然而，保罗六世在《人类生命》中拒绝了这种可能性。相反，他提出，交融性和生育性一起，成就了人类的性表达，从他在《人类生命》所呈现的观点看，交融性和生育性是同一事物的不同方面，这个事物就是性交。性交，也即人类无惧地通过有性婚姻所进行的渴望，它的意义在于，它是一种毫无保留的、自我奉献的渴望。现在，任何不合格的奉献姿态，都会很自然地引起我们的恐惧。保罗六世将性看作一种表达，不仅是我们渴望以一种完全的亲密方式实现与另一人交融的欲望，同时也是向新生命敞开心扉。这种开放没有控制，而是以乐观的姿态，去迎接一种不加控制的、有孕育可能的开放的未来。保罗六世认为，在我们与一个人坠入爱河时，在我们希望那人成为我们的性伴侣时，这是对我们内心渴望的完整解读。

在《世间所有时间》中，安德鲁·德布斯是通过一个20多岁的名叫露安·阿斯诺的女性的视角来向我们讲述这个故事的。露安·阿斯诺曾是一所位于波士顿的天主教大学的学生，她生活的年代还没有出现艾滋病，当时的人们对乱性的后果还没有那么恐惧。露安·阿斯诺是一个追求爱的女性，但她的追求方式并不完整，她也发现，自己的这种方式并不忠实于她内心最深切的欲望。特德·布里格斯在《坠入爱河》中，追求一种性爱生活，追求亲密关系，然而，他没有完全意识到自己的责任是什么。他没有意识到，如果性爱导致了生育，他是无力应对的。之前，特德·布里格斯以为，自己已经认可并接受了苏珊·多茜。然而，当那一刻真正到来时，当他的小孩——当然也是她的小孩——正在她的体内孕育时，他才发现，自己无法履行性爱协议中他应遵守的约定。

露安·阿斯诺也经历了某些类似的体验。她发现一段“感情关系”中，一种空虚和无望的感觉正在逐渐滋生蔓延。“关系”是什么，关于“关系”的语言是怎样被发明出来的，它们又是怎样在部分程度上掩盖或隐藏我们在性关系中最深切的内心欲望的，对此安德鲁·德布斯有着非常精彩细腻的阐释和描绘。她意识到，那些真诚地让她相信爱她的男人，那些一直爱她爱到床上的男人，甚至其中最温和、最绅士的男人，都将堕胎作为他们情事中隐秘而又必需的前提和条件。而她再也不想过那样的生活了。她不愿意接受这样的条件——“如果你怀孕了，我们一起为堕胎埋单吧”，因为她想更多地献出自己，但这种性爱前提不容许她这么做。于是，她所做的就是停止约会，因为根据她自己的体验，某人如果愿意建立一段性爱关系，首先进行一场严肃的约会也是其中的一项前提条件。

露安·阿斯诺停止约会有一段时间了，其间她也在不断整理自己的渴望和经历。某个星期天，她做完弥撒后，在外面的台阶上绊倒了，把鞋跟给摔坏了，当她弯腰查看摔断的鞋跟时，她听到一个声音说：“我能试着把它修好。”她抬起头，看到了帅气的特德·布里格斯，他也刚参加完弥撒。他们一起去吃了早茶，特德说的话让她好奇也令她欣喜：“我想要有一个家，家里有爱，有女人和孩子。”露安·阿斯诺的反应几乎是要大声笑出来。但她没有笑，只是微笑着说，“我的天啦”。意外会发生在真实的生活中，但在一篇构思完整的短篇小说中是不会出现的。当她说“我的天啦”这一刻的时候，就是一个很重要的时刻。第一次她意识到，在“关系”中自己内心一直想要的是什么，就是听到一个男人说：“我和你的结合，是我自己对家庭追求的一部分。不只是因为你漂亮，也不只是因为你对我有性爱吸引力，虽然我承认这些是事实，我更希望我们能敞开心扉，共同拥抱未来。”

故事中有一条精彩的线索，我认为，这也非常直白地向我们展示出，作为一个短篇小说家，安德鲁·德布斯心中应有的野心是什么。他给我们讲述了露安·阿斯诺是怎样获得第一份保险工作的。保险是一个有意思的行业，她是一个很好的员工。然而，她能感觉到，在这个特殊的工作中，自己的灵魂正在被一点点地榨干，她每天都要扮出一张笑脸，但这张笑脸无法发自内心。“露安欣赏保险的实用功能，”安德鲁·德布斯写道，“于是她也为自己买了一份小保险，并将她的父母作为受益人。但在保险公司干了差不多一年后，一个周六的午后，穿着牛仔裤、靴子还有运动衫，她漫步在波士顿的街头，让阳光尽情地洒在她的脸上，拂过她的秀发，她终于对自己吐露心声，承认保险令她感到厌倦”。很快，她就谋得了一个为小出版商干活的差事。她从保险业转向文学。“虽然她赚得少了，却感觉自己更加接近于大学时期经常处于的亮光之中，那种感觉来自老师，来自书，来自同窗，有时也来自她的工作。”

安德鲁·德布斯作品中的一个普遍特征，就是通过他自己的天主教信仰创造了一个世界，在这个世界中，神圣时刻无处不在。于是，无论多平凡的生活都不再平凡，而是被赋予了神圣的维度。因为金钱，因为忧虑，因为野心，我们被分散了注意力，因而，我们能够看到神圣维度的光明之路被堵塞了。安德鲁·德布斯期待那些突然闯入我们意识的神圣时刻的到来，并对此心怀感激。他试图向我们呈现一个顿悟突然降临的例子，这不仅发生在露安·阿斯诺身上，也发生在特德·布里格斯身上。当特德·布里格斯看到这个年轻美貌的女人，参加完弥撒后在台阶上把鞋跟给摔坏了，他当时肯定在想，“这是一份礼物，天赐良缘”。事实上，他对把握机会并不在行，想了半天也找不到更好的开场白，“我能试着把它修好”，这样说真可谓愚蠢到极点。不过，因为露安·阿斯诺觉得他还是有吸引力的，因而忍受了，只是说，“那你拿什么来修呢？”他的脸瞬间变得通红，解释说，刚才自己只是找了个借口想跟她搭讪而已。再怎么样，这样说也比刚才的开场白要好得多。我并不认为，会有许多男人倾向于尝试本故事中特德的引诱策略，我的意思是，尝试像他一开始就这么说：“我想要有一个家，家里有爱，有女人和孩子。”在某个公共场所说这些话，并由此了解一个有吸引力的女人：对许多男人来说，感觉这就像是甘道夫在瑞文戴尔的埃尔隆德会议上念出了魔戒上的魔多“黑暗语”。这些话之前从未被说过，而一旦你说出时，定会让火光熊熊闪烁。

是否想要与另一个人建立亲密感的冲动，会让我们在内心产生畏惧，之所以畏惧是因为我们被带到了一处无法控制的地方，那里看不到终点，不知道“丰腴困厄，至死不渝”的终点在哪里。如果，这就是我们找到爱人时内心的想法，那么，我们该如何充分地敞开心扉，我们该如何战胜内心的怀疑，我们该怎样朝那个方向生活并沿着那条路向前走，这便成了置于我们面前的核心问题。这不仅仅是一个哲学问题，也是日常生活中触手可及的问题，如果我们能严肃地对待它，甚至它还能令我们产生欣喜。

（Ⅵ）爱情涅槃

很久很久以前，诸神设宴庆祝阿佛洛狄忒的诞生。一个叫作资源神的男神多饮了几杯酒，跌跌撞撞地走出去，倒头昏睡过去。贫乏女神早就等在了晚宴门口，希望从其他神祇那里行乞。看到资源神睡着了，便跑过去睡在他的旁边，怀了孕。资源神和贫乏神交融孕育了一个孩子，狄奥提玛说，这就是爱的精灵（厄洛斯）。这个精灵在本质上同时具备他父亲和母亲的特征，因此他既有父亲的完美，又有母亲的空乏和需要。他像父亲一样大胆和机智，又有母亲的硬朗和忍耐，他一直试图追求他所缺少但又渴望的美。

爱是永不停息的努力

阿里斯托芬讲述了原初人类从完全自足堕落到相依为命的故事。现在，轮到阿伽松来赞美爱情。当然，阿伽松肯定要称赞自己。在酒宴上，阿伽松是最年轻漂亮的男人，碰巧的是，与之同榻的是年纪最长的苏格拉底——酒宴中最丑的人。在他的演讲中，阿伽松讲到，爱神（希腊语中为“厄洛斯”）是多么的年轻可爱，就如他自己一样。阿伽松以“雌雄同体”的形象招摇过市，早已声名狼藉，就像斐德罗演讲中的神话人物奥菲斯，又像狄俄尼索斯，他与斐德罗和鲍萨尼亚赞美的男子气概截然相反。阿伽松说，爱神就如我一样，是一个轻柔的音乐家和诗人，而爱情的意义并不如阿里斯托芬所言，是填补空虚，相反，爱是因为幸福太满而溢出来的。阿伽松说，像我这样美丽的人所感受到的愉悦和力量，让我变得亲切、友好，对每个人都有吸引力。世界的眼光都被美人吸引，正如他自己一样，他们都羡慕这个名人所展现出来的完美。当谈到爱，这个极富吸引力的人便超越了日常的善与恶，超脱了道德与不道德，他的吸引力胜过了美德；最终，一切都归集于爱，因为他是人类最强大的驱动力，当然，比人类的善要来得更加强大。

阿伽松的演讲有趣而游离于道德规范之外，演讲又重新回到了对话开场——也就是当苏格拉底刚到阿伽松家时——所提及的关于智慧的两个要点。读者朋友们应该还记得，阿伽松给苏格拉底撂下一句话："我等一下再和你讨论智慧问题，到时让酒神狄俄尼索斯做裁判。"阿伽松和苏格拉底还曾讨论过，是否智慧可以像水一样，从满的脑袋流入空的脑袋中。现在，阿伽松将自己表现得像爱神一样，完整丰满，准备溢给他人。于是，阿伽松夸奖了自己的诗性智慧，同时还含沙射影，认为又丑又老、空瘪无物的苏格拉底，难以像年轻漂亮的自己那样认识爱，也难以像他那样对爱充满诗性灵感和吸引力。

作为对阿伽松的回应，苏格拉底将爱阐释为既非满亦非空，而是一种不断追求由空到满的状态，是永不停息的努力和尝试：就如其他所有的演讲一样，这是一篇自我赞美，是苏格拉底描绘的一幅不同凡响的自画像。同时，它也是对男女情爱的进一步探索。因此，苏格拉底的演讲将涉及前面演讲者已经提过的很多主题，并将这些主题上升到新的高度。虽然在演讲中，苏格拉底也承认人类生活处处被束缚，但总体来说，他的演讲还是令人鼓舞的，几乎所有坠入爱河中所面临的忧虑和沮丧，在他的演讲中都变得无踪可寻。不过，对不完美进行直白描述的任务，被柏拉图留给了最后一个演讲，那是阿尔基比亚德的演讲。哲学不仅应该让我们欢欣鼓舞，同时也应该矫枉过正，对于这两点，柏拉图从来就没有败笔。在本章最后，我们会以安德鲁·德布斯"特德和露安的故事"中的第三篇《罪恶倒计时》来加以总结。这篇故事，将欢欣鼓舞和矫枉过正的双重使命引入到当代的习惯用语中，除此以外，故事中所描写的露安·阿斯诺，更加美丽、有趣、严肃，同时，似乎又相当不道德。

爱，不朽吧：涅槃的苏格拉底

对于像我们这样终有一死的众生来说，我们期望情爱不朽，超过我们的生命长度。因此，情爱欲望的中心部分，就是某种战胜死亡、抵达永恒的渴望。

阿伽松早做好了安排，在晚宴上与苏格拉底同坐一榻。“爱神，”这个漂亮的年轻男子说，“就像有些人所说，从来就不会老，”——他指鲍萨尼亚——“事实上，爱神拼命逃避时间的复仇，比任何东西都跑得快，以远离衰老，并且总爱和青年厮混。”对爱的看法，阿伽松与现在许多人的看法一致，特别是年轻人：浪漫本来就应该是年轻人的专利，如果浪漫存在于中年或老年人之中，通常显得有些傻，也许还有点恶心。阿伽松之所以持这种观点，是因为在他看来，爱神生来就是岁月的敌人，他从来不看老年人一眼。酒宴上的每个人，除苏格拉底以外，肯定都在窃笑，阿伽松的这些话语，用在他旁边的男人身上是多么贴切啊。

不过要清楚，就跟《会饮篇》中其他的演讲者一样，苏格拉底也早就准备好了夸奖自己。苏格拉底说，在阿伽松所呈现出的爱中，被爱好像是最重要的体验。从这个观点来看，处于美丽和完美的状态，看起来当然好像是爱的中心。然而，这是一个错误，苏格拉底说。爱的重心不完全是“被爱”，同样也不完全是“爱”。对于一个漂亮的年轻人来说，犯这样的错误很自然，但它仍然是一个错误。真正的问题并不是什么招我们喜爱，而是为什么我们要爱？你可能会说，一个如此完美和自足的人，一个满溢的杯子，根本就没有任何理由要去爱别的东西了。苏格拉底含蓄地用了阿里斯托芬故事中的观点。圆满的原初人类，他们没有坠入爱河；只有当他们被宙斯劈成两半，在遭到了可怕的惩罚之后，情爱欲望才进入他们的生活。阿伽松将爱神，当然也包括他自己，看成如原初人类一样自给自足。因此，苏格拉底让阿伽松承认了这一点：如果爱是对某种东西的“欲求”，就说明他对那个东西是“需要”的，而这正是基于他对那种东西的“缺乏”。爱必须植根于我们的不完美和缺乏之中，而非完美之中。

如果爱情需要不完美，那么一个理想的爱恋对象，适合的不是阿伽松，而是苏格拉底。因为苏格拉底愿意，甚至是渴望，承认自己的不完美和需要。事实上，他坚持认为他缺乏善中最重要的东西，也就是智慧，因此，高于其他所有一切的、致力于对智慧的情爱欲求，组织和主导着他的整个生命。当他迫使阿伽松承认了连接情欲和需要之间的中心点之后，苏格拉底又给了对话一个出其不意的转折。他让阿伽松喘口气，说他现在会说说自己是怎样得到这些关于爱情和浪漫的教训的。“我这一切，”苏格拉底说，“都是从一个女人那里听来的。”一个名叫狄奥提玛的女人。阿伽松已经将自己展现得柔弱、女性化，而苏格拉底向前跨的步子更大：他所呈现的自己，竟是一个女人的学生。

在斐德罗的演讲中，死亡被看作情爱的考验。如果有人爱恋着你，斐德罗说，与其他人相比，那人会更愿意为你去死，他的意愿甚至超过了你的父母、你的兄弟姐妹或者你最亲密的朋友。这种对抗死亡的决心，是被爱之人的基础。在苏格拉底的演讲中，爱与死的主题，同样也处于中心地位。苏格拉底从狄奥提玛那儿学到，情爱欲望是一种需要，但是哪一种呢？对于像我们这样终有一死的众生来说，我们期望情爱不朽，超过我们的生命长度。因此，情爱欲望的中心部分，就是某种战胜死亡、抵达永恒的渴望。按照狄奥提玛的观点，这也是将情爱欲望与神圣相连的核心方式之一。在莎士比亚《安东尼与克莉奥帕特拉》一剧接近尾声的部分，当这个命中注定的女人告诉她的仆人，她有着“不朽的渴望”，她准备和丈夫一起共赴荣耀的死亡时，这种体验被很好地捕捉到了，令人难忘。但是，从苏格拉底和狄奥提玛的角度看，对终将一死最真实的逃离，并非在名誉和声望中，而是经由生育，将我们自己通过新生命传递下去。透过他笔下女性人物狄奥提玛的思考，柏拉图到达了与《指环王》一样的目的地。在电影《指环王》中，为了凡人阿拉贡，阿尔温放弃了属于精灵的不朽永生，女编剧们通过描述阿尔温生育孩子的远景，实现了她的永生。人类实现永生和不朽的方式，是创造新生。

大家应该记得，在阿里斯托芬的演讲中，人类对回归亲密交融的情欲，从根本上来说是与神圣目的相背离的。在阿里斯托芬的故事中，繁衍后代的欲望并非情爱动力的一部分。与之形成对比，在狄奥提玛关于情爱动力的论述中，我们在情爱生活中所寻求的与另一个人的那种交融，其本身就包含了对永生的追求，也包含了我们挣脱死亡镣铐的愿望。由此，按照狄奥提玛看待情爱的观点，当我们凝视着被爱之人的眼睛，感受那种情感和欲望，如果我们能完全清楚地说出这种欲望的背后是什么时，我们会发现，它包含了创造新生，生育繁衍。苏格拉底提升了阿里斯托芬的主题，将情爱强度发展到了一个更高的层次。

当然，此前阿伽松已把爱神说成所有神祇中最年轻也最美丽的一个。然而，狄奥提玛却对苏格拉底有不同的教训。在她看来，爱根本就不是一个神，当然也不是很容易就腐朽死亡的凡人。这样一来苏格拉底有些迷惑，如果爱既非凡俗，又非不朽，那他应该属于哪一类呢？狄奥提玛用希腊词“daemon”，英语中用“demon”一词来描述这种介于朽和不朽之间的存在。我们可以将之称为介于人和神之间的“精灵”。既然现代英语中没有对等的词，我将使用可能比“demon”更为贴切的“spirit”（精灵）一词来描述。同时，爱令我们“spiritual”（与上帝有关的，与灵魂相关的），从准确意义上来说，这很切合狄奥提玛对苏格拉底的解释：爱是一种媒介力量，他可以使人升华并接近神，同时也可以使神下凡并贴近人。爱是人类超越世俗、朝着神圣的方向进军的可能性。

当狄奥提玛将爱呈现为精灵时，她实则也说明，最富有情爱的生活其实是一种哲学性的生活。当然，希腊语中的“哲学”指的就是“爱智慧的人”。狄奥提玛得出的结论是，爱情和欲望暗含着需要和缺乏。“诸神都不会去寻求真理，也不会企盼智慧，因为他们是聪明的。”她说。无知的人也不会寻求真理或想要变得聪明，因为他们没有意识到自己缺乏智慧。只有那些知道自己无知的人——苏格拉底对自己的著名描述——才会处于爱和渴望智慧的位置，想要成为一个爱智慧的哲人。在狄奥提玛所描绘的图画中，爱智慧的哲人是情爱生活的模范榜样，因为他们一刻不停地寻求智慧，这种寻找从不会放弃，也不会满足。这种永不止步的智慧追寻者，很明显就是以苏格拉底自己为模型的。

爱是光着脚的

爱是光着脚的，就如苏格拉底的身份识别标志一样，这也是识别爱的一条线索。

正如读者所期望的那样，此时，狄奥提玛巧妙地通过一个故事，描绘了她心目中的情爱生活。很久很久以前，她说，诸神设宴庆祝阿佛洛狄忒的诞生。一个叫作资源神的男神多饮了几杯酒，跌跌撞撞地走出去，倒头昏睡过去。贫乏女神早就等在了晚宴门口，希望从其他神祇那里行乞。看到资源神睡着了，便跑过去睡在他的旁边，怀了孕。资源神和贫乏神交融孕育了一个孩子，狄奥提玛说，这就是爱的精灵（厄洛斯）。这个精灵在本质上同时具备他父亲和母亲的特征，因此他既有父亲的完美，又有母亲的空乏和需要。他像父亲一样大胆和机智，又有母亲的硬朗和忍耐，他一直试图追求他所缺少但又渴望的美。虽然狄奥提玛没有直接说，但资源神和贫乏神的后代应该就是苏格拉底这样的形象，他结合了父亲的华贵温柔和母亲的冷硬贫乏。苏格拉底有一个十分引人注目的习惯，就是几乎总光着脚走路。在《会饮篇》一开始，当阿里司托得姆突然看到苏格拉底穿着不错的鞋子赴宴时，觉得很不正常。在此，苏格拉底以一种愉快的搞笑风格，说狄奥提玛描述的爱的精灵总是赤着脚，这也从某个角度反映了他的艰难贫困。因此，和对话中其他所有的演讲者一样，苏格拉底也根据自己的形象，呈现了一个神圣的爱的形象——这是称为精灵的厄洛斯，厄洛斯是介于人和神之间的，他的哲学性的生活图景，就是苏格拉底所体验的并一直在过着的生活。

爱是光着脚的，就如苏格拉底的身份识别标志一样，这也是识别爱的一条线索。同时，柏拉图又呈现给读者另一个微妙的、同时适用于苏格拉底和爱的精灵的身份线索。狄奥提玛说，爱身上丰富和贫乏的结合，让他始终处于生气勃勃和贫乏衰败两种状态的交替之中。这种永不停息的循环就是情爱生活的本质所在。因此，在一天之内，她说，伴随着资源神和贫乏神主导地位的不同，这个伟大的精灵会衰亡和再生。一个生命体，他的生活实际上是不断涅槃的，这究竟是怎样的一种形象？柏拉图喜欢像这样给读者设置谜题，然而在对话开始时的一个小细节上，他已经给我们提供了线索。《会饮篇》开端，阿波罗多洛的一个朋友在街上看见他，问他阿伽松家里举行的那场宴饮的情况，阿波罗多洛说，他前不久刚被问了相同的问题，问他的人已经从“别人”那里打听到了概况，这个知晓酒宴故事的“别人”是谁呢？他的名字叫“Phoenix”，本意即为“凤凰”。柏拉图用凤凰作为苏格拉底的美好形象，同时更普遍地讲，用凤凰象征哲学的情爱生活。哲学家一直在走向衰亡，但又通过承认无知对自己矫枉过正，同时，在持续不断地追求智慧的渴望中，他们又实现了重生。哲学家通过了死亡考验，但他们不是为了某个人而死，而是持续不断地为了自己而死。

请注意，关于爱神父母的故事，颠覆了对话一开始所呈现的假设。对话开始假定了男性硬朗和女性温柔的基调，但在狄奥提玛的起源神话中，女性的原则是硬朗霸气的，而男性的原则却是柔软从容的。苏格拉底呈现了爱神那双性同体的狂野形象。

当狄奥提玛将爱描述为“爱的行为就是孕育美”时，男子气概和女性气质融合的主题得到了进一步的加强。对于这一言论，苏格拉底就像读者朋友们一样不得其解，他告诉狄奥提玛，可能需要通过占卜才能明白她的意思。狄奥提玛所发展的概念是说，我们对于生育和创造有着深邃的企望。对于美丽的人，我们会产生情爱欲望，但并不仅仅愿意和他在一起，我们同时还想与他一起生育，不仅在于身体，更在于精神和灵魂。当我们一旦遇上美丽的爱人时，我们就会体验到，那种创造新生的冲动。从这个角度看，一个爱者并不只渴望占有爱人。如果是那样，情爱欲望就太过寒酸鄙俗了。相反，我们将所爱之人看作能和我们一起生育的那个人。为讲“生育”，狄奥提玛使用的语言，将男性性爱高潮和女性分娩的意象加以组合，很是抢眼。狄奥提玛提出了这样的观点，我们都是有孕育欲望的，或是身体，或是灵魂，“因为保持充盈满的状态是痛苦的”，我们便时刻准备着释放超载的内心，“承载着欲望的重负，我们好似已然血脉贲张”。因此，这种关于生育的情感定义，既非以男性为主，也不是以女性为主，而是意在将男性和女性融入到同一个强有力的意象中。

苏格拉底从阿里斯托芬的演讲中继承了不少内容，然而，狄奥提玛同时却强调了一个根本性的差别之处。这个问题就是，在情爱欲望中，我们所祈求的是“善”，还是渴望自己所需？狄奥提玛对苏格拉底说：“我知道有人建议，爱情是指寻找你的另一半。但是在我看来，除了求‘善’，爱决不会企盼任何事物的‘另一半’或

‘全部’。”阿里斯托芬将交融和亲密看作爱情的终极目标，但其实亲密只是一种更高的手段而非目的。追求善，比追求亲密交融更加重要，它的证据来自我们对自己身体的态度，“人们如果确信他们的手脚对他们来说是坏的，”狄奥提玛说，“那么他们甚至会把它们砍去。”同理，如果认为爱人对我们来说是坏的，即使痛苦可能极剧烈，我们不也会忍痛割爱吗？当我们与某人坠入爱河，难道只是简单地想找一个让我们感到舒适、自在的人，仅仅为了摆脱孤单吗？真实的情形可能是，我们确实与一个爱人安顿下来，但那可能是因为对方没能激发我们的抱负和热望，没能激发我们的上进心——让自己尽可能变得更好的永不停息的上进心。

爱的阶梯论

当我们是爱者或是被爱之人时，这种意欲爬上爱的阶梯的抱负和热望是最为强烈的。在这种上升和扩展的整个经历中，有一个我们从未达到的巅峰，在其峰顶，我们能看到突然闪现的灵光和终极启示。

我们是否将爱视作让我们不断追求潜在自我的机会？这种对于善的孜孜以求，在狄奥提玛看来，是对阿里斯托芬所强调的情爱完整状态的挑战和质疑。阿里斯托芬说爱能治愈我们的伤口，狄奥提玛说爱能点燃我们的抱负和热望：那么爱究竟是让我们安定下来，还是让我们不得安宁呢？

狄奥提玛演讲中有一个被称为“爱的阶梯”的结论，这一著名结论都被引入宗教的神秘仪式了。“你自己的冥想，苏格拉底，”狄奥提玛说：“应该能够引领你跨入爱的教导之门，领悟我已经教导你的东西。”——爱作为需要、不朽的渴望、涅槃的凤凰、孕育美的行为的观点——“但是现在我要进入最高层次的奥秘之中。请尽力跟着我的思维，虽然我不确定你是否能跟得上。”“请你务必集中注意力仔细聆听，”她告诉他，“以发现这个主题中隐晦的深度。”现在苏格拉底给他的听众以同样的挑战。爱有“隐晦的深度”这一概念，就和宗教的秘密仪式一样难以清楚地表达出来，这又是从阿里斯托芬的演讲中继承和沿用过来的。铁匠之神赫淮斯托斯下到凡间，问一对在床上相拥而眠的爱人，他们对彼此需要的真相究竟是什么。然而，这种真相超过了他们语言所能表达的能力，只有在神祇的帮助下，这对爱人才了解了他们心底的想法。在这里，狄奥提玛也是试图帮助苏格拉底理解一些超越他能力范围的东西。于是，她给出了著名的“爱的阶梯”的论调：当我们爬上情欲的阶梯，我们从被爱人的美丽外表吸引，转向爱人的心灵之美，然后再扩展到培育这种心灵的社会世界，进而思考法律和体制之美，还有更广泛的知识和教育之美。狄奥提玛所寻觅的这种上升的路径，也是许多已婚夫妇经历过的：首先是只专注于自身狭隘的浪漫，但之后会扩展到对城市和理性的兴趣，而后是他们自己的孩子、学校和公民身份。这种走向成年责任的成长，也是我们爱的能力的一种扩展和升华，这颗爱的种子，是在我们遇到美丽伊人时，坠入爱河的那一瞬间种下的。当我们是爱者或是被爱之人时，这种意欲爬上爱的阶梯的抱负和热望是最为强烈的。狄奥提玛表示，在这种上升和扩展的整个经历中，有一个我们从未达到的巅峰，在其峰顶，我们能看到突然闪现的灵光和终极启示，就像在云雾笼罩的山顶，云开日现的瞬间，我们能看见阳光穿透云层的光亮。这种终极神圣的瞬间和局部愿景，指引着我们攀登的方向，让我们感觉所有的努力都是值得的。如果我们能成为狄奥提玛和苏格拉底所说的爱者，我们将永远不会抱守已有的成就安于现状。

狄奥提玛呈现出一个美丽但苛刻的理想状态。之前我们曾讨论过，阿里斯托芬在演讲中是怎样提出这样的问题的，那就是，我们究竟是爱某个具体的人，还是爱某一类人。爱的阶梯论，以一种强有力的方式回应了这一问题。爱者从对某一个特定对象的爱，上升到对更广阔的抽象事物的爱，那种爱近乎神圣，是柏拉图式认知的最高目标，又抑或是其他一切可能的极致境界。这种升腾，能给那些特定的个体留下任何真正的爱恋吗？毕竟个别对象只是种子，是我们走向升华的第一步。走向山顶的旅程将会变得越来越冷，这是一种走向超越人格的升华。因此当我们抵达峰顶时，按照狄奥提玛的描述，被爱之人只不过是“美的汪洋大海”中的一滴水。这种忧虑有一定的道理，但非常重要的是，我们要记住，这种情爱升华产生了一个结果，那就是希望与我们所爱的人进行创造的深层欲望。在身体上的生育孩子，是这种创造力的一个意象，但是，这种创造力还可以更加完美地体现在精神上，比如说，追求哲学上的丰收，苏格拉底就用他的整个生命证明，他是希望通过与那些我们爱的人的谈话产生最崇高的思想。因此，尽管在情爱升华的过程中，有脱离人性的一面，但狄奥提玛和苏格拉底认为，这种情爱升华也产生了一个人与另一个人最为亲密的关系。这种亲密关系建立在这样的概念中，那就是，对爱者和被爱之人来说，最真实的自己必须是靠自我追求实现的，而不是靠等待去发现。如果我们想要在自己所爱之人的注视下被完全地了解、呈现，那我们就不能仅仅满足于我们现有的模样。我们更多是期望在爱人的眼睛中，发现更加神圣的自己，而这些是我们自己独自所无法看到的。

所以，苏格拉底的演讲，他从狄奥提玛那儿学来的演讲，将《会饮篇》此前演讲中的主题进行了整合。是否具有热望和抱负的爱的同时也会失去个性，实际上，这是一种脱离人性的挑战，这一挑战也是柏拉图所承认的。对话还有一个总结性的演讲，也就是美妙的醉鬼阿尔基比亚德的伟大演讲，是柏拉图的努力尝试，他试图思考，具有热望和抱负的情爱生活，需要什么样的代价，又有什么样的好处。

狄俄尼索斯的评判

阿尔基比亚德、阿伽松和苏格拉底，被装饰了神祇的标识，形成了一幅非常美妙的狄俄尼索斯式的三合一画面。酒神狄俄尼索斯的评判完成了，苏格拉底已经赢了。

阿尔基比亚德是雅典最危险也最有魅力的男子。他很受人们欢迎，他不赞成民主，总希望成为城市中的主导力量。他是一个大胆的政治和军事领袖，他总能激发朋友的深沉热爱，不过他引起的愤恨要比热爱深得多。拉尔夫·沃尔多·爱默生形容他："总将节日带在眼睛里"：无论阿尔基比亚德去哪，那儿就像过节一样。他英俊、机智、不知羞耻：这些特质足以成就好莱坞任何一个经典角色。事实上，我觉得很奇怪，还没有一部电影将他搬上银幕；古代世界中，再没有人像他那样富有浪漫不羁的色彩了，无论是亚历山大大帝，还是马克·安东尼（虽然"埃及艳后"克莉奥帕特拉让他有所接近）。关于阿尔基比亚德还有一件事：他是苏格拉底的盲目崇拜者。

柏拉图以这个危险男人精彩绝伦、满带醉意的演讲，结束了《会饮篇》。实际上，在对话一开始，阿波罗多洛的朋友之所以找他询问那场宴饮上的故事，其中一个主要原因似乎就是阿尔基比亚德的演讲。“告诉我们关于在阿伽松家里举行的那场宴饮，在晚宴上苏格拉底和阿尔基比亚德都发表了关于爱的演讲！你知道他们当时都说了些什么吗，阿波罗多洛？让我们一起揭开那场宴会的秘密！”柏拉图没有直接说，为什么这个多年前发生的宴饮会突然在雅典引起了强烈的兴趣。但是我认为，就和其他的许多情形一样，柏拉图给了细心的读者以足够的线索来猜测。我以为，阿波罗多洛之所以被朋友们问及这些问题，是因为苏格拉底刚刚被逮捕，他被指控犯有腐蚀雅典青年思想和亵渎城市神祇的罪行。苏格拉底在公元前399年被逮捕并行刑，那是阿伽松在宗教节日上第一次赢得悲剧头奖的17年后。《会饮篇》中所叙述的事件突然间又有了相关性，因为人人都意识到，苏格拉底被逮捕，与他之前和阿尔基比亚德的关系也有不小的关系。阿尔基比亚德的政敌用了“腐蚀青年”这一非常模糊的罪行来攻击苏格拉底，因为他与一个声名狼藉、与雅典民主为敌的男子有着特别亲密的关系。

苏格拉底的整个演讲是欢快的，充满希望的，让人感觉好像只要拥有苏格拉底式爱情的、富有挑战性的生活，所产生的快乐定要比痛苦多。然而，阿尔基比亚德纠正了这种快乐。他向我们展示出，追求苏格拉底的情爱是怎样带来狂喜和愉悦的，同时又是怎样带来深深的耻辱和痛苦的。

当苏格拉底的演讲结束后，众人报以热烈的掌声。突然他们听到大门外的敲门声，还有一群赴宴者带着一个吹笛女的吵闹声。阿伽松让他的奴仆去看看谁来了，“如果是我们的朋友，”他说，“就请他们进来，如果不是，就说宴会已经结束。”换句话说，如果不是外面突如其来的打扰，这个酒宴在苏格拉底讲完之后便会戛然而止，他们之前将女性和酒神排除在外的约定，最多就只是在字面上被开了个口子——特别是在苏格拉底引入狄奥提玛时，但是那种破坏并非实质性的。那样，酒宴就这么完了，既没有搭理狄俄尼索斯，也没有向阿佛洛狄忒敞开大门。感谢上帝，送来了这群疯狂的赴宴者！

没过一会儿，他们就听到前院传来阿尔基比亚德的声音，“烂醉如泥”柏拉图这样描述。我喜欢“烂醉如泥”这个表达，因为这也意味着酒神临场。“阿伽松在哪里？马上带我去见阿伽松！”阿尔基比亚德大声嚷着，步履蹒跚，由那位吹笛女搀扶着，直到同伴们将他扶进院子，并靠在宴饮大厅的门柱上。阿尔基比亚德头戴常春藤和紫罗兰编织的大花冠，还缠绕着许多绣带。希腊的读者会立刻认出来，常春藤、紫罗兰和绣带是酒神狄俄尼索斯的标识。当狄俄尼索斯出行时，他总是以常春藤、紫罗兰和绣带的装束示人，他们会伴着长笛的音乐欣喜若狂地跳舞。当阿尔基比亚德进入阿伽松家时，他正是模仿了狄俄尼索斯的扮相，宛如狄俄尼索斯的使者，他将对苏格拉底的智慧和爱进行评判。

阿尔基比亚德跌跌撞撞，闯进酒宴，并给大家一个深情的问候。“我的朋友们，”他嚷道，“见到你们真好！”“如果你们不想我多待，”他说，“那我马上走，不过我要给阿伽松戴上花冠，因为我来就是为这件事。我要把这些绣带取下来，绕到——请允许我这样说——这个最聪明、最漂亮的人头上，我还要给他戴花冠。”因此，阿伽松对苏格拉底说的预言应验了：狄俄尼索斯已经出现，来评判他们的智慧。他们都笑了起来，并为阿尔基比亚德鼓掌，就这样，他掌控了宴会。“你们在笑话我，是因为我喝醉了吗？”他说，“我知道我说的都是真话，所以你们尽管笑，我不在乎。”之后，他又一次提出了一个带有命令力量的要求：“好吧，先生们，你们表态吧，我可以进来吗？你们能不能和我一起喝酒？”怎么会有人拒绝呢？于是狄俄尼索斯最终还是从真正的前门进来了，而且还带着真正的吹笛女——不像狄奥提玛，她只是一个在演讲中提及的女人。由此，阿佛洛狄忒，也进来了。

酒宴的参加者们，在所有这些未被驯服的神性面前，抛弃了之前将这两位神祇排除在外的约定。当阿尔基比亚德给阿伽松戴花冠，并夸奖他是雅典最有智慧的人时，他还没意识到，苏格拉底正一声不响地坐在同一张床榻上。一个沉醉之人还真是什么都能熟视无睹。“这是谁啊？”他说，当他转身看到一声不吭、面带微笑的苏格拉底，着实吓了一跳，这才发现，原来床榻上还坐着第三个人。“你到这里来干什么，苏格拉底？”他喊道，“你还是那套老把戏，坐在这里一声不吭，然后趁我不备冒出来吓我一跳！”此时的阿尔基比亚德有很多疑问。“你怎么到这里来了？”他问，就和许多生性多疑的爱人一样，他问出了自己想问的问题。“你干吗要坐在这里，而不是坐在阿里斯托芬或其他哪个有趣的人边上？哦，不，你为什么能够坐在酒宴最漂亮的人身边？”阿尔基比亚德充满嫉妒，因为对苏格拉底他仍未忘情。他比我们任何人都难以相信这是个巧合，苏格拉底竟然与最为漂亮、最诱人的男人同卧一榻。苏格拉底乞求阿伽松，保护他免受阿尔基比亚德的妒性大发：“自从我钟情于他，我就不能看别人一眼，也不能和任何有吸引力的人说话，要是有这种事，他定会脾气大发。”苏格拉底说，“因此，你要尽你所能让他冷静下来，或者至少让他离我远一点！”

但是，阿尔基比亚德也不可能一直与苏格拉底生气。“我下次再找时间修理你，”他对苏格拉底说，不过之后他又转向阿伽松，从他头上取回一些绣带，他说："阿伽松，虽然你很有智慧，但是在整个希腊，没有人能像苏格拉底那样有智慧。因此，我将不得不拿回一些绣带，我要把它系在这个上了年纪的人头上。"他确实这样做了，所以现在，阿尔基比亚德、阿伽松和苏格拉底，被装饰了神祇的标识，形成了一幅非常美妙的狄俄尼索斯式的三合一画面。酒神狄俄尼索斯的评判完成了，苏格拉底已经赢了。

酒神的最终篇

苏格拉底让他爱的每个人都成为一只涅槃的凤凰，向死而生，试图追求一种我们永远也无法企及的完美。

现在真正的酒宴开始了。“先生们，我看你们都还很清醒，”这位会饮上的新领导者说道，“你们都该跟着我喝才对。”他大声叫佣人给他拿个酒杯来，但他想那个可能太小，因此要求拿个量酒器来。佣人把量酒器装满酒，阿尔基比亚德一口喝了个精光。“把它斟满，让苏格拉底喝。”他命令道。在我看来其他酒宴上也是如此，总是那个精力最旺盛的人定下将要喝多少的酒量标准，其他人就被要求跟着最为沉醉的那人，喝相同的量！苏格拉底没有退缩，他也将量酒器里的酒一饮而尽。我们还记得，当厄律克西马库设定适度饮酒的规则时，他曾提到，苏格拉底本人并不关心其他人喝了还是没喝，因为他对醉酒的效应似乎有种免疫力。就这样，突然间，原本清醒的酒会，一下子变成了另一番模样。它被阿尔基比亚德接管了，这也标志着清醒被狄俄尼索斯和阿佛洛狄忒给接管了。厄律克西马库试图对程序加以掌控，他敦促阿尔基比亚德，像其他所有的会饮参与者一样，尽力赞颂爱神。“这样没有公平可言，”

阿尔基比亚德抗议道，“你现在是叫一个喝醉的人和一批清醒着的人在较量啊！”“但是如果你们要我做演讲，”阿尔基比亚德说，“我就演讲给你们听——在这个演讲中，我将把苏格拉底的真实面目告诉你们。”对苏格拉底的揭秘，将是阿尔基比亚德称赞爱神的方式。

当我们在谈论爱的时候，我们大多说的是我们自己。到这个时点为止，《会饮篇》中每个演讲者都发表了一个关于自己的演讲。但是，每个演讲的自我参照，多少有点隐晦；没人会承认，我讲的就是我自己。当苏格拉底说，他是怎样从狄奥提玛那里学到关于爱的教训时，他已然将自己的演讲投射以自传的色彩。不过，即使苏格拉底也没有明确表示，狄奥提玛言论中的种种意象——爱作为涅槃的凤凰、作为资源神和贫乏神的赤脚孩子、作为孕育美的行为——全部是他自己生活的写照。苏格拉底也从来没有明说，他自己就是神祇和人类之间精灵般的解读者。然而，阿尔基比亚德愿意讲述他自己以及苏格拉底生活中的事实，毫无遮掩，直言不讳，对于一个醉汉来说，是再合适不过的。阿尔基比亚德毫不掩饰地讲述了一个自传式的爱情故事，而其他每个人，虽然事实上都是在谈论自己，却都假装是在讲一个关于爱的普遍理论。

阿尔基比亚德讲了一个他是如何引诱苏格拉底的精彩故事。那大概是在阿伽松赢得比赛的十年前，那时的阿尔基比亚德，在雅典是一个相貌美丽、抢手惹眼的年轻男子，他拒绝了诸多崇拜者，只想成为自己钦佩之人的爱人。当阿尔基比亚德注意到，苏格拉底对他关注有加，他原以为自己终于找到了理想的对象。一天晚上，他通过不停地与苏格拉底交谈至深夜，设计留宿在苏格拉底处。阿尔基比亚德还安排随从们早点离开，以便他和苏格拉底独处。阿尔基比亚德确信，苏格拉底肯定会跟他说些情意绵绵的话；然而苏格拉底却和往常一样，并没有因为夜色和独处，有分毫不同。阿尔基比亚德以为苏格拉底只是害羞，于是当他们同榻而卧时，他紧紧地搂着苏格拉底，很明确地表明对苏格拉底的倾慕，愿意把一切都奉献给他。“你说得倒是蛮合理的，”苏格拉底说，“我们必须想想清楚，看怎么做对我们俩人最好。但是我们必须认识到，拿你自己的美换我的智慧并不是亏本买卖，就像是以铜换金。”阿尔基比亚德告诉听众们，他原本确信自己的引诱将会成功，殊不知却感觉羞愧难当，因为苏格拉底径直睡去，什么事都没有发生！阿尔基比亚德对自己的美丽外貌是如此自信，以至他从未想象过，苏格拉底会无动于衷。但苏格拉底灵魂的黄金，是万万不会和身体上的快感相交换的，哪怕是雅典最美的身体。苏格拉底关注年轻的阿尔基比亚德，并不是想把他带上床，而是要把他引向哲学之路。

阿尔基比亚德的这种蒙羞体验是很复杂的。如同许多示爱遭拒的人一般，他非常生气，而且因为他是如此的骄傲，因此他的愤怒比一般被拒绝的爱人要强烈得多。然而，同时他忽然理解到苏格拉底有一些他以前没有发现的美德。阿尔基比亚德继续说：“不管你们觉得自己是多么地了解苏格拉底，但你们中间没有一个人，没有一个能像我了解他的方式一样去知晓其秘密。我曾经见过一次他把内心打开，我看到里面坐满了神祇。”苏格拉底虽然外表上显得平淡无奇，说的话也类似家长里短，但在其话语深处，却是具有神圣性、挑战和颠覆性的。当苏格拉底拒绝与他亲密，阿尔基比亚德对他展现出的美德尤为深刻。因此阿尔基比亚德说：“我见过你们都忽略掉的苏格拉底的秘密。我见过他内心深处的神性。我见过的，是作为真正爱者的苏格拉底，这个爱者充满了神圣的美德。”那么，从阿尔基比亚德的角度来评判，苏格拉底和阿伽松声称的爱神一样，他的内心也是丰盈满溢的。

然而，苏格拉底的丰满揭示出阿尔基比亚德自己的空虚。苏格拉底是一面镜子，让阿尔基比亚德看到了自己——在柏拉图的《斐德罗篇》中，我们能够详细看到这种意象。阿尔基比亚德已经看到，在苏格拉底身上，有一些美是被其他人所忽视或遗忘的。不过，阿尔基比亚德的困难在于，他对真正美德的愿景，是一种通过苏格拉底所认识到的愿景，阿尔基比亚德没有办法让自己的生活变成苏格拉底式的，因此他所体验的苏格拉底的完美，不是愉悦的，而是羞耻的。正如他对诧异的听众们所说的："苏格拉底让我产生的感受，你们是永远也不会相信的。我以不知羞耻闻名，我也以精力旺盛而出众，但是苏格拉底能使我感到羞愧。因为当我看到苏格拉底的内心时，同时我也看见了自己一无是处。"所以，对于阿尔基比亚德来说，苏格拉底既可爱，又可恨。正如他所言："有好多次我甚至乐意听到苏格拉底已经死了，因为这样，我就不会再见到他，不用再体验他带来的羞耻感。但是，他若真的不在人世，我将不知所措，不知以后该做些什么。"就如我们在《会饮篇》中看到的其他演讲者一样，对于阿尔基比亚德而言，爱情和死亡之间也有一种非常奇妙的联系，这种联系是由羞耻的体验带来的。

阿尔基比亚德的问题，并非苏格拉底是一个不忠的爱者。事实上，不忠的是阿尔基比亚德，他并没有忠诚于苏格拉底，按照他的指引变成更好的自己。苏格拉底式的爱的真正问题在于，阿尔基比亚德无法跟随苏格拉底的指引。狄奥提玛教导说，正确的浪漫爱情，应该能鼓舞我们渴望成为一个更加完美的自己。如果这种抱负和热望是我们情爱生活的一部分的话，那么，阿尔基比亚德所感到的羞耻、恼怒和怨恨，将是任何情爱关系的威胁。向爱人展示自己的美之时，也意味着让对方看到自己的丑陋、不完美、自我局限。基于这个令人不安的注脚，带着一个既惹人爱又让人恨的苏格拉底，《会饮篇》收尾。阿尔基比亚德的体验，向读者展示出，苏格拉底式的爱情，避免了阿里斯托芬式爱情的懒惰，虽然是以舍弃安稳为代价。苏格拉底让他爱的每个人都成为一只涅槃的凤凰，向死而生，试图追求一种我们永远也无法企及的完美。

谁在爱中不负卿

"性就像天气，"露安说，"是无法控制、变换无常的。"

在爱情中，标准过高导致的羞耻感是有代价的。苏格拉底在庆祝狄奥提玛的高标准时的愉悦，被阿尔基比亚德难以企及时的挫折和蒙羞所质疑。安德鲁·德布斯关于特德·布里格斯和露安·阿斯诺的第三篇故事《罪恶倒计时》，讲述了一个当代的关于高标准和羞耻感之间紧张状态的故事。当阿尔基比亚德想到苏格拉底的美德，想到自己生活中这些美德是如此地缺乏时，他将自己看作一个失败者。但是，难道我们就不是失败者吗？谁又能不辜负爱情的理想状态？我们只不过偶尔瞥见峰顶，但浓云锁雾，我们甚至无法确认，我们是否朝着真正的高峰在攀登。失败引致疑惑，而疑惑催生出愤世嫉俗。毕竟，为什么我们总要不断追求一个永远无法企及的目标呢？为什么不直接把目标降低呢？

在《罪恶倒计时》的中心部分有不少需要关注的问题。上次我们见到露安和特德，是他们刚在一座天主教堂外相遇，他们发现，俩人都渴望将约会的场景丢在身后，开始一种有责任感的婚姻生活。现在，我们看到，他们是已婚的夫妻，带着三个年幼的孩子，岁月静好。他们是幸福的，他们仍然身处爱河，仍然对对方充满能量，仍然沐浴在浪漫之中。然而，当露安·阿斯诺差点儿出轨，故事发生了转折。这个故事，就是关于露安如何回应这个突发事件的。她没有变得愤世嫉俗，告诉自己“人人都有可能发生这种事”；她也没有憎恨自己，遭受像阿尔基比亚德所承受的那种羞耻。她转向另一条道路，并依然坚持她的理想：她坦白了她的罪恶并寻求宽恕。之于苏格拉底式的愉悦和阿尔基比亚德式的绝望，坦白和宽恕是一种必要补充。

露安·阿斯诺参加了一个问题少女之家的志愿活动，每周有一个晚上去做志愿者。在那里的女孩之前都有过黑暗坎坷的过去，好多在儿童时期都曾遭受过性虐待，所以少女之家配备了治疗师和社区工作人员。露安经常和女孩们一起阅读，与她们谈心说话。一天晚上，当露安在给她们读故事时，其中一个女孩离开了房间。一会儿之后，露安注意到另一个女孩面色焦虑，就询问这个女孩刚才是谁离开了。露安发现，刚才离开的女孩将自己反锁在卫生间里。问题少女之家的负责人罗杰，一个和露安年纪相仿的男人，赶紧跑到反锁的门外，跟里面的女孩说话。门终于被打开了，他们发现，这个女孩正用笔戳自己的手臂，然后用血涂划着；她依然用自虐的方式对抗过去被虐待的阴影。罗杰让女孩平静下来，指挥工作人员将她送去医院，一旁的露安被罗杰的温柔、坚定和爱心深深打动了。在那一刻，他就像是一个完美的父亲，他温柔的男子气概令露安心动。受伤的女孩被送到外面的车上，罗杰目送着车开远。露安走出去，来到自己停在黑暗街道上的车里，坐在车座上抽着烟，罗杰透过开着的车窗问露安要支烟。她看着他的眼睛，说“跟我一起吧”，他俩都清楚，她的意思并不只是一起抽烟。当他们在衣服外互相抚慰时，手碰到了一个避孕套，露安突然清醒过来，她向他道歉，说自己不能这样做。面带微笑，他们分开了，她开车回家。在接下来的几天里，她将激情都转移到特德身上。

露安·阿斯诺将这件事告诉了她的朋友玛莎。玛莎告诉露安，她第一次婚姻破裂就是因为自己的外遇。这个行为本身似乎微不足道，但当她的丈夫发现之后，造成的创伤却是无法愈合的。玛莎仍然在想，如果当时自己更加成熟些，能够保持对婚姻的忠诚，那她现在的生活该是什么样子。当露安告诉她，自己准备找神父，在告解时坦白，玛莎很是惊讶。“永远不要告诉特德。”玛莎说。露安赞同她的建议。这个罪恶不是关于特德的，而是关于她自己的，在少女之家的事件中，她的情爱欲望不可预知地燃烧起来。“性就像天气，”露安说，“是无法控制、变换无常的。”故事最后，她反省了自己的不完美，并接受了上帝，也接受了自己的宽恕。“当我很好时，我不能得到所有的好评，”她说，“因此，当我失败时，我也不需要承受全部的指责。”她按照传统的悔悟行为，完成了一次告解圣事的坦白：在神的恩典的帮助下，她决定改正自己的生活，不再犯罪行；虽然她承认，对于情爱天气的变化自己仍然无能无力。

我曾说过，在伍迪·艾伦的电影《汉娜姐妹》中，在对待婚姻不忠的问题上，有些不道德的元素。对于影片中的人物，我学生的态度比我要严厉和苛刻得多。事实上，有的学生表达了想看到剧中人物因其不忠而遭受折磨的愿望，至少比影片中的要多遭些罪。我发现，不少学生在读《罪恶倒计时》时，对露安·阿斯诺也是义愤填膺；他们十分希望看到露安饱受折磨，他们认为这个故事太过轻易地放过了她。因此，关于婚姻不忠，你可以说，制造了一个美学问题，是两个方面之间的冲突和对立，一方面是文学想要让真相“触手可及并产生欣喜之感”，而另一方面是道德要履行将丑陋和破坏力揭示出来的责任。在托玛斯·曼的《魂断威尼斯》中，我们将看到这些主题，关于美如何脱离道德束缚的问题。对于我们这本声称要将哲学和文学相结合的书来说，之所以常常允许哲学占上风的一个原因，是出于这样的忧虑，因为如果文学略高一筹的话，美就会凌驾于道德之上。托玛斯·曼就让他的主角承担了让美逼退道德的后果。

露安·阿斯诺应该为她的不忠遭受更多的折磨吗？我应该以批评《汉娜姐妹》类似的方式去谴责这篇故事吗？让我表达一下为什么不这么做的理由，当然，对于其他观点，我也持开放态度。对露安·阿斯诺来说，正如我们在《世间所有时间》中看到的一样，性与她的宗教信仰紧密相关。她将性体验视为她日常生活的重要部分，露安·阿斯诺行走在人世间，这个世界中充满了许许多多让她产生情爱兴趣的人。如果世间的这一部分消失的话，她必将会觉得，自己的生活失色不少。她之所以差点与罗杰出轨，是出于对这个男人的钦佩，钦佩于他对问题少女的柔情，在他身上，她看到了他仁慈的父爱。突然间，钦佩之情演变为激情释放，原来的迷恋变成了一种严肃的道德风险。

当露安·阿斯诺将故事告诉玛莎后，她说：“如果我再对你说我知道我不会做那样的事，爱我吧，打我吧。”“不要让我对自己的道德力量形成错误的观点，”她对玛莎说，“我不能让情欲变得驯服。性是个好东西，但它并不驯服，至少对我不是。”露安·阿斯诺不想她的欲望变得可以掌控，就像厄律克西马库希望的那样。露安·阿斯诺不想拥有安全的性爱，因为对她来说，拥有安全的性就意味着放弃性。当她意识到，特德·布里格斯应该就是她想要一直保持性爱关系的男人时，她发出了“我的天哪”的惊呼。但后来，她不得不承认，如果她不愿意让性安全，她就需要帮助。同时对她来说，她发现这种帮助是要通过宗教仪式的。因此，她告诉闺蜜玛莎说，她要去坦白和忏悔，这让玛莎觉得难以置信。“那么等等，”她的朋友问道，“你差点在停在公共场所的汽车里与人通奸，你真要把这事告诉神父？这样难道不会让你感觉更糟吗？”但是露安·阿斯诺并不是这么看的。露安坚信，她所需要的就是宽恕。因为她认为，只有自己意识到，她需要从别人身上得到帮助，换句话说，她需要得到神的帮助，才能停止她的幻想。

因此，这个故事促使我们得出了这样的想法，那就是，露安·阿斯诺的坦白和忏悔，并不是浮于表面的装腔作势。相反，这是露安·阿斯诺在回归自我意识。她要承担起责任，将自己的弱点和过失全都接将过来。但从另外的角度看，露安·阿斯诺承认弱点和过失，可能看上去正好给她找到了一个借口。我不想认为她的告解只是一种形式和伪装，一种让自己摆脱心魔的手段。不过我也能理解，为什么其他读者对其行为有不一样的反应，他们会认为，她找了一个代价很低的方式让自己跳出来，这种方式对她的惩罚还远远不够。这么多年，我和很多不同的读者讨论过这个故事，我发现，大多数读者最为愤愤不平的是露安和玛莎之间的交谈。当玛莎对露安说“千万不要告诉特德”，露安回答说她当然不会告诉他。相当一部分读者认为，这是对特德的背叛，他们认为，露安·阿斯诺所要做的，并不是向上帝坦白，而应该向她的丈夫忏悔。这些读者坚守的理想是，婚姻应该是透明的，配偶中任何一方的责任，是让你的另一方能完完全全地看清你，没有任何秘密而言。这个故事并不认同这种理想的观念。它提出了这样的前景，即使在婚姻中，爱人之间也总会有一些不为对方知晓的模糊区域，每个人心中都有一块私密的空间。

在婚姻的中心位置，对真实性提出怎样的要求才是适宜的？更笼统地说，对于透明度的哪种要求，应该成为真正的坦白忏悔和宽恕原谅的必备条件？天主教的告解圣事有一个神学传统，那就是，如果一个人已经坦白了罪行，神父如果再让他去向受委屈、受伤害的那人坦白，是不适合的。要是露安把这事告诉特德，那她所做的坦白和忏悔是为了谁呢？她这么做是为了让特德更好受些吗？或是她带着自私的目的这么做，是为了让自己更好受些呢？我们应该在什么时候，将对自己过失和罪行的忏悔压力负载到配偶身上？在电影《牙医的秘密生活》中，戴维和黛娜的婚姻里关于真相和忠诚的复杂性，我们已经领略了不少。在安德鲁·德布斯的故事中，这些主题又再次显现出来。

（Ⅶ）威尼斯的爱与死

在这个世界里，我们总是透过一块黑暗的玻璃在看，总处在谜一般的景象之中，仿佛在解读最难懂的甲骨文。因此，我们坠入爱河，首当其冲的感受便是混乱、茫然无措。但同时，爱又是一场超凡脱俗的狂欢。而真实情形是，我们的所爱之人让我们回忆起了天界神祇般的生活。当我们爱上某人时，我们并非认为他是一个神，但我们要感激他，因为正是他，让我们回忆起神祇的模样。

爱是抵达不朽的阶梯

继苏格拉底欢快的演讲之后，柏拉图以阿尔基比亚德令人不安的回应结束了《会饮篇》。苏格拉底的言论之所以令人鼓舞，是因为爱是我们抵达不朽的阶梯。苏格拉底式的创造力是双性同体的，男子气概和女性气质，通过孕育而完美融合——身体和精神双重意义上的。

也许，对这个主题进行反思的所有现代作品中，最伟大的要数托玛斯·曼的小说《魂断威尼斯》（也译作《威尼斯之死》）。这部小说出版于1905年，讲述了一位名叫古斯塔夫·奥森巴赫的著名作家的故事。奥森巴赫体验了情爱的双重感受，既有如苏格拉底般的欢欣鼓舞，又有如阿尔基比亚德那样绝望的深渊。奥森巴赫品味的情爱，让他的自律湖面产生了涟漪，不仅激起了他的创造力，同时也让他丧失了身份和尊严。正如《会饮篇》中的各位演讲者一样，托玛斯·曼用这个故事，在部分程度上进行了自传式的反思，反思他自己创造力的源头。他的故事，直接借鉴了柏拉图的思想，有《会饮篇》中的，特别是《斐德罗篇》中的。所以，在探讨《魂断威尼斯》之前，我们首先需要再回到《斐德罗篇》。

另外我又发现了两部艺术作品，它们教会我如何去思考托玛斯·曼那篇柏拉图式的小说：一部是安德鲁·德布斯的《大雪之外》；另一部是根据丹麦女作家依萨克·丁尼森的小说改编而成的精彩电影《芭贝特的盛宴》，它由加布里埃尔·阿克塞尔导演，获得了1988年的奥斯卡最佳外语片奖。

灵魂是飞翔的马车

坠入爱河是回归记忆的重要步骤。通过感受我们所爱之人的美，我们首先记起的是，“我是谁”。所爱之人的美，以及这种美掀起的情欲波澜，几乎将我们推回到神话世界中；我们失去了世俗的自我，找回了原初的自我，羽翼丰满的更好的自我。

我们已经看到了柏拉图《斐德罗篇》勾勒的情爱问题的方式，首先是吕西亚斯的演讲，其次是苏格拉底给出的更精彩的理论。这两篇演讲都是在赞美没有爱情的人，甚至认为没有爱情的人比有爱情的人要好，因为无爱之人头脑清醒。

但是，当苏格拉底给出自己的版本时，他却做了一个非常奇怪的举动：他用披风蒙住了头。他拒绝承认这篇演讲代表了他的观点。事实上，苏格拉底非常突兀地结束了他的演讲，因为他意识到，为了爱情，他正在犯一个错误，他突然间感觉自己彻头彻尾地讲错了。

苏格拉底试图解释他思想的突然转变。希腊曾有位名为斯特昔科鲁的诗人，苏格拉底说，他曾经创作了一首关于海伦的诗，诗中描述，正是美人海伦红颜祸水，才引致了特洛伊战争的爆发。在将海伦讲成罪魁祸首之后，斯特昔科鲁发现自己眼睛瞎了。因为对海伦的错误解读，他诽谤了情爱。于是，斯特昔科鲁又写了一个关于海伦的故事，在这首翻案的诗中，海伦被证明是无辜的。苏格拉底将自己所处的情境与斯特昔科鲁的进行了比较，他说自己那篇过分强调理性的演讲，本身是错误的。所以现在，苏格拉底想要撤回之前的言论，另外讲一个截然不同的故事。在所讲的故事中，苏格拉底认为，人类生命中最圣洁美好的事物，并非由理性控制，相反，只有当我们敞开心扉，进入某种迷狂的忘我境界时，那些最伟大的事物才会降临。“enthusiasm”（迷狂，狂热）这个词的希腊词源，就有“神在其中”的意思。

所以，在一开始，苏格拉底蒙住脸，将情爱生活中的理性定义为高尚。然而，当他露出面孔时，他赞美沉溺于疯狂的生活，即对所爱之人的迷狂。

现在，苏格拉底给出的第二篇演讲，以其“驭手演说”而闻名，人的灵魂宛如一位驭手，驾驭着两匹马，白马高贵驯服，黑马放纵不羁。许多人把这个意象，仅仅误读成灵魂是驾驭两匹马的骑手，但事实上，我们的灵魂是这种意象的全部：黑马、白马、驭手。如果没有黑马，没有情欲冲动，我们能否克服羞涩，大胆地接近那些漂亮的吸引我们的人。虽然从某种意义上来说，黑马骄横不羁，理应被驱逐，但若不将黑马镶嵌在我们灵魂中，我们就能够变得更好吗？这种想法，与苏格拉底现已放弃了的吕西亚斯的观点更为相似，同时，与《会饮篇》中鲍萨尼亚的观点也很相像，鲍萨尼亚肯定了属天的阿佛洛狄忒，排斥了属地的阿佛洛狄忒。在驭手演说中，苏格拉底将狄俄尼索斯和吹笛女重新邀请回来：要让我们的生活达到最好，就需要将人类灵魂的三个部分——驭手、白马、黑马，进行最强大的整合。

人的灵魂，苏格拉底说，就像一个驭手驾着两匹马在天上飞翔。我们这些堕天的凡人曾有羽翼，在人间，我们的浪漫生活，实际上就是对前世羽翼丰满、遨游天界的一种回忆。我们已经失去了看到近至眼前的景象的能力。因此，在这个世界里，我们总是透过一块黑暗的玻璃在看，总处在谜一般的景象之中，仿佛在解读最难懂的甲骨文。因此，我们坠入爱河，首当其冲的感受便是混乱、茫然无措。但同时，爱又是一场超凡脱俗的狂欢。驭手演说对此进行了解读：当我们爱上某人时，即踏上欣赏爱人之美的奇妙旅行，这种美很可能被其他人所忽视——当我们感受到所爱之人的美，这种感受激发起我们的愉悦感，而真实情形是，我们的所爱之人让我们回忆起了天界神祇般的生活。当我们爱上某人时，我们并非认为他是一个神，但我们要感激他，因为正是他，让我们回忆起神祇的模样。

按照苏格拉底所讲的故事，就算在神话世界中，当我们曾驾驭马车翱翔天空时，所看到的景象也只是稍纵即逝的。驭手试图让马以有序的方式飞行，但它们却与其他人的马匹相碰撞。真实的意象至多只会在我们眼前一闪而过。但这一闪瞬非常强大，它将在我们的灵魂中留下关于美的永久记忆。这与我们所处的现实世界不同，当我们看到所爱之人，怦然心动，手足无措时，我们并不确定该如何表达它。所爱之人，激发了我们在前世见过的美好事物的回忆，带给我们重见神迹的可能性。所爱之人，是我们重拾美好的载体。当我们坠入爱河时，我们其实是在找回某些藏在心底早被遗忘的东西，在描述这个意思时，柏拉图使用了跟记忆和遗忘有关的概念。现在的我们，实际上生活在持久的健忘中，坠入爱河，才能让我们回忆起曾跟神祇朝夕相处的辉煌往昔。

按照苏格拉底的言论，坠入爱河是回归记忆的重要步骤。通过感受我们所爱之人的美，我们首先记起的是，“我是谁”。所爱之人的美，以及这种美掀起的情欲波澜，几乎将我们推回到神话世界中；我们失去了世俗的自我，找回了原初的自我，羽翼丰满的更好的自我。当我们坠入爱河时，难道不觉得自己像是在飞吗？在对话早前，苏格拉底说过一句奇怪的话：“如果我不了解我亲爱的斐德罗，我就一定也忘了我自己是谁。”他对斐德罗的爱，是他进行自我认知的载体。如果苏格拉底不了解斐德罗，看不到斐德罗所呈现出的圣洁的美，苏格拉底就无法找回那些真正属于他自己的东西。

美是自恋者的特权

柏拉图式的爱情，就是一个自恋者和一个幻想者之间的爱情。被爱之人喜欢的只不过是自己的美，经由爱者返还。你爱你的爱者，完全是因为你的爱者爱你。你喜欢爱你的人，只不过因为他喜欢你。不仅如此，爱者似乎也爱的不是你，而是经你提醒，蓦然回想起的神圣美丽的记忆。

听上去，坠入爱河是一件令人愉悦的事情。那为什么还有人想要躲避对神圣和美的回忆呢？要知道，虽然这种回忆能让我们飘飘欲仙，但同时也让我们忽视日常生活中更重要的事物。你在为爱目眩神迷的同时，也会变得越来越傻。你不再在乎自己的尊严，无视他人的目光，写傻乎乎的情诗，你会像小狗一样，整天围着那个人转。总之，爱使你干尽蠢事，而这正是吕西亚斯所大力批判的。毫无疑问，我们的性格中也有一个方面，阻止我们完全沉溺于爱恋、免于堕落——我们将之称为“尊严”。但既然我们称之为“坠”入爱河，那么我们失去控制力和安全感也就不足为奇了。失足跌进爱情，并非你我所愿，我们称之为尊严的东西也随之丧失了。

苏格拉底指出，在人类生活中，美有着一种特殊的权利。对于正义或勇气，我们的敬畏之心多少还包含理性，而对于美，我们则本能地被触动。同时，苏格拉底认为，美之所以如此特别，是因为它是人类和神祇之间的桥梁，能弥补凡俗世界和神话世界之间的鸿沟。苏格拉底描述了美是如何散发光芒的。不管正义留给我们的印象多么深刻，它也不能像美一样，光芒万丈，让人无法直视。因此，与其他任何东西相比，美拥有一种特权，能够直接将我们带回到神话世界的回忆中。事实上，大多数身处爱恋的人都知道，我们爱的那位，并非我们所认识的人中最正义、最勇敢或最有节制的人。但我们仍然以非凡的热情和强度去追求所爱之人，即使从某种意义上说，我们承认其他人更好、更优秀。因此，在对某人迷狂的激情中，我们常常夸张地赞许爱人的某些品质，将那些优点加以放大。

当爱者看到爱人的美，爱者就如醍醐灌顶，被唤醒了记忆深处的神圣和美好。可以这样说，这样的美好，在我们的神话生活中曾经唾手可得，但在我们的真实生活中，只有通过某种媒介，特别是通过对某人的爱，才能接触和体验到。所以，从某种程度来讲，爱者的兴趣，并不是到被爱之人这里就结束了。这很可能会让被爱之人觉得，在对他有爱情的爱者眼里，自己简直就是透明的。苏格拉底进一步指出，一个爱者，会试图让他或她所爱的人越来越像一名神祇。这个观点，似乎更令人不安。我们都知道，供奉的神像并非神本身，爱人理所当然地认为，爱者所迷狂的也不是自己，自己只是神的影子罢了。

苏格拉底曾激起了阿尔基比亚德的担心忧虑，阿尔基比亚德曾很明确地说，虽然一般来说他是个不知羞耻的人，但在苏格拉底面前，他感受到了羞愧。阿尔基比亚德能够感觉到，苏格拉底将他视为一个泥人，试图想把他塑造成一个更好的人。但是，我们真正想从有爱情的人那里获得的，并不总是希望自己变得更好。有时候我们会期望对方说："我就爱现在的你。"（这是现在依然流行的30年前比利·乔尔歌曲中的结束句。）但是，如果我就爱你现在的样子，可能我们之间的关系最终会平淡如水、败落枯萎。最好的爱情，也许应该是：我对你的爱，能够激发起彼此的抱负和热望，可以这样说，让被爱之人渴望自己能够契合爱者的想象。因此，爱者就是一面镜子，通过它能让被爱之人日趋完美，这种体验也是驭手神话的核心观点。

在这面趋于完美的镜子中，被爱之人看到了更好的自己。苏格拉底说，"当有爱情的人装满了对所爱之人的情欲之水，他自己的感情就会溢到被爱之人的身上。想象一下，这就像风或声音碰上平滑的表面就会反弹到出发地一样。这样，美的波浪也返回到美丽的被爱之人身上，给他带来了活力。它是通过眼睛流入的，因为眼睛是感情拨动灵魂的天然渠道"。有情人的眼睛就像一面镜子，映射出被爱之人的美丽形象，这也是被爱之人在有爱情的人眼中所能看到的最好形象。浪漫的镜子最能展示出我们真正的自己。

从根本上说，被爱之人是通过有情人体验到自己的美。我们看不到自己的美，只有当别人爱我们时，我们的美才会返照自身。在此，有人可能会想起安德鲁·德布斯的故事《坠入爱河》中苏珊·多茜的体验。那个爱上特德·布里格斯的女演员，只有当她作为演员的优秀自豪感，经由爱人的欣赏反射到她身上时，她才能体会到那种完满，那种感激之情。对苏珊来说，爱人就是一面回音壁，在其中她可以听到自我赞美。

在这个关于回声和镜子的段落中，柏拉图赋予《斐德罗篇》的浪漫爱情模式一种神话的丰富性。这种爱情模型的基本结构是：有爱情的人看到了被爱之人的美，但就在这种世俗之美的提醒下，他回应给被爱之人以神圣之美；对于有爱情的人传递来的关于自己的映射，被爱之人很是喜欢，虽然他还没意识到，他喜欢和爱的其实就是自己的理想化形象。这种爱情模型后的神话是：艾歌和那喀索斯的神话。

这个神话是西方文化中关于浪漫爱情的基础神话之一，这里给个基本梗概，以方便对此还不熟悉的读者朋友。一个名为艾歌（“Echo”的人名音译，原意为“回声”）的森林女神，爱上了一个年轻的美貌少年那喀索斯（“Narcissus”的人名音译，原意为“水仙花”）。但是，这个女人和这个男人身上各自的特别之处，注定了他们爱情的结局。一方面，艾歌身上被种下一个魔咒，令她不能对其他人说话，她只能重复别人对她说的话。这就意味着，她不能对那喀索斯说出“我爱你”，除非那喀索斯先对她说这句话。另一方面，那喀索斯无意中在水面瞥见了一张美丽面孔，就爱上了水中的自己。艾歌注定永远不能先说出最初的词，那喀索斯注定只爱他自己，在镜中，他根本不知道自己真正爱的是谁。

关于艾歌和那喀索斯的神话，最早的来源是古罗马诗人奥维德的《变形记》，这比柏拉图所处的时代要晚四个世纪。但是，当写到爱者只能反射爱人的美，以便爱人能坠入爱河但却不知道这其实是自恋，在我看来，柏拉图头脑中显然是有这个神话的。你们应该还记得，斐德罗本身就是一个年轻貌美的男子。苏格拉底正是巧妙地暗示，斐德罗有些自恋，这将苏格拉底置于如可怜的艾歌女神的地位，她难以让被爱之人听到自己想说的任何话，除非对方替自己说出。此处，艾歌的神话身份，帮助我们理解了，为什么苏格拉底在发表第一篇演讲时方式很奇怪，他更多的是不断重复吕西亚斯的演讲，以引起斐德罗的注意，如同艾歌不幸爱上了那喀索斯。

正如《斐德罗篇》中所描述的一样，柏拉图式的爱情，就是一个自恋者和一个幻想者之间的爱情。被爱之人喜欢的只不过是自己的美，经由爱者返还。你爱你的爱者，完全是因为你的爱者爱你。你喜欢爱你的人，只不过因为他喜欢你。不仅如此，爱者似乎也爱的不是你，而是经你提醒，蓦然回想起的神圣美丽的记忆。因此，如果你——我背负宠爱之名的朋友——并不想接受这个定义，你可能会觉得，这样的关系不健康、不正常。其实在很大程度上，这取决于你如何看待自己。

对于苏格拉底的第二篇演讲，即关于驭手的神话，柏拉图认为，丰盈的爱能浇灌生长出灵魂的羽翼，让爱者和被爱之人能够飞向愿景，飞向更好的自我。但在这种令人愉悦兴奋的图画中，他又以艾歌和那喀索斯的神话添上了一笔，这甚至就像他在自己所激发起的热望上又泼上了一盆冷水。从教者那里，我们还能要求学到更多的东西吗？

狄俄尼索斯和阿佛洛狄忒在德国

他想要激情，激情给他的文字注入生命，同时他又想管理它。“呼吸下异域的新鲜空气……但不必走得那么远，不必深入虎群。”然而这注定无效，因为狄俄尼索斯和阿佛洛狄忒充满野性，不可能被驯服。这个故事，就是讲述一个男人，妄图管控自己的激情，但最后，他的激情将他一路送往虎群之地，最终，他安息于这片丛林之中。

对能用柏拉图《斐德罗篇》解读的文学作品不占少数，其中，托玛斯·曼的小说《魂断威尼斯》可谓其中影响力最大的一部作品。没读过柏拉图的人当然也可以毫不费力地读它，但是，如果带着刚读完驭手演说的余温看《魂断威尼斯》的话，这篇故事将格外动人心魄。

古斯塔夫·奥森巴赫是位五十多岁的作家，他的作品得到大众的推崇，风格也被竞相效仿。简言之，他的书已被奉作经典。正是其控制力和自律性，让他的作品赏心悦目、通俗易懂。殊不知，这样的作品，只有在极为枯燥的孤独中潜心创作才能产生。他作品中体现的激情和感官美感，却是来自一种苦行僧般的生活方式。一位熟人如此描述他的这种状态，令人印象深刻——他说，“奥森巴赫总是以这样的紧张状态生活着”，他边说边将手指紧握成拳头，“却从来不愿意像这样”，放松手臂，让手腕漫不经心地垂下。

奥森巴赫确实想给自己放放假，来段旅行，休整灵魂，重邀灵感。故事开始，奥森巴赫漫步于慕尼黑，在北部墓园，他看到了一个“带几分异国情调”的怪异男人，这让他突发奇想，何不去“异域”游览一番——之前阿托姆·伊格杨的电影《异域夜店》中，我们就对“异域”这个词保持警惕了。奥森巴赫曾幻想“一直走到虎群之地去”，不过最终，他还是选择了安全驯服的威尼斯：欧洲和异域东方的交汇处。即使在假期中，奥森巴赫依然保持着他那经典的自律。当在旅行途中，他看到一个同他差不多年纪的男人，同一群青年人正厮混在一块，装扮也不持重，这让他反感。同时，奥森巴赫惊恐地意识到，那人在用涂脂抹粉来试图掩饰自己的年纪。

在威尼斯下榻酒店的休息室，他注意到一个波兰家庭，有几个不起眼的女儿，还有一个令人目眩神迷的男孩。第一眼见他，奥森巴赫就觉得他是希腊古典美的化身，如同一尊精雕细琢的大理石雕像。当男孩注意到奥森巴赫看着他，报以回眸一笑时，这个男孩如那喀索斯一般，他从奥森巴赫的目光中看到了自己的美，并感到愉悦。奥森巴赫对这个男孩的关注渐渐变成了一种充满激情的痴迷，他对这个男孩的兴趣明显充满了情爱和狂喜。

在此，托玛斯·曼模仿了尼采在《悲剧的诞生》中关于阿波罗和狄俄尼索斯两种艺术力量的著名比对——以太阳神阿波罗为象征的精神根植于自律和正统，而以酒神狄俄尼索斯为象征的精神则代表着激情和冲动；同时，他也一路跟随尼采对这个对比进行解读，那种解读是基于理查德·瓦格纳的歌剧《特里斯坦和伊索尔德》进行的，在那里，浪漫爱情完败高贵和荣誉。奥森巴赫依靠他的自律，总能恰到好处地放纵他作为一个艺术家对美的爱，同时又不会丧失尊严。然而，这个男孩摧毁了奥森巴赫的自制力，他感觉自己已经丧失了社会身份，并开始恬不知耻地尾随这个男孩。托玛斯·曼还模仿了欧里庇得斯《酒神的伴侣》中的情节。那部悲剧的关键剧情，就是主人公——藐视酒神的国王彭透斯在神祇的魔法下丧失了自我。彭透斯这个有着强悍外表的年轻男人，非常轻慢狄俄尼索斯，在酒神的引诱下他穿上女装，装扮成酒神的信徒，并在魔法的作用下，跑进深山大谷。托玛斯·曼直接采用了这个悲剧中的桥段，描述了奥森巴赫的可怕恶梦，因为对这个美丽男孩的痴迷，他在梦魇中被撕扯成碎片。

奥森巴赫发现，一场瘟疫正从东方蔓延至威尼斯——正如在欧里庇得斯的悲剧中一样，对酒神的崇拜也来自危险的异域东方。他想将这个消息告诉波兰人，但他决定不做任何可能让男孩离开的事，当然，他自己也冒着死亡的风险留在威尼斯。夜晚，当街头艺人在酒店的花园前卖唱时，奥森巴赫相信，男孩投向他的目光带着羞赧的兴趣。对男孩的欲望已经彻底奴役了他，奥森巴赫光顾理发店，体验着自己狄俄尼索斯式的转变。他开始涂脂抹粉，开始染发，而前不久，这一切似乎根本不符合他的尊严、社会地位和身份。故事的结尾，奥森巴赫坐在沙滩边，看着海浪中的男孩，在他试图离开椅子跟随他那狄俄尼索斯一样的爱人走向大海时，他死了。他是瘟疫和爱情的受害者——抑或他是被它们解放了？爱情和死亡温柔地拥抱着艺术。

托玛斯·曼讲故事的语言与柏拉图产生了联系——主要是《斐德罗篇》，在一定程度上也有《会饮篇》。让我们从开场开始看起。奥森巴赫被一种不安紧紧抓住了，因为他在一处墓地看到了一个具有挑战性的人物。这个人物的外表令人瞠目结舌：“他中等身材，瘦棱棱的，没有胡子，鼻子塌得出奇，很是显眼。他是那种红发型的人，皮肤呈奶油色，满脸雀斑。”异域的形象，也许还有某种虚弱的病态，红色的头发，奶油般的肤色。接下来我们又发现，这个人嘴的形状也很是古怪：“他的嘴唇太短而向后翘起，从牙肉那里露出一排又长又白的牙齿。”因此，我们看到的这个人，是个几乎没有鼻子、没有嘴唇、牙齿裸露的形象。随着故事的推进，我们发现，塌鼻子和裸露牙齿的组合并非只出现在这里。其他两个人物形象也或多或少有着相同的特征，包括苍白的肤色和红色的头发：一个是在奥森巴赫到达威尼斯后，用如棺材一样的贡多拉平底船，将他送往酒店的、有些凶相的船老大；另一个是酒店花园前的流浪歌手。所以，塌鼻子和裸露的牙齿就将这些情节和人物串联起来。由此，托玛斯·曼几乎为这些人物订做了明显的记号：红头发、苍白肤色、扁扁的鼻子、裸露的牙齿。更有甚者，奥森巴赫首先看到的带记号的人，是从一片墓地里出来的——它们象征着腐朽、衰败和死亡。

所有这些特征都告诉我们，古斯塔夫·奥森巴赫这个五十而知天命的人，开始被死亡围绕。托玛斯·曼在《魂断威尼斯》中，思考着《会饮篇》里斐德罗提出的死亡考验。奥森巴赫并没有将死亡作为困扰他的问题去思考，但在他的情绪和某些意象里，这种困扰找到了其栖身之所，只不过他自己并没有清晰地意识到。托玛斯·曼的小说一直在思考，但并非直截了当地给出论据，相反，他试图让读者感奥森巴赫之所感，通过意象体会这些幽深的情绪。在揭示奥森巴赫的心理时，其中很重要的一个部分是描绘奥森巴赫的

《魂断威尼斯》电影剧照

1911年，德国作曲家奥森巴赫（德克·博加德饰）怀带丧女之痛来到威尼斯，想借水城美景舒缓心情，可是一切景致所勾起的不过是更加伤心的回忆，直到在旅馆里邂逅美少年塔奇奥（伯恩·安德森饰），对方宛如希腊雕像般的容颜令他浑身颤栗，浑然忘我地沉醉在激动的热情中。

其后，威尼斯城被瘟疫所笼罩，但官方刻意封锁了消息。奥森巴赫逐渐发现这一惊人的危机时，没像其他人一样慌不择路想尽快逃离，相反他为了多看塔奇奥一眼，甘愿染上瘟疫命丧威尼斯。

《魂断威尼斯》电影剧照

“我希望能够见到他，只要5分钟，我想凝视着他的眼睛，听着他的声音。我可以看一看他双手，知道他生命中发生的事情。”

梦境。托玛斯·曼并没有像一个哲学家那样去思考、辩证，而是通过对一组反复出现的意象传递他的思想，在这些意象的带领下，我们一步步走进奥森巴赫这个男人的思想深处。

奥森巴赫自认是一个十分自律、有尊严的人，对他来说，旅行就是一种中场休息、消遣，旅行不过是让他恢复自律创作的精力罢了。然而伊始，他就受到了墓地异乡人的挑战，奥森巴赫试图控制这种不安分。“我只是需要换换环境，以便能够重燃灵感。”他试图将灵感也纳入自律、可控的范围内，这本身就很可笑。但奥森巴赫就是这样控制着生活的，他想要激情，激情给他的文字注入生命，同时他又想管理它。“呼吸下异域的新鲜空气……但不必走得那么远，不必深入虎群。”然而这注定无效，因为狄俄尼索斯和阿佛洛狄忒充满野性，不可能被驯服。这个故事，就是讲述一个男人，妄图管控自己的激情，但最后，他的激情将他一路送往虎群之地，最终，他安息于这片丛林之中。

对奥森巴赫来说，艺术家的生活就是在自律和激情的刀锋上保持平衡。他自认是个英雄，日复一日，他总能战胜种种难以驾驭的冲动之力，奥森巴赫感到自身激情的一面会造成威胁，于是他总是采取压制的手段。关于这一点，托玛斯·曼运用大海的意象来表达，苍穹幽暗，海面混沌，既不生动，也不明亮，它只是一个可供休憩的地方而已。同时，在海上，我们不知身在何处，流离失所，没有定位，也找不到方向。

因此，在奥森巴赫的提醒下，我们应该想起了《斐德罗篇》前两个演讲中所赞美的没有爱情的人。当然，在斐德罗转述的吕西亚斯演讲中的第一个没有爱情的人，他自己就是个作家，他通过写下演讲稿来管理自己的激情。在对吕西亚斯演讲的升级版中，苏格拉底揭示了这个作家的秘密，揭示出这个作家之所以如此才思澎湃、论辩丰富，秘密在于他隐藏了自己的爱情，他感受到自己对所爱之人的巨大爱恋，已将他一路带到了虎群之地。只不过通过理性的面具，他将自己呈现为一个能控制情爱的人，而非被感情占据、为爱迷狂的人。

这个故事之所以能够如此深刻地引人入胜，并非因为我们参阅了奥森巴赫的心理，而是因为托玛斯·曼反复使用和回顾的种种意象，让我们沉浸在看待世界的某个特殊视角中。思想来自细节，而不是理论。故事中的意象，彷佛一把把钥匙，让我们打开对于爱情风险的自我理解，这种风险并不只是某个死于1905年的德国作家所经受的风险，而是此时此刻的我们——打开自我，开始通往爱情的丛林之路时——所面临的风险。

在美前轰然倒塌

最终，他的自律被这个漂亮爱人毁于一旦，甚至艺术也无法控制美。所以，他重新回想起美是特权的概念，想着自己要对那个波兰男孩说的话："美，斐德罗，也只有美，才是神圣的，同时也是可见的。我的小斐德罗啊，是艺术家通向智力和灵性的途径。但这是一条甜蜜的冒险之路，或者确实是一条错误的罪恶之路，必将人引入歧途。"

在垂死的意象中，在尊严殆尽的意象中，在自律轰然塌陷的意象中，也有某些甜美的东西。奥森巴赫感受到了这种甜美的吸引力，否则，他就不是一个有激情的人。同时，托玛斯也运用了蜂蜜的意象——在古希腊，蜂蜜是和诗歌相联系的。当那个漂亮的年轻男孩首次出现时，我们见到他有一头蜂蜜色的头发。我们还发现，他看起来有些羸弱，男孩的柔弱和精致，让他的吸引力增加不少。在此，奥森巴赫对鲍萨尼亚在《会饮篇》和吕西亚斯在《斐德罗篇》中提出的真理进行了确认：你越具备女性的阴柔气质，你的爱者越会觉得你富有吸引力。这也意味男人和男孩的关系，在柔弱和激情的相互作用下，更加微妙复杂。通过蜂蜜的意象，托玛斯·曼捕捉到了这种甜美——来自不羁，来自瓦解，也来自允许自己变得肆意沉醉。

有两个段落，托玛斯·曼更直接地汲取了《斐德罗篇》的营养。在这两段中，奥森巴赫通过转述《斐德罗篇》中的话，来思考对这个男孩的欲罢不能：第一个段落假称，情爱可以由哲学或艺术自律加以管控；而第二个段落却承认，爱的方式是舍弃。在第一个段落中，奥森巴赫认为，他仍然能够享受对男孩的迷恋而不会深陷其中。他想起了那个唯美的田园情景，苏格拉底和斐德罗走出城市，走向乡村，他若有所思，自己与苏格拉底是何等相像啊，能够经由一个美少年，回忆起更高的美。他心怀感激，美的这种特权照亮了他的世界，却又没让他产生太大的波动。他觉得自己能够保持一个艺术家的尊严，利用被美丽男孩激发出的激情，创造出更伟大的作品。正如狄奥提玛在《会饮篇》中提及的一样，在这个年轻男孩面前，艺术家奥森巴赫期望催生出美。“他蜜色的头发团团卷曲，柔顺地披在脸侧和脖子上。太阳照着他金色的汗毛。他的身形瘦削颀长，隐隐地露出身上的肋骨，锁骨优美，皮肤光滑如白石膏雕像。这样完美的形体，展现了怎样的自律和精密的思想！”

奥森巴赫体会到男孩的感官之美，但他想要将他看成冰冷的雕像，要通过艺术形式的自律来控制情感。在驭手演说中，有爱情的人也正是这样做的。爱者试图将所爱之人塑造成供奉神祇用的雕像，希冀自己在美的提醒下，回想起神祇般的美好。奥森巴赫将这个男孩，看作艺术家灵感的源泉，“怀着坚强的意志和纯洁的心，艺术家费尽心血，要为这神一般的雕像带来光亮，要带着冷静的激情，在这块语言的大理石上尽情雕刻”。所以，看着这个美丽的少年，奥森巴赫心里想，这是艺术，和我的一样，真正让美得以呈现。我，一个艺术家，用我的尊严、自律和纯洁的意志，能将这种美变得深刻、不朽。

他沉溺于自己对于所爱之人的优越感和控制的幻想之中，因为他认为自己有能力将情爱激情转变为艺术的自律和成果。不过，奥森巴赫显然是过分自信了。如果我们回想一下，我们会立即发现，在故事中，我们不是第一次听到“大理石”这一表达了。大理石是美丽雕像的载体，是雕刻家创作的对象，但，大理石同时也是墓碑的建材。因此，在这个故事中的大理石，就如同淡黄色的蜂蜜或颓废的甜美一般，是一个模棱两可的意象。一方面，它是艺术摆脱腐朽的意象，另一方面，它又是腐朽本身。要让某个人变得不朽，凝固成大理石雕像，可以非常肯定的是，那人已经死了。奥森巴赫让我们想起了《奥赛罗》中那个可怕的时刻，奥赛罗将他血肉之躯的妻子比作“石膏塑像”，以此为谋杀妻子的行为找到借口。

在故事接近尾声时，托玛斯·曼和奥森巴赫——随着小说的推进，作者和角色之间的边界变得越来越难以维持——又回到了《斐德罗篇》，奥森巴赫最终丧失了他的自信和尊严。他意识到，自己已无法掌控一切，最终，他的自律被这个漂亮爱人毁于一旦，甚至艺术也无法控制美。所以，他重新回想起美是特权的概念，想着自己要对那个波兰男孩说的话：“美，斐德罗，也只有美，才是神圣的，同时也是可见的。我的小斐德罗啊，是艺术家通向智力和灵性的途径。但这是一条甜蜜的冒险之路，或者确实是一条错误的罪恶之路，必将人引入歧途。现在你可以看到，我们诗人既没有智慧，也没有了尊严。”最终，奥森巴赫放弃了他的幻想，不再认为他的尊严、自律，能与自己对情爱的沉醉实现完美融合。他说：“我们的文章写得道貌岸然，神气活现，其实都是虚妄。”他的自控力，虽然能将激情转化为自律的艺术形式，其实不过是隐藏了作家的愉悦和狂喜罢了；就如苏格拉底的第一个演讲一样，只是意图隐藏激情的败笔。

托玛斯·曼的小说，以深入敏锐的视角思考了《斐德罗篇》——某种程度上也有《会饮篇》——中的不少主题。在《魂断威尼斯》中，一个作家、艺术家、诗人，试图有尊严地控制情爱和激情，但最终却发现，只要向情爱敞开心扉，就不得不放弃自己原有的尊严和自律形象。故事给我们留下了一个十分模糊的问题，奥森巴赫究竟是被爱情打垮了，还是战胜了原来的单纯艺术家的身份，爱得太过深入以至葬身其中？奥森巴赫是自降了人格，还是在爱中完成了华丽的涅槃？在故事结尾，当他最后看一眼大海的壮阔之美，擦去了他用日复一日的作家自律所创造的边界，一路走到虎群之地，这是他的悲剧还是解救？我可以肯定，奥森巴赫不是第一个提出这个问题的人。

舍弃灵魂，向身体投降

在鲍萨尼亚所描绘的情爱图画中，情爱本身就已经丧失了。在这种观点看来，真正的情爱关系，实则是一种师生关系，爱者在教导爱人，并将其引向一个德行高尚的人生。情爱本身只是一个空碗，需要用意义去装满。

我想以两部当代作品来结束本章内容：一部是《大雪之外》，它是安德鲁·德布斯故事集《晚间舞蹈》中“特德和露安的故事”中的第四篇，也是最后一篇；另一部是由加布里埃尔·阿克塞尔导演的电影《芭贝特的盛宴》。

在研究上述文本和电影之前，我需要先说一下，将自律和激情加以整合这一主题是怎样进入到我们这本书的讨论之中的。在柏拉图的《会饮篇》和《斐德罗篇》里，其中的一个焦点是坠入爱河是怎样与我们作为人的本质相关联的。不管天使坠入爱河是什么样，对人类来说，我们的身体、感官吸引和性，必须要与什么是爱的感知结合起来。《会饮篇》中的演讲者，时常会显露出对于情爱吸引这一事实的关注，以及它是怎样受到感官驱使的。《斐德罗篇》中，苏格拉底在第二篇演讲里指出，那个关于所谓无爱之人的演讲，没有能够认识到性吸引的深刻和忠诚。苏格拉底批评了这种对于情爱吸引的回应方式。

在《会饮篇》中，前两个演讲者，斐德罗和鲍萨尼亚，都对情爱作了论述——斐德罗代表被爱之人，鲍萨尼亚代表有爱情的爱者——但他们似乎都将彼此吸引的性本质给挤出去了。面对感官擦出的特殊火花，他们不相信自己能够忠诚地去爱。鲍萨尼亚的论调，是这篇故事和这部电影所极力反对的。他说，行为本身无所谓好坏，其好坏完全取决于我们的行为意图。举个例子，比如我现在的演讲就没有好坏之分，其好坏都取决于在做演讲时，我所抱的意图是什么。似乎鲍萨尼亚同意刘易斯·卡罗尔笔下的言论："我是我话语的掌控者。"他说，爱情在性方面的身体表达，只有根据做爱的意图，才能判断好坏。身体的拥抱本身不具备实质性的意义，真正的东西是两个人精神的连接。按照鲍萨尼亚的观点，唯一真正的交合在灵魂之间，身体只是碰巧搭载这个过程而已。或许，身体甚至连载体都不是，而是障碍，若是我们能纯洁如天使，应该能成为更好的爱人。

因此，在鲍萨尼亚所描绘的情爱图画中，情爱本身就已经丧失了。在这种观点看来，真正的情爱关系，实则是一种师生关系，爱者在教导爱人，并将其引向一个德行高尚的人生。性本身只是一个空碗，需要用意义去装满。

在故事《大雪之外》中，安德鲁·德布斯对于性与意义的一系列问题进行了深入思考。其中有一个特别震撼的部分，是德布斯让露安来反思她自己的体验，但现在主要的身份不是作为一个爱人，而是一位三个孩子的母亲。她在杂货店买食物，要回去给孩子和丈夫做晚饭。当她还是单身时，到商店买食物只是例行公事，没什么意义。"这会儿，她在给茱莉亚、伊丽莎白，还有山姆买吃的，店里的这些东西，在她眼里，就变得意义非凡。当她还是个女孩时，她就已经学过了天主教的七项圣事，除了其中一项，其他都是由神父主持执行的。只有婚配圣事，是由男女双方奉献自己完成的。”

婚配圣事，同时需要誓言的话语和做爱的行为这一观点，是对天主教中关于性交意义的思考。性不是载体，它自身就包含了意义，因此通过性去表达爱，不管程度如何，都可以说是诚实的，因为这个行为本身的意义在那里。“做了母亲教会她，”德布斯写道，“圣事就是她的工作，而且究竟做多少，没有尽头。”做母亲的经历教会露安，生活中的实体部分本身就是有意义的，就像给孩子准备食物是有意义的一样。露安开始理解，每件身体力行的事都是圣事，之所以像圣事一样，其意义就是，每件事都满载着某种意义，而这种意义中含有圣洁的维度。

一天晚上，两个可怕的男人从杂货店一路尾随露安到家，他们意欲对她施暴，她表现得非常勇敢，当然也足够幸运。她发了疯般抵抗，将其中一个人打得头破血流，他的同伴赶紧将他拖了出去，两个人爬上偷来的车，逃跑了。事后，露安向特德回顾自己将坏人打跑的经历，感到非常高兴。但她认为，这事不能简单地论好坏。她对于这事的体验超越了善和恶，露安找到了一个词，那就是尼采说的酒神狄俄尼索斯式的词——“rapture”，可以被译作狂喜、狂热或极乐，是一个在《斐德罗篇》的驭手演说中用得非常自然的词。她感受到了某种狂喜，一种超离她自己的狂喜，这种捍卫了自己身体完整的快乐，让她惊讶，让她诧异，也引致了她在故事最后的尝试和反思。

特德曲解了露安对于这种暴力狂喜的神秘感的深思。他以为她是在为做了坏事而自责，但实际上，她惊讶于自己竟处于如此有力的状态之中。所以，特德试图让露安不要为此耿耿于怀，他帮她找了个借口，说她之所以这么做，都是因为被逼无奈，她其实并不想这样做的，或者至少说，她没有做错什么。然而，对于这令人惊讶的力量，露安更愿意舍弃自己，置于她的狂喜自我中，而不愿意接受特德给的借口。

关于性，露安狂喜的反击行为告诉了我们什么？故事的结尾，出现在我头脑中的一个念头，涉及的是我们经由身体对恶与善之间的不同体验。如果打人是件不得了的大事，那么强奸应该是件更大的事，而在一宗谋杀中失去生命就应该是天大的事。那为什么爱抚就不能是件大事呢？做爱就不能是件更大更重要的事呢？新生命的诞生就不能是件天大的事呢？为什么我们对于打人、强奸、谋杀的恐惧和憎恶感，就不能在我们对于爱抚、做爱、新生命诞生的喜悦和感激感中，找到其完整的互补呢？当我们让自己的身体做了太多的错事，而花了太少的时间在善事上时，我们其实是在极为倔强地剥夺自己的生命。对称性法则要求，有爱的身体的升华要与破裂的身体的堕落相匹配。

柏拉图式的口是心非

芭贝特所做的盛宴的艺术性特征，就像浪漫爱情一样，其中的官能快感与精神融合是难分难舍的。属天的阿佛洛狄忒和属地的阿佛洛狄忒各自伸出了手，携手同行。

电影《芭贝特的盛宴》，同样聚焦于人类生活中神圣与肉体两个割裂的部分。浪漫爱情在这部电影中扮演着重要角色，但只是被置于一个更为广阔的图画中，其中，身体是意义的来源，而不仅仅是意义的载体。该片给这个主题设置了具有浓厚宗教色彩的框架。故事场景发生在19世纪的挪威，在一个偏僻的小村落，里面住着一群虔诚而禁欲的基督教徒，影片重点描绘了其中的一对姐妹，她们一个叫玛蒂娜（Martine），一个叫菲丽帕（Philippa），这两个名字有些特殊，它们分别取自16世纪新教改革的两大著名人物马丁·路德（Martin Luther）和菲利普·梅兰希通（Philipp Melanchthon）。这个教区当初是由两姐妹的父亲建立的，她们的父亲是一个能力非凡、一丝不苟的牧师，现在已经去世多年了。两姐妹用她们的一生，服务于这个小教区中的信徒，她们照顾老弱病残，调解邻里哀怨。她们禁欲封闭的生活，被一个女人的突然出现打破了。这个女人叫芭贝特，为逃离法国政治动荡而来到此地。当然，芭贝特是一个天主教徒。

为了报答姐妹俩对她这个避难者的收留之情，在超过14年的时间里，芭贝特慢慢地、巧妙地改善着小教区的物质生活，特别是用她那能将简单食物做成美味大餐的绝妙技艺。当姐妹俩决定为她们父亲的百岁诞辰举行一次特别的庆祝时，电影达到了高潮。就在庆祝的想法出来不久，芭贝特突然意外收到了法国一个老朋友的信件：芭贝特中了一注大奖！芭贝特坚持要让她来负责这次庆祝活动，她坐船到法国订购了许多昂贵的食材，她准备用这些做成美味，佐以美酒。她将所有的奖金都花在这次盛宴上，因为这个盛大的夜晚，当极度的欢愉抵达她们偏僻的港口时，姐妹们越发焦虑起来。虽然她们担心信徒们会被引向迷人的官能放纵之中，但她们还是让盛宴进行了下去。对于教区的其他人，两姐妹订立了一个协定：他们要避免对美食做任何评价。这样，对于芭贝特出于好意但却有破坏性的盛宴，他们就能保持纯洁性。他们自身的宗教自律，要求他们放弃官能上的快感，而对芭贝特来说，这些正是她的技艺的载体。由此看来，这一小群教众最好将鲍萨尼亚视作他们的守护神，一直在天与地、灵魂与身体间戒备森严的边界上不安地巡逻着。

那一晚终于来临，在芭贝特美丽的盛宴上，许多人的心得到启示，过去的歉意得以释然。在影片最后我们了解到，在从法国流亡之前，芭贝特是巴黎最有名的厨师，最后，她终于能够与她爱的这个教区的人们，分享她全套的技艺，当然这里的人们也爱她。他们享受着这场盛宴的每个环节，享受着食物和酒水，即便他们之前订下了只字不提自己快感的协定。对于这顿大餐的享受，也让他们享受着和睦共处，由此，所有陈年积怨，都在美好的感受和慷慨的精神中被冲刷殆尽。

从某种程度上来说，这部影片是两种力量对比的一种宗教性思考。一边是简朴、苦行的新教，一边是更强调圣礼、更在乎感官体验的天主教，这正是自律和激情对垒的一种特定的历史版本。在柏拉图的《会饮篇》和《斐德罗篇》中，在托玛斯·曼《魂断威尼斯》的中心部分，对于自律和激情已经进行了探讨。托玛斯·曼，这位比依萨克·丁尼森——电影《芭贝特的盛宴》就改编自她的短篇故事——年长10岁的作家，在思考这种对立时，选择了一种古希腊的情绪，这在部分程度上受到弗里德里希·尼采的影响。而依萨克·丁尼森——她本人离诺贝尔文学奖就只一步之遥——则选择了一种基督教的情绪，这可能是受哲学家索伦·克尔凯郭尔的影响。但是，这两个故事都思考了成为一个艺术家所需要的自律和激情，以及想要把这两种力量都整合到浪漫爱情中是何等困难。

这部影片通过回顾两姐妹的过去，向我们展示了浪漫爱情中自律和激情这一焦点问题。事实上，两姐妹，每个人都有一个认真的追求者，她们都有机会通过婚姻，离开这个苦行的小教区，走向更大的社会世界中。姐妹中叫菲丽帕的那个，有着美妙的嗓音，但在这个小教区中，她表达自己艺术技艺的方式，只不过是在礼拜仪式上唱赞美诗罢了。但是，当一位法国的歌剧明星到这个偏远的海岸之地旅行，希望在假期内忘却凡世喧嚣时，菲丽帕的前景似乎要发生变化。听到教堂里她的歌唱，歌剧明星发现了菲丽帕的嗓音天赋，提出要对她进行音乐训练。她的父亲，那位严厉但人非常好的牧师，同意了这个建议；实际上他一直认为，他的女儿已经受过良好的教育。但结果发现，这种音乐训练是难以与艺术的官能体验分开的，所以，真实生活中菲丽帕技艺上的进步，与歌剧明星对她的爱恋，两者变得愈发难以分割。当他们两个人一起演唱莫扎特歌剧《唐·乔瓦尼》中著名的男女二重唱《让我们携手同行》时，危机来临了。唐·乔瓦尼也即唐璜，是一个专爱勾引女人的人物，歌剧明星扮演这个诱惑者的角色，而菲丽帕则演唱已订婚的女人泽林娜的部分，结果这个女人在诱惑面前屈服了。这是一首坠入爱河的歌剧，它特别歌唱了一种可能性，那就是，抛开与一个体面可敬的、承诺与之共度一生的人的婚姻，而跟另一个通过美貌和官能俘获你的人离开。菲丽帕与奥森巴赫有着相同的体验，她感觉到自己自律的艺术自我，受到了情爱的威胁。然而，她做出了一个与奥森巴赫不同的决定，她结束了这种训练，也扑灭了被歌剧明星点燃的爱火。但歌剧明星并没有忘记这个善良的女人和她的美德。从影片中我们可以发现，当芭贝特精疲力竭、身无分文地逃至挪威时，她怀揣着一封这个歌星的亲笔介绍信，正是他告诉芭贝特，她可以信赖这对姐妹，让她们收留自己。

姐妹中的另一个叫玛蒂娜，她也有一个年轻的崇拜者，他承诺给她一个更加精彩的未来。他是个年轻的军官，有点恃才傲物。因为不当行为，他被流放到他舅母住的地方待上一段时间，而碰巧他的舅母就是这个牧师建立的小教区中的一员。他爱上了玛蒂娜，但最终还是离开了她，因为他认识到，自己无法做到这个教区要求的严苛的德行。此外，他有着强烈的野心，要在世俗世界中找到自己辉煌的影子。到举行牧师百岁诞辰的时候，他已经官至将军级衔。这里有个美妙的巧合，那就是在庆祝的当天晚上，将军碰巧造访他的舅母，因此，他作为贵宾，来到了他曾深爱过的女人简陋的家中做客。这是一件幸事，对芭贝特尤为如此，因为将军不是个简单的人。一个有见识、有教养的人的出现，令芭贝特感受到深深的喜悦，因为他能够真正地欣赏自己的艺术成就。不过，这并非展露其技艺的前提条件。芭贝特所做的，是为了那个教区，特别是为了姐妹俩。另外，较之于她们所服务的信徒，很明显两姐妹受到了更好的教育，也更有修养，这一点非常重要。她们中的其中一位本可以成为一名歌唱家，而另一位也本可以成为将军的妻子。但是，为了一种虔诚朴素的生活，姐妹俩毅然放弃了她们与生俱来的某些艺术气质和天赋。所以从某种程度上来说，她们能够欣赏芭贝特，但她们不可能放弃在这个地方所做和已做到的一切，不可能毅然离开这

《巴贝特的盛宴》电影剧照

里住到巴黎去。

在晚宴上，将军讲述了一个故事，那是他还年轻时，被当时的指挥官邀请到法国一家最好的名为英格莱斯的餐馆去吃饭，这个餐馆实则就是芭贝特曾工作的地方。指挥官在敬酒时谈到，这家餐馆的大厨，有能力将美餐变成某种情爱感受，这种感触让人分不清是身体上的欲望还是精神上的欲望。按照将军所说，芭贝特所做的盛宴的艺术性特征，就像浪漫爱情一样，其中的官能快感与精神融合是难分难舍的。属天的阿佛洛狄忒和属地的阿佛洛狄忒各自伸出了手，携手同行。其他与宴者的头脑中，有着与鲍萨尼亚一样的精神信念，所以将军对立于鲍萨尼亚的观点，激发起其中一位老妇人的回应。“一个人不仅要压制，而且要抗拒任何关于食物酒水的想法，”她说，“只有那样，他才能在真正的精神信念中吃喝东西。”不过我们看到，包括老妇人本人，还有其他所有的与宴者，肯定都辜负了这苦行虔修的理想状态。

同时，这部电影也揭示出，美食与美酒，实际上也促成了小教区里人们的和解和欢乐，而此前他们之间已经积聚了某些争论和厌倦。对于官能享受，与宴者一直保持着抗拒，一直试图摆脱其羁扰，所以每当将军对饮食进行评论时，总有人向他发难，或者谈天气以岔开话题。每当发生这种情况，他们言语上的抵制，都会伴随着动作上的匹配，即通过身体上的进食或饮酒。这并不奇怪，因为我们许多很棒的谈话，都是伴随着最好的美餐发生的。身体上的欲望和精神上的欲望并不是两种东西，而是一个事物的两个方面。如果从直接的宗教观点来看，这部电影中最为震撼的场景之一，是在将军谈及身体欲望和精神欲望的融合之后，大家想起了严苛苦行的牧师曾说过的话：“我们唯一能从世间生活中带走的，就是那些我们已经献出的东西。”对于他自己，对于他的女儿和他的信徒而言，他们已经献出了身体，献出了官能体验。芭贝特至少已经让姐妹俩承认，美有一种特权，能引导我们通过官能体验抵达神圣境界。对美的体验，可能会让某些人远离这种神圣之物，但同时，它也可以是一种感召，激发我们向神圣之物敞开自己。当盛宴结束，有着美妙嗓音的菲丽帕，对芭贝特说了歌剧明星曾对她说过的相同的话：“这不是结局，芭贝特。我确定它不是。在天国里，上帝将让你成为伟大的艺术家。因为你，天使将会是多么快乐。”

《芭贝特的盛宴》在尝试思考，如果你的爱既有身体欲望又有精神欲望，那将是什么样子。该片之所以好，是因为它爱其中的每一个人。它爱严苛苦行，同样也爱官能享受。但同时，它也邀请我们看到，在最后，精神苦行和肉体快感之间的分隔，是可以在圣事中得以消除的。从这个特定意义上看，这是一部不寻常的天主教电影，因为它是彻头彻尾的柏拉图式的。

（Ⅷ）愿景或幻境

两个年轻的恋人，拉山德和赫米娅，相约逃离城市，奔赴乡野。这种浪漫的逃离桥段是西方爱情故事的基石。从同时代的故事和电影中，我们随便就能找到数十上百个相似的例子，都是描述一对恋人，为了躲避城市的压力或苦楚，浪漫地逃离出来，或隐入村落，或匿于海滨，或藏于深山。这种充满浪漫色彩的为爱逃离影响之深，以至现在许多夫妻，新婚燕尔，即使没钱没时间，也都希望进行一次“蜜月”之旅。蜜月中，有些夫妻选择到其他城市体会“浪漫”，但大多会选择“贴近自然”的地方。有句话说得好，“生活在别处”。

乐观拜访得太早

让我们来共同品味莎士比亚的《仲夏夜之梦》，这部作品可谓认识现代西方、理解浪漫爱情本质的奠基性作品之一。莎翁之作，必不粗浅：每部喜剧里，总有悲剧的元素；每部悲剧中，亦不乏喜剧的因子。就以《仲夏夜之梦》而言，该剧中不少有关爱情的主题都是非常乐观的，并将坠入爱河看作人类超越每日重复生活、摆脱枯燥经历束缚的绝佳机会。也正是这些乐观的主题，为该剧定下了基调——或按音乐术语说，旋律——我们首先体会到《仲夏夜之梦》是一部喜剧，一部充满希望和欢庆的喜剧。但细细咀嚼，我们不难发现，该剧也隐约蕴含着一些听起来更悲观的声调，在明显的喜剧色彩中，也让人看到了爱情所面临的更多阻碍和挑战。拉尔夫·沃尔多·爱默生曾写过："我们的情绪，喜怒哀乐，林林总总，相互间难以信任和依赖。"当我们被该剧的主导情绪所感染，如果我们陶醉于它的魔力，我们便会对爱情无比乐观，会将爱情中遭遇的阻碍无形缩小，因为我们相信困境总能被克服；然而，如果我们抗拒爱情的魔力，沉浸在爱情幻灭的情绪里，我们就会疑惑，是否这剧中的乐观来得太过轻易。莎士比亚不仅通过讲述爱情故事来吸引我们，他似乎也在不断给我们提供素材，引导我们批判性地看待这充满喜庆、欢愉的情绪，揭开乐观外衣，看清其下的悲悯。就在同一时间，莎翁同时扮演着两种角色——《仲夏夜之梦》的作者和批评者。就像柏拉图在《会饮篇》与《斐德罗篇》中论述爱情一样，莎士比亚也在其剧本中探讨爱情，只不过如果我们仔细聆听该剧的旋律，深究之后，便会了解，他虽大张旗鼓地赋予其剧中角色追求爱的勇气，同时也添加了令人不安、相悖、不和谐的注脚。

绿色世界：浪漫总是在彼岸

人在生命中追求一段浪漫自由的情节，是否终究只不过是场戏？寻求真爱的旅途中，是否真的需要一些表演成分，戏剧情节竟是真爱不可或缺的一部分？

我们不妨从剧情结构的整体思路出发，来看看《仲夏夜之梦》一剧。该剧正是典型的喜剧结构。两个年轻的恋人，拉山德和赫米娅，相约逃离城市，奔赴乡野。这种浪漫的逃离桥段是西方爱情故事的基石。从同时代的故事和电影中，我们随便就能找到数十上百个相似的例子，都是描述一对恋人，为了躲避城市的压力或苦楚，浪漫地逃离出来，或隐入村落，或匿于海滨，或藏于深山。这种充满浪漫色彩的为爱逃离影响之深，以至现在许多夫妻，新婚燕尔，即使没钱没时间，周围的亲朋好友，包括他们自己，也都希望他们进行一次“蜜月”之旅。蜜月中，有些夫妻选择到其他城市体会“浪漫”，但大多会选择“贴近自然”的地方。有句话说得好，“生活在别处”。

同样的桥段，在更多的爱情故事中反复出现，俯拾皆是。追根溯源，更古老也是更有影响力的版本，当是《圣经》的开篇，即亚当和夏娃在伊甸园的故事。论及莎士比亚，在他的作品里，这种城市向乡村的逃离、文明朝自然的回归，往往被称为莎翁笔下的“绿色世界”。在该剧中，这对恋人不得不离开“文明”的国度——此处的“文明”指古希腊的雅典城邦。若说得更具体些，即指的是雅典的政治控制、社会控制和家庭控制，尤其特指赫米娅父亲老伊吉斯的控制。老伊吉斯对自己的女儿应该嫁给什么样的人固执己见，他想将赫米娅嫁给狄米特律斯，可赫米娅更青睐于拉山德。赫米娅的好友海伦娜又深深地恋着狄米特律斯，而狄米特律斯的眼中却只有赫米娅。一般来说，国王忒修斯应该站在控制和秩序一边，但他却很同情这对年轻人的爱情，因为他自己也即将与心仪的希波吕忒结婚。作为国王，他应站在父权一边不足为奇，但作为一个沐浴在爱河中的新郎，他却试图缓和赫米娅父亲由于权威被挑战而产生的愤怒。为了追求真爱，拉山德和赫米娅制订了一个年轻恋人出走惯用的计划——私奔，奔向森林深处，在那里，他们将挣脱世俗的责难，逃避文明的侵扰。狄米特律斯拼命地追踪着赫米娅——毕竟，谁又知道在荒郊野林里，爱情会垂青于谁呢？当然，海伦娜也不懈地追求着狄米特律斯。就这样，四个年轻人，沉浸于爱的、追求着爱的，共同出现在“绿色世界”中。因此，这一奔向绿色世界的征程也传递着某些信息：爱情本身需要自由，甚至还需要些许野性和义无返顾。

在其他作品中，这种浪漫自由的逃离也是我们一直思考的主题。在柏拉图的《斐德罗篇》中，苏格拉底和斐德罗为了找一个清净的谈话场所去尽情表达他们各自对于爱的具有启示意义且令人着迷的颂歌，走出城门，走向乡村。大家应该记得，柏拉图的《斐德罗篇》是伴随着苏格拉底和斐德罗离开雅典城向乡村走去的进程加以铺陈的，沿途他们经历了各种各样的声音，聆听自然之声，欣赏蝉鸣歌唱，感受溪水潺潺，并惬意歇坐于大梧桐树下。而在充满灰霾气氛的《魂断威尼斯》中，托玛斯·曼讲述了男主人公奥森巴赫，一个注重自我修养且极为自律的作家，为了敞开心扉去体验爱情，走向“虎群”之地也毫无惧色——在他心里，这是深山野林的世外桃源，也是追求爱情的精神圣地。柏拉图、莎士比亚和托玛斯·曼都在探索同样的主题——只有当我们从文明和世俗中实现某种自由，我们浪漫爱情生活中的那扇门才会打开。《仲夏夜之梦》中，为了追求自由，年轻人极力去摆脱两种权力：作为家庭成员重负在肩的压力，以及作为社会公民应遵从的规制。这些年轻人来自王宫贵族，其社会地位意味着他们有能力去完成普通人无法做到的出走和逃离，但这也意味着他们被自己的社会身份绑得更紧，使得逃离愈加艰难。换句话说，莎士比亚特意聚焦贵族的爱情故事，因为在他们身上能以特别具有冲击力的方式将自由和限制绑在一起。

因此，莎士比亚将戏剧设置在完全传统的“绿色世界”的情境中，并在其中理解爱情的本质。不过，莎翁当然不会让他剧中的传统一成不变、固若金汤，他总是让笔下的绿色世界更复杂、动荡。除了简单的贵族恋人关系，他特地通过增加人物来令情节丰富，并因此又有了两类角色。一类是“粗鲁的工人”，即社会底层人物，莎士比亚用其时代的英语称其为“小丑”。这类戏剧人物的代表者叫尼克·博特姆，一个织布工人，但他对表演抱有极大热情。莎士比亚所指的“小丑”并非指顶着橙色毛绒头发、化妆夸张怪异的人，而是对靠手工技艺为生的群体的贬低称呼，所以冠以“粗鲁的工人”之名。另一类则是具有魔力、却不乏危险性的仙人们，他们以仙后泰坦妮亚、仙王奥伯龙为首。泰坦妮亚和奥伯龙上演着爱人之间的争吵，只不过由于他们仙后、仙王的特殊身份，私人争吵导致了严重的公共后果。由此，一对年轻恋人试图上演一出浪漫的爱情故事，殊不知在这样的喜剧中，却被具有魔力的仙人们因争斗引致的危险笼罩着。想象一下这样的电影场景，一对年轻恋人本该在森林小屋中享受安宁的蜜月之旅，却被一群迷人、淳朴且滑稽的当地居民所叨扰，更遭遇了不少能力强大且具有险恶用心和暴力倾向的不速之客。

对这群“粗鲁的工人”而言，绿色世界也是一个自由王国。但他们并非借此坠入爱河，或像拉山德和赫米娅那样，为了摆脱爱情中的种种牵绊。他们之所以走入森林，其实是为了排练戏剧，并准备在国王忒修斯和其未婚妻希波吕忒的婚礼上演这部剧。对这个由不谙世故的演员组成的剧团而言，绿色世界是一个充满自由的世界，在这个戏剧世界里，他们可以扮演被赋予的新身份。绿色世界对他们来说自然也是一种逃离——可以卸下日常手艺人的身份，撕掉社会底层的标签，这种逃离是戏剧中的新身份可以提供的。

百姓阶层中普通人向戏剧中的逃离、贵族阶层中年轻男女遁入爱河的逃离，这两种逃离同时出现，自然令人想到这个问题：拉山德和赫米娅试图在绿色世界中追求浪漫自由的逃离是否也是一场戏？他们是否在自编自导自演着一场闹剧？不容乐观地看，或许他们的爱情到头来终归只是一场虚无缥缈的舞台戏。毕竟，拉山德在该剧的前半部分曾对赫米娅说过这样的经典台词——“真爱无坦途”。或许可以理解为，拉山德是对赫米娅说“我们是一个爱情故事”，而每一个爱情故事总要面临需要克服的挑战，也正是这种挑战和障碍令大团圆的爱情结局更加甜蜜。当然，拉山德和赫米娅不可能这样说“嘿，让我们一起跑到森林里，演一段我们相爱的戏吧”。年轻的恋人，从不会认为自己只是戏剧中的某个角色，如果有人认为他们的恋情是戏剧，定会招致他们的不满甚至怨恨。但是这些“小丑”或者说“粗鲁的工人”的类似情节，不得不令我们探究，人在生命中追求一段浪漫自由的情节，是否终究只不过是场戏？寻求真爱的旅途中，是否真的需要一些表演成分，戏剧情节竟是真爱不可或缺的一部分？

不过，这种“戏剧情节”完全不必理解为捏造，因为戏剧情节并非都是虚假的捏造。我们不妨这样理解，真爱可以比作一场戏，只不过这场戏需要我们全身心地投入，而不会去想既然是戏就是假的。将戏剧、表演、情节看作浪漫真理的载体而非逃避真理的空中楼阁，不也可以吗？毕竟，真正的恋人总会失去平日的冷静，超出作为日常市民身份的规范，似乎我们只有摆脱安全、舒适的身份标识，才能进入到绿色世界——一个真正的爱情世界，在其中享受孩子般的无邪、纯真和嬉闹。因而，我们看到了一个有趣的平行情节结构——绿色世界不仅是戏剧的世界，也是浪漫爱情的世界，一个充满了双重自由的世界。

我们再来看一下，莎士比亚处理某些主题的方式，我们在其他作品中也能见到。在《会饮篇》中，宴会开始不久，经常聚会的大人物们就让撤走酒水，并支走了吹笛女。他们谈到了主宰戏剧的酒神狄俄尼索斯，以及掌管美丽和罗曼司的女神阿佛洛狄忒。在《会饮篇》中的多个角色，都需要找到一个共同的身份载体，为了肆无忌惮地谈论爱情，他们必须放弃原有的身份。然而，他们的男性身份与其浪漫的身份格格不入，他们也似乎更愿意成为硬汉，而非情爱中的男男女女。在《斐德罗篇》中，比起平日的清醒以及合乎逻辑的安全稳重，苏格拉底对浪漫爱情给予了更高的评价。如果我们都像吕西亚斯那样，时刻保持冷静，恪守日常身份，我们就永远也不会体会到爱情之力的狂野和潜质。

莎士比亚将奥伯龙、泰坦妮亚以及他们的侍者和仆人这一群仙人加入了绿色世界中。于是乎，这里不仅聚集了为追求恋爱自由而逃离城市的贵族恋人、为寻求戏剧自由而远离城市的社会底层工人，同时又见到了那些具有神奇魔力的仙人精灵们，他们就住在绿色世界里，或者说，他们是绿色世界的原住民。仙人们无往而不在自由中，永不受世俗之限，爱情在这里就跟戏剧一样，自然又不失浪漫。可以说，他们的生活是绿色世界里自由和狂野最完美或最极端的版本。

拉山德和赫米娅逃进了森林里，后面跟着狄米特律斯，狄米特律斯后面又跟着海伦娜。当四个人都已精疲力尽，准备入睡时，莎士比亚用了看似非常愚蠢且幼稚的小伎俩将情节向前推进，并产生了纷繁复杂的浪漫：一剂神奇的可以扰乱年轻恋人真实情感的魔力药水。关于这些浪漫纷乱中的曲直是非，我们不再赘述，但要注意到，爱情中，迷恋的力量可以成就美事，亦可造成恶果。仙王奥伯龙派他淘气的仆人、恶作剧专家小精灵迫克使用爱情魔药有两个目的，一个怀揣恶意，另一个却意图仁慈。首先，奥伯龙为了报复与泰坦妮亚的争吵，命令迫克向仙后施以魔法，让她爱上某个低等的生物。就这样，她在魔药的作用下爱上了“粗鲁的工人”尼克·博特姆。为了使这种爱恋更加荒唐和滑稽，小精灵迫克竟把织工博特姆变成了一头更可笑的蠢驴。其次，仙王非常同情海伦娜，因为她深爱着狄米特律斯却被他拒绝，他心里只有赫米娅。于是仙王命令迫克将魔药滴在狄米特律斯的眼皮上，就如让泰坦妮亚爱上博特姆一样，让狄米特律斯爱上了海伦娜。黑白就这样被颠倒，迫克让两个年轻男子都深爱上了海伦娜，却都对赫米娅失去了兴趣，殊不知一开始他们都是因为迷恋赫米娅才进入这绿色世界的。

逃往绿色世界的两对年轻男女，他们的爱情纠葛被迫克的魔药或扭曲搭错，或注入活力。就在刹那间，这一剂爱情魔药，这些神奇之力，令浪漫的爱情变得如此变幻莫测。其实不仅是仙人或是魔药才具有这种魔力，我们眼前会浮现出这样的场景，一对多少年前的普通朋友，有时会因一瞬间而演绎出浪漫神奇的爱情故事——这种魔力其实是随处存在的。柏拉图在《斐德罗篇》中，认为美有着无与伦比的巨大力量，可以实现一个人由普通向神奇的转变。如此转变也是莎士比亚处理浪漫爱情的重要手段。

在该剧中，这种突然转变在所有情侣身上皆有所见，不仅是年轻男女，即使是更加成熟的角色，国王和王后，忒修斯与希波吕忒、奥伯龙与泰坦妮亚，也都是从争吵、斗心而转变为深爱和迷恋。更为可笑的是，尼克·博特姆从人到兽再回到人的面貌转变，更是将神奇、美丽的变幻表现得淋漓尽致。不过，通观全剧，如此多景象的突然变化，不禁令人不安，让人扪心自问，在看待某些浪漫事件时，是否要求我们的眼中需要多些非自然的或戏剧性的色彩。有没有这样一种可能，在自由世界里，某人追逐爱情和异性，是否总想着在她或他身上找到具有浪漫、戏剧色彩的吸引人之处？是否这种爱的意象，就像在戏中需要认真揣摩某个角色一样，要求我们随时准备着彩排和预演？我们的爱情及其自由与戏剧的自由，能否共同置于“相爱”这一具有巨大魔力的桥段中？

莎士比亚在《仲夏夜之梦》的绿色世界里，试图将浪漫自由的三个层次全都呈现出来：一种是脱离外部权力的自由，由此，无论在家庭还是成人社会中，我们的浪漫爱情被看作自我情感最真实的表达，不因社会角色而丧失纯洁和真挚；一种是绿色世界里戏剧表演的自由，我们可以自由地扮演新的角色，并将角色的喜怒哀乐经由我们演绎出来；一种是魔力施展的自由、仙界内的自由、可将我们日常生活转变为奇幻之旅的自由，这些幻景是普通人和未处于爱恋之中的人所难以见到的。

可否合二为一

好似我们的手、我们的身体、我们的声音、我们的思想都连在一起不可分割。

我们不妨从对绿色世界较为宽泛的探讨转向两个特别的场景。它们都聚焦同一个主题，即爱情的亲密能否将俩人合二为一。当拉山德和赫米娅逃至森林，经过一路奔波，赫米娅已十分疲惫。此时，夜幕降临，他们决定过夜休息，不过这是赫米娅提出来的，因为她确实已经非常倦怠。然而对于拉山德来说，黑夜更多地勾起了他某些暧昧的想法，这是在他们停下过夜时，拉山德与赫米娅的一些对话，我在括号中作了评论。

“亲爱的，你在树林中东奔西走，累得快要昏倒了吧。”（多么甜蜜！他一直关心着她。）“说真的，我都忘记了我们来时的路。”（多么轻便！他用了一句——“我想我们迷路了”——在美国，男孩总是在车里用这句话向女朋友暗示浪漫之事。）“赫米娅，我们需要放松放松。如果你同意，不如我们就在此休息，等天亮再说。”赫米娅早已累得不行，回答说：“那好，拉山德，你自己找个地方躺下吧，我只要在岸边休息就行了。”和许多其他男孩一样，拉山德也没有真正去听女朋友说话，他好像没有听到“休息”这个词，倒是好像大声听到了类似“床”的字眼。于是他搜肠刮肚，决定尝试些诗句，以试探赫米娅对他是否有比对“休息”更大的兴趣。“一块草地可以作我们两人枕首的地方；两个胸膛一条心，应该合睡在一个眠床。”（这个“合二为一”的意象似乎是借用柏拉图《会饮篇》中阿里斯托芬演讲中的说辞，原先的人类被劈成两半后试图重新结合在一起。）。毫无疑问，赫米娅非常喜欢这一诗句，不过她虽然年轻，但并非少不更事。她礼貌地打消了拉山德模棱两可的暗示：“哎，不要，亲爱的拉山德，为着我的缘故，亲爱的，再躺远一些，不要挨得那么近。”为更好地理解这句话，我们有必要还原舞台上的场景：拉山德在小溪的岸边偎依着赫米娅，说着浪漫情人的诗句，而赫米娅礼貌地拒绝了他。拉山德表现得很局促不安，于是赶紧说：“哦，亲爱的，请不要误会我无邪的本意，两个倾心者即使有言语不能表达的情感也能以爱心领神会。我的意思是，我的心与你的心彼此相连，如此紧密已难以分开；两个心胸彼此用盟誓连结，共有着一片忠贞。因此不要拒绝我睡在你的身旁，赫米娅，我一点没有坏心肠。”赫米娅在回答中以坚定且温柔的方式为拉山德的调情画上了句号：“拉山德真会说话。要是赫米娅疑心拉山德有坏心肠，愿她从此不能堂堂做人。但是好朋友，为着爱情和礼貌的缘故，请睡得远一些；在人间的礼法上，保持这样的距离对于洁身自好的未婚男女，是最为合适的。这么远就行了。晚安，亲爱的朋友！愿爱情永无更改，直到你生命的尽头！”

纵观这一有趣但十分重要的场景，莎士比亚让拉山德得以用极其丰富的语言表达爱恋与亲密的诉求，赫米娅也对这些恭维之语心怀喜意，特别在看到拉山德近乎词穷却试图将对她的诉求解释为诗句中高雅或无邪之意时，更是想笑却又尽量不露于形，一个女演员如要表现此状态非技艺娴熟所不能。但是，赫米娅也如我们一样，能听出拉山德并不能很好地控制其欲望，他的诗句中透露出很强的弦外音，如此强烈，几乎将其爱的旋律和乐音淹没于性爱之欲的低音咆哮中。拉山德使用的语言比较特别，其所反映的亲密关系堪称恋人间交往语言的极致。不过，这种交往有些暧昧和模糊，可关乎精神和友谊，亦可及于身体和性爱。赫米娅尽其所能接受拉山德的亲密之意，但并非照单全收。她意识到，即便在这充满自由和野性的绿色世界里，即便这亲密关系不乏誓言与承诺，但性爱仍然显得急躁和不诚实。那拉山德最终能给她什么呢？答案是婚姻。《仲夏夜之梦》最后以婚姻结束剧幕并最终在舞台上呈现“合二为一”，赫米娅与拉山德、海伦娜与狄米特律斯、忒修斯与希波吕忒——都以婚姻实现了灵魂和身体“合二为一”的完美状态。婚姻的完满并非属于这片森林，而是属于整个城市：爱要成熟，野性终究要被驯服。

即使在该剧开头，婚姻看起来是家长制、君主制强加给年轻恋人的枷锁，但赫米娅与拉山德间的调情却揭示了只有婚姻能留住绿色世界中的浪漫。不过，该剧幕同时也展现了拉山德诗性语言和其近乎原始的性欲间的矛盾，以及爱的旋律和其弦外之音间的冲突。性欲很难升华为只有婚姻才可赋予的“合二为一”的承诺。莎士比亚以一种美妙的方式凸显了这一困境：他构建了一个与赫米娅、拉山德并行的场景，将焦点放在两个女孩身上。一对童年挚友，海伦娜和赫米娅之间能够实现某种“合二为一”的亲密关系，只不过之后因心仪的男孩、因性欲而搞得纷繁复杂。拉山德对赫米娅的特殊语言表达，有着较为强烈的暗示性爱的弦外之音，同样类似的特殊表达方式也出现在海伦娜口中，用以描述无邪的、性发育前期的童年友谊。

年轻的男男女女，为追求浪漫的自由逃至森林，入夜已进入梦乡，却被迫克滥施了爱情魔药。他们醒来后，两个男孩竟都爱上了海伦娜，而之前他们都是那样地迷恋赫米娅。海伦娜不相信他们是真的爱自己，她认为他们之所以说自己是多么迷人，是在捉弄自己呢。其实赫米娅自己也被男孩们的突然变化弄得莫名其妙，完全蒙了，但海伦娜却以为自己的老朋友也在捉弄自己的迷局里。于是海伦娜恨恨地指责拉山德、赫米娅与狄米特律斯三个人都拿自己开涮，对赫米娅更是气不打一处来。她提醒赫米娅，她们之间的友谊是多么亲密："我们两个人从前的无话不谈、约为姐妹的盟誓、同窗间的友谊、孩提时的童真啊！你难道都已经忘记了吗？"海伦娜以她与赫米娅曾有的童年时的亲密关系为标准来衡量年轻恋人们现有的混乱局面，这种无邪的亲密关系似乎已被浪漫的爱情侵蚀得面目全非。海伦娜质问赫米娅，还记得我们以前是什么样子吗？还记得我们之前是多么地彼此信任、直来直去、推心置腹，尽显挚友亲密、闺蜜挚诚吗？——这些桥段让我们想起一部非常棒的电影，根据史蒂芬·金小说改编、由罗伯·莱纳于1986年执导的《伴我同行》。这部电影讲述了一群还未到对男女之爱感兴趣年纪的男孩的故事。这些男孩们结成了兄弟之情，他们之间的的亲密关系逐渐形成于一段共同的冒险经历，这个经历发生于森林中，也即他们的绿色世界。无论《伴我同行》还是《仲夏夜之梦》，其中的童年友谊都被用来作为衡量成年友谊的标尺，并试图找到答案——是否被爱情和情欲等成人元素浸染过的友谊，不管男性之间或女性之间，亦能如孩提时一般，可以简单、信任、令人舒服？

随着剧情的发展，莎士比亚愈加强化了童年友谊作为衡量成人浪漫标尺的使用。前面提到，海伦娜使用了与拉山德类似的“合二为一”的语言来描述与赫米娅的单纯友谊。海伦娜仍记得她曾和赫米娅一起坐在“同一个椅垫上”绣花，“描着同一个花样”。她们一起哼着小曲，摆弄着手中的针，“绣着同一朵花”，“齐声曼吟着同一曲歌，音律亦不差毫厘”。同出玩耍的经历俨然将她们俩人合二为一，又俨然令她们合力成为一个无所不能、自给自足、近乎神一样的生命体。她对赫米娅说，童年的友谊让我们“好似我们的手、我们的身体、我们的声音、我们的思想都连在一起不可分割”。“所以我们生长在一起，”海伦娜形象地总结说，“正如并蒂的樱桃，看似两个，其实却连生在一起；我们是结在同一茎上的两颗可爱的果实，身体虽然分开，我们的心却只有一个”。就这样，海伦娜用一种与拉山德“合二为一”语言相同、关乎身体讨论的语言，来描述闺蜜间的非性爱友谊——在她眼中，这也应该是人类关系的标准，更应该是她与赫米娅之间始终不变的关系标准。

莎士比亚通过海伦娜话语所表现出来的意象和理念，与柏拉图在《会饮篇》的阿里斯托芬演讲中提及的原初人类本是圆满生物的说法惊人地接近。海伦娜将她与赫米娅间的完美结合看作神圣的、“合二为一”的生命体——她们“像两个巧手的神匠”——就如阿里斯托芬所言，原初人类类似天上的神灵，如太阳神、大地之神、月亮神等。“好似我们的手、我们的身体、我们的声音、我们的思想都连在一起不可分割”——海伦娜几乎一直在重复铁匠之神赫淮斯托斯赋予恋人的愿望：身体、灵魂皆融为一体。阿里斯托芬的故事里，原初人类没有性爱之欲，处于完美的、不可分割的状态，因此，两个闺蜜之间的亲密关系亦应如此。以此为标尺，便能衡量出那些因异性相吸而衍生的结合始终是局部的、非完美的、有裂缝的，终归不如原始的状态完整。本剧中，海伦娜似乎很想摆脱现有的成年状态，即使这种状态赋予了她追求浪漫爱情的能力。她渴望能再回到童年时那种简单的亲密关系。但是，莎士比亚并没有安排某个神仙来满足她的渴望，海伦娜只能寻找某种方式来应对成长的烦恼。

他们之间能否保持童年友谊的亲密关系，同时又能接受浪漫爱情的纷繁复杂、哀怨缠绵？本剧对此问题有所交待。正如其展现出的乐观主题，该剧用婚姻将绿色世界中的自由和亲密，与公民世界中的复杂和需求结合在一起。情节的发展将年轻的恋人们，以及作为观众的我们，先带离城市中虚伪的约束，逃到一个有着真实浪漫、更加自由的、森林中的世界，却又在最后重新回归到婚姻，并实现了与城市的再度融合。正是这种先期逃离随之以后期胜利性的回归，让《仲夏夜之梦》成为一部特别乐观的戏剧，莎士比亚借此极好地阐释了婚姻是如何能够圆满实现浪漫爱情的。

爱的上空总有他乡乌云

法国伟大的哲学家勒内·吉拉尔对于我们倾向于模仿别人愿望的方式有非常深刻的研究，他将此现象称为“模仿欲望”。但是，你无须特地去研究这个理论，只要想象一下这个古老却有效的浪漫策略：如果你准备去参加某个派对，希望能够吸引你心上人的关注，记住——“永远不要单独出场”。

皆因《仲夏夜之梦》喜庆充盈、青春洋溢的情绪和气氛，我们很自然地会专注于它所展现的关乎爱情巨大力量的种种利好消息，但我们也应该注意到该剧的其他不同角度。如果我们年轻，该剧让我们为爱喝彩；如果我们并不那么年轻，它也能让我们想起曾经的青春岁月。不过，也正是“并不那么年轻”的年龄或性情，能够注意到本剧阳光普照下亦乌云密布。我总有些担心，因为探究这些灰暗主题的唯一方法无非就是讨论爱情、谈及生活，而这些听起来不乏愤世嫉俗的意味。因此，千万不要完全拥抱灰暗！愤世嫉俗的视角只会遮住你的双眼，从来不会给出全部真相，但如果时不时地关注一下那片乌云，它也确实能帮助我们获得更加真实的天气信息，不是吗？

根据我个人的用人经验，一个求职者如果要使自己能够成为某个重要单位有吸引力的候选人，一个很好的方式是放出风来说，你同时也是另一家精英机构的热门候选人。通常情况下，在没有听到其他机构也在考虑某人之前，此人根本不会被列为候选人——他甚至“压根就没出现在我们的雷达屏幕上”。由此，我们对某个候选人的认可，似乎更多地是根据他在圈子里的声望和认知度，而并不是我们认为的候选人“本身”具备的条件。对我们来说，只有当我们相信其他机构对该候选人也感兴趣时，我们才相信该候选人是重要的、有吸引力的，特别是那个机构是与我们旗鼓相当或稍高一筹的竞争对手。只有当你在某个充满竞争的圈子里具备知名度，而不是一个孤立的个体时，你才会成为一个强有力的候选人。

当然，这种对某人产生兴趣的方式也并非总是奏效，所以完全不必愤世嫉俗。其实我们之所以对许多事物感兴趣或觉得有吸引力，都是来自对他人愿望的效仿，特别是我们所羡慕佩服的人或者我们认为的竞争对手。法国伟大的哲学家勒内·吉拉尔对于我们倾向于模仿别人愿望的方式有非常深刻的研究，他将此现象称为“模仿欲望”。但是，你无须特地去研究这个理论，只要想象一下这个古老却有效的浪漫策略：如果你准备去参加某个派对，希望能够吸引你心上人的关注，记住——“永远不要单独出场”。你不妨找一个很有吸引力的人陪你参加，并让你的心仪者感觉陪同你参加的人是他或她的竞争对手。羡慕之情被激发出来，在此情境下，你的心上人便会把你列为重点关注对象，你也愈发具有吸引力。

假设你尝试了这一策略并获得了成功——原先你所心仪之人，因与你一起去赴宴的同伴而产生了欲望效仿心理，进而被你所吸引——是否意味着你自身其实并不为人所爱？嗯，这要看你的“自身”如何了。如果你认为“自身”具备完全个性化的特质，和与他人是什么关系无关，也和谁认为你有吸引力无关，你对自己有着如此强烈的个性认知，一旦发现自己有吸引力的主要原因，竟是因为伴着你的人让他羡慕或者认为值得与之竞争，你很可能会恼羞成怒。你希望心仪对象爱慕自己是源于你自身，没有别的理由。你不希望他们对你的欲望竟是模仿他人欲望的产物。这种模仿的浪漫欲望结构事实上与海伦娜所说的相差无几，对他人欲望的模仿能像疾病一样蔓延。如此传染病般的欲望有着不少愚蠢但却真实的例子，可能你从未参加过大型舞会或派对约会，但这些例证从参加过多次约会的高中生身上可见一斑。由于欲望的某些神秘感，一些人被认为是“可以约会的”，并非作为某个特定的个人被吸引，而是以一种奇怪的非个人的方式，好像他们自身能够释放出某种有吸引力的气味或东西。与此不同，其他人即使自身比较有趣或长得漂亮，但不知怎么地却被排除在该社交圈子之外。但有一点可以肯定，那些在社交圈子里的人，他们的吸引力总不乏离奇的、非个人的方面。在圈子里，人们之间的关系似乎可以四处运动，好像圈内的每个人都释放出“与我约会吧”的信息，而且他们的关系甚至在眨眼间即可发生神奇的变化。

所有这些关于模仿欲望的讨论，不禁让人疑惑，我们对某个人的爱恋是否真实。在《会饮篇》阿里斯托芬的演讲中，我们已经论及该问题，浪漫的欲望是针对某个特别的人，还是针对让许多人都满意的某一类人。在浪漫兴趣和性爱这一方面的问题，《仲夏夜之梦》进行过特别的探讨——我们对自己说，希望能以某种激进、纯粹的个人魅力赢得他人爱恋；同时告诉我们爱恋的对象，也愿意能以同样的方式去爱他们。不过事与愿违，当我们站在局外看，浪漫的欲望落在这个或那个特定的人身上，其实有着偶然性。浪漫情感或欲望附着对象的易变性，让人感觉我们的浪漫欲望更多地是具有模仿性的，而非一开始就落于某个人身上。

我以为，在《仲夏夜之梦》中莎士比亚设置绿色世界，并安排在森林里让爱情魔药发挥作用，以一种十分直接的方式让我们直面该问题。拉山德和狄米特律斯，两个原先迷恋赫米娅的男子，在醒来之后，竟发现都对海伦娜倾慕有加。他们醒来后赞美海伦娜的夸张言词恰恰和之前赞美赫米娅的完全一样。而且，该剧似乎在爱者对所爱之人的溢美之词方面倍感兴趣，我们不难看出，爱者所用的词句早已言过其实，或按莎翁的话说，爱者对其所爱之人的“迷恋几欲过度崇拜”，被爱之人被表现得近乎庄严或神圣。《斐德罗篇》中苏格拉底曾说，某个爱者经由其所爱之人的美貌想到了某些神圣的事物，而莎士比亚笔下的年轻爱者似乎竟已将所爱之人与神混淆在一起了。现在，当你将浪漫注意力放在某个庄严或神圣的对象上时，你是以一种激进、纯粹的方式单独面对人类的某个方面，还是将人类的各种单独的个性都剥离出来同时放到他或她身上，进而赞之以无个性的，完全普遍的，泛泛用在偶像、神灵或美貌上的华丽辞藻？你真正赞美的是你所爱之人的美貌，还是一个抽象的美丽概念？

即使当拉山德和狄米特律斯——顺便说一下，在该剧开始时很难辨别两人谁是谁——都将他们的浪漫忠贞从赫米娅转向海伦娜，却也并未改变他们浪漫性的辞藻。然而，如果他们真的改变了爱恋对象，浪漫表达难道不应该也相应改变吗？现今对海伦娜的溢美之词与过往对赫米娅的爱慕之语听起来如此相像，不禁想问，如果爱情都极具激进、纯粹的个人主义色彩，那么，为何所有爱人的话语竟能如此相像？

重要的不是“哪一个”，而是“有一个”

> 我们能让他人爱恋或为人所爱的东西并非某种与众不同的特质，而是一些普遍的、放之四海而皆准的东西。

有一种可能是，真实的自我，爱者附着在所爱之人身上的浪漫自我，并非个性化的。或许我们被他人所爱恋的真正“自我”，事实上也只是某种理想化、近乎偶像化的特质。爱人所投射到我们身上的不过是一整套比较华丽的辞藻或表达方式罢了。对于这种投射，我们大可不必愤世嫉俗或指责其不正确，因为它不仅适用于我们，也适用于其他的被爱之人。对我们有爱情的人将我们偶像化的倾向也难以是唯一的，因为同样的情形会重复发生在其他爱者和所爱之人身上。与此同时，这也揭示了某个让我们感觉很不舒服的事实：我们能让他人爱恋或为人所爱的东西并非某种与众不同的特质，而是一些普遍的、放之四海而皆准的东西。

在这方面，《仲夏夜之梦》再次重现了柏拉图在《斐德罗篇》和《会饮篇》对话中所提到了一些焦点。你还记得狄奥提玛“爱的阶梯论”吗，其中我们问到一个问题，就是爱最终是依附在某个个人身上，还是依附于某种非个人化的东西，只不过碰巧以某个个人为载体罢了。在《斐德罗篇》中，我们在想，当有爱情的人经由所爱之人的美的形体而联想起某些真正神圣的东西，进而被爱欲的迷狂所驱使，是否正是这种迷恋的经历被描述、被认为是对某个特定被爱之人的爱？也许，爱者其实是通过联想去体验某种非特定的、普遍的美，被爱之人的美的形体只不过为之提供了某个形式和场合而已。

因此，《仲夏夜之梦》将一个关于偶像痴迷、过度崇拜的问题放在我们面前。为何浪漫的附着个体如此多变？为何对于浪漫附着个体的夸奖辞藻，每次总好像是真正发现了该具体被爱之人身上的唯一特质，但从这个对象到那个对象，此般夸奖辞藻竟能通用？如果谁有幸曾爱过不止一个人，能否告诉我们：在你的爱情经历中，不同时刻对于不同的所爱之人，你所用的赞美之语有何不同？不知道你是否曾将对不同的所爱之人的话语都记录下来，如果有的话，它们听起来有什么不同？对不同的爱恋对象，你用过多少个不同的昵称？这些关乎爱的语言是否都能被你从上一任恋人挪用到下一个身上？

为什么爱恋对象发生变化而我们的辞藻却仍旧相同，对此我们可以找到很多借口。你可以说自己没有那么丰富的创新力，你也可以说自己理解力不强，所有的爱恋对象在你看来都一样。倘若欲望具有动态的特性，语言的静态特性能否给我们以思考的停顿？我们的爱情对象究竟具有多少激进、纯粹的个人主义色彩？

莎士比亚在《仲夏夜之梦》中，角色十分相像——莎翁以极其微妙的方式提出为什么一个人比另一个人更容易吸引他人的爱恋。之前已提到，剧中的两个男子几乎很难区分，以致从浪漫爱情的视角看很难让人放心，因为我们都期望知道一个爱情故事的最后，谁才是最终的Mr.Right（另一半）。然而莎士比亚似乎非常乐于让这个

《仲夏夜之梦》电影剧照

《仲夏夜之梦》是莎士比亚最富有想象力的喜剧，它激发了后世多部精彩的电影作品。1999年由凯文·克莱所主演的这版《仲夏夜之梦》，集结了众多迷人的明星，如梦似幻的场景，成就了一部华丽、甜美而又诙谐的电影，可能是至今该剧作最热闹的一个版本了。

重大问题悬而未决，多了不少神秘感。拉山德和狄米特律斯，狄米特律斯和拉山德，谁是谁，谁在乎？在构建该剧时，莎士比亚与我的一位学生从她祖母那边获得的爱情忠告如出一辙：“如果有大型舞会，接受邀请时不要那么挑剔。不要太关心是‘哪一个’，重要的是‘有一个’。参加约会才有机会跳舞，但音乐响起时一切皆可能发生。”

正因为角色间难以区分，所以一开始我们只能将这些人物一并了解，也似乎觉得没有什么区别。在向赫米娅的父亲老伊吉斯辩称自己才是赫米娅真正的爱人时，拉山德也承认他的竞争对手狄米特律斯是个不错的家伙。拉山德的论据是：“我的身价不会比他少，我和他的出身一样高贵，除此以外，最重要的是您的女儿爱的是我。”除了当事人赫米娅的爱恋，没有其他东西可以决定一个男孩比另一个男孩好。如果细心我们能注意到，事实上，赫米娅过去也曾爱过狄米特律斯，这点莎士比亚只是稍微提了一下，不过如果我们带着欢庆的心态和情绪，也就不要去理这茬。狄米特律斯和拉山德是如此相像，而且狄米特律斯是在拉山德之前爱上赫米娅的。你认为拉山德凭什么会对赫米娅产生兴趣？你头脑里可能会冒出，他可能模仿了狄米特律斯对于赫米娅的欲望，难道不是吗？

不仅男孩们太过相似，女孩们也是如此离奇的同质化。在海伦娜的长篇大论中，我们已经能联想到她与赫米娅这对亲密的好友之间那年幼无间、美丽无邪的画面，但现在不妨来重新想想，海伦娜用了樱桃的意象来表达她们之间的亲密关系：两个樱桃，并蒂连生。多好的画面，但这两个樱桃有什么不同呢？缠绕在非常相像的两个男孩心中的两个女孩竟也如同两生花般难以分辨，你是否也感觉奇怪？是否如海伦娜所言，这两个女孩如此亲密，真的合二为一了？既然如此难分，浪漫情感在她们之间转换也不足为奇。不管是你约会还是我约会，都一个样，只要有约会就行了。

亲爱的读者，可能到这里你要说，这么多愤世嫉俗的想法已经够了！对立和竞争肯定没有直接的浪漫对爱情的影响来得深入，我所至爱对象的美丽和善良才是驱动我爱她的最终动力。这毕竟是大师莎士比亚的一部伟大的经典浪漫喜剧，怎么会表达对立和竞争才是导致浪漫爱情的真正原因呢？《仲夏夜之梦》当然不可能承认浪漫的真相——你的所爱之人，不是因为他的某一特质吸引你，爱只是你和竞争对手交战后的奖品或战利品，在交战中你最终以拥有此人作为你打败所有对手的标志。但是，其他方面，还有没有证据表明莎士比亚的确是这样想的？

答案当然是肯定的，而且非常肯定。这种想法主要体现在两对成熟的情侣身上，即两对国王和王后：忒修斯与希波吕忒、奥伯龙与泰坦妮亚。我们几乎听到的第一句话便是忒修斯对其未婚妻希波吕忒说的——“我用剑赢得了你的芳心”。该剧在一开始设置了一个竞争性场景，即忒修斯的雅典和希波吕忒的亚马逊之间的战争，这也成为忒修斯与其新娘之间的纽带。希波吕忒被打败后，这种竞争关系转变成浪漫的爱情。刚跨进该剧的“前门”似乎便可感受“浪漫爱恋源自竞争”的理念。之后，我们见到了仙人——奥伯龙与泰坦妮亚，他们因为争抢一个男孩做侍童正进行着爱人间的争吵。为何奥伯龙想要这个男孩？只因他属于泰坦妮亚。可见奥伯龙的欲望完全是模仿性的。从这两对皇室情侣身上，凡人的和仙人的，我们看到了浪漫欲望的竞争性引擎和模仿性特征。不过，我们很难在剧中年轻人身上注意到这些，因为我们倾向于以欢庆的而非愤世嫉俗的心态和情绪来理解他们的爱。毕竟我们都像拉山德和赫米娅一样——关于爱情的大部分东西都是从爱情故事中学来的。

拉山德对赫米娅说“真爱无坦途”，他们跑到绿色世界里寻求浪漫自由和真正自我。但也许莎士比亚也意图让我们听到拉山德话语中一些其他的意思：“赫米娅，我们不妨根据前人既定的剧本导演一出爱人间的真实故事吧。没有任何挑战和障碍的爱情不是真正的爱情，我们也不可能真正相爱，只有历险和困境才能真正让我们感觉身在爱情之中。因此，不要感觉糟糕，事实上，为让我们的爱情得以升华，我们再设置些障碍也未尝不可。”要产生爱情，我们也许就要编造故事，而要编造故事，我们就需要创作戏剧。

真爱无坦途

其实所有的浪漫能量，在其中总有模仿、效仿的成分，对于某个特定爱恋个体的，我们自认为是本能的、专一的欲望，其实也总是一种社会性的欲望，总被定位于一个模仿和竞争的网络之中。

在伍迪·艾伦1986年拍摄的电影《汉娜姐妹》中，有一个场景很好地表现了两个爱人是如何通过制造或想象障碍困境为他们的爱情保鲜的。汉娜的父母，一对年老的夫妇，一直深陷于一场之前不知吵过多少次的争论中。汉娜试图平息他们的纷争，却发现他们越对对方生气，越发现对方更有吸引力。他们在互相指责对方的不忠:汉娜的父亲指责汉娜的母亲是一个不知羞耻的风骚女人；汉娜的母亲则指责汉娜的父亲跟演员工会里每个年轻漂亮的女演员都上过床。听着这无休止的争吵，女儿们十分痛苦，但她们的父母却似乎竟能从中为各自的浪漫能量充电。虽指责对方的不忠，但他们同时也投摄出一种对方仍然具有吸引力的画面，仍然能重新从对方身上勾起某种欲望，归因于他们或多或少都在模仿一个自己虚构的对手。正如汉娜的母亲所说“你总能吸引女人的注意”，她杜撰出的女人能让她受到感染，因为妒忌、吃醋，她便感觉到了丈夫的吸引力；她的丈夫同样也是如此。当然，这种杜撰出的竞争和对立会导致言语上的冲突，使他们相互吼叫、相互指责，就像奥伯龙与泰坦妮亚一样。但就是这种竞争，以及他们从其他某人身上模仿爱欲的感受，始终保持了在相互关系中的浪漫能量。

《仲夏夜之梦》提出了这样的设想，其实所有的浪漫能量，在其中总有模仿、效仿的成分，对于某个特定爱恋个体的，我们自认为是本能的、专一的欲望，其实也总是一种社会性的欲望，总被定位于一个模仿和竞争的网络之中。

正如勒内·吉拉尔所建议，其实写《仲夏夜之梦》也完全可以不加入魔法因素，不用爱情魔药。这两个难以区分的人，拉山德和狄米特律斯，突然从一个爱恋对象转变到另一个，如果解释为人类的本性使然也完全可以——即使我们无须通过魔药，也根本不需要任何魔法因素，就可以将竞争、模仿和欲望加以联系。在理查德·瓦格纳创作的著名歌剧《特里斯坦和伊索尔德》中，托玛斯·曼对其使用春药作为情节工具也持相同的观点。两个爱人不得不喝下他们以为是致命毒药的春药，因为误以为杯子里盛的是毒药，加之药物的催化，在以为垂死之际，他们终于向对方坦白了世俗所禁忌的爱恋。托玛斯·曼认为，即使不用“春药”而只是清水，这种激情的释放也完全可以发生，他们之所以拥有释放爱欲激情的胆量，是因为对死亡的预期，而并非二人共饮之物的魔力使然。透过这些神话故事，如果愿意仔细品味，我们会发现理查德·瓦格纳的悲剧话剧和莎士比亚的喜剧戏剧都用了某种神奇的药物来解释人类激情的本原。如果我们始终把持着浪漫的情绪，便会倾向于不去注意或探究这种原因，而更愿意去相信浪漫兴趣的转变需要某些魔力的作用。毕竟，与相信欲望具有传染性相比，相信魔力更令人欣慰。如果我们一旦注意到浪漫兴趣的这些不稳定因素，想不陷入愤世嫉俗的情绪也难。

莎士比亚正是用一群普通人，也即以尼克·博特姆为代表的“粗鲁的工人”，将我们从这种愤世嫉俗的情绪中解救出来。这些不谙世故、天真纯洁的人们只因为想上演一场好戏而爱上戏剧，也正是戏剧能让他们发现自己、表达自己。他们无须担心“扮演一个角色”是否做了错事，相反他们倒担心是否戏剧中扮演的某个角色太过强大了。贵族们将戏剧当作幻景和面具，但对普通人来说，戏剧则是愿景和寄托。莎士比亚似乎是说，只要带着普通人的心态，我们便能爱上戏剧，也能治愈愤世嫉俗的情绪和贵族阶级的傲慢。

在《仲夏夜之梦》最后，平民们上演着他们一直在森林里排练的剧目，这个有着荒谬且矛盾的长剧名的戏——《最可悲的喜剧以及皮拉摩斯和提斯柏最残酷的死》，改编自一个古老的、关乎两个宿命情人的故事。基于同样的故事，莎士比亚完成了其悲剧——《罗密欧与朱丽叶最完美且最可悲的悲剧》，原文的剧名也不短，只不过我们习惯于简称《罗密欧与朱丽叶》。莎士比亚第一部伟大的悲剧《罗密欧与朱丽叶》的创作时间，和《仲夏夜之梦》——也许是其最好的喜剧——的创作时间差不多在同一时期。在决定让“粗鲁的工人”上演他们自己改编的版本时，《罗密欧与朱丽叶》肯定同时就在莎士比亚的脑海中，只不过莎翁的悲剧，在一群装模作样的工人的表演中，变成了有意无意的喜剧。在剧作《奥赛罗》中，我们能领略到莎士比亚喜剧和悲剧间的分界线细若发丝，并非那么泾渭分明。

婚礼之后，年轻恋人们的好事尘埃落定，忒修斯决定找些娱乐项目来打发时间，当看到关于《皮拉摩斯和提斯柏》的戏目单子，不禁被其荒谬且矛盾的标题“可悲的趣剧”“悲哀的欢笑”的描述所吸引。其实，这个剧目中的欢笑，只不过来自身为普通百姓的演员们纯粹的快乐，不过没关系，这也正是忒修斯为此欢庆之夜寻求的应景情绪。“这一班恋人高高兴兴地来了，充满了喜悦和欢笑。”他如是说，邀请年轻恋人们双双过来参加庆典。这些无邪、淳朴但忠诚有加的演员们为之助兴，正适合忒修斯的浪漫情绪。然而，忒修斯的新娘希波吕忒却生怕贵族观众们看不上这些胼手胝足的百姓们虽用心良苦却有些拙劣的表演，建议他们不要演，以免遭遇尴尬，不要让忠诚因为努力的狂妄而变得毫无价值，但忒修斯宽慰她，并承诺不会将他们的错误作为笑料（不过他和其他贵族并未遵守这个承诺）。于是，该剧得以上演。

当然，确如我们所料，“粗鲁的工人”们的表演比较糟糕，难登大雅之堂。之所以我会说“我们”，因为莎士比亚跟我们要了个韵味十足的把戏——在戏剧《仲夏夜之梦》中又上演着戏剧《皮拉摩斯和提斯柏》，我们扮演着双重观众的角色。当看普通百姓表演戏剧时，我们似乎与贵族们一道充当观众；但作为《仲夏夜之梦》的观众，我们又在观看贵族们看戏时的表演。换句话说，莎士比亚邀请我们设身处地，去担心希波吕忒的担心：贵族观众们对普通百姓难登大雅之堂的表演嗤之以鼻；但同时他又将我们放在某个位置，可以去审视那些贵族们的鄙夷之态，在“我们”眼中，他们也只是剧中的角色而已。我们以贵族嘲笑平民百姓的方式嘲笑着贵族们，也就是说，当观看普通百姓表演《皮拉摩斯和提斯柏》时，贵族们扮演着高于普通百姓地位的角色，而我们又扮演着优于贵族们的角色。

在我看来，利用戏中戏、双重观众的表现方式，莎士比亚意在让我们对爱情与戏剧产生迷乱。要记住，向绿色世界逃离的本源是寻求浪漫自由（对贵族而言）和戏剧自由（对平民而言），我已提及，在绿色世界里，百姓阶层中普通人向戏剧中的逃离、贵族阶层中年轻男女遁入爱河的逃离，这两种逃离同时出现，令人不禁想问：是否浪漫爱情终归是有某些戏剧成分，是否爱情要求我们每个人都须在其中扮演一个角色，充当某个戏子？如果带着一种愤世嫉俗的情绪看，在该剧中爱情和戏剧的相互缠绕、交相编织，就像是对浪漫的某种批判。但话说回来，只有没有激情的演员，才会对戏剧产生这种愤世嫉俗的视角，因为他始终将舞台上的表演放在一个比较安全的距离，这样的人不太愿意将自己真正投入故事中并表演出来，而更愿意坐在黑压压的观众中大声说——“这只是一出戏罢了！”

所有角色中对于戏剧投入得最深的人应该是尼克·博特姆，一个织布工人。剧中展现出来的尼克·博特姆可谓是一个贪得无厌的戏剧怪物，他几乎想要吞噬每一个角色，想体会戏剧所能提供的每一个可能的身份。“粗鲁的工人”们出场时，是在到绿色世界进行首次彩排前对《皮拉摩斯和提斯柏》一剧的角色进行分配。尼克·博特姆想扮演每个角色，每当宣读一个新角色，他总说：“等一下——那个角色我也可以扮演呀！”皮拉摩斯，这个宿命的男主角——“是的，我可以演好他，我会将他英雄的咆哮和情郎的悲摧表现得淋漓尽致”；提斯柏，那个宿命的女主角——“是的，我演她也不在话下”，“咱会像她一样细声细气地说话”；即使“狮子”一角（没有台词却只能咆哮）也不放过——“让咱也扮狮子吧。咱会嚷嚷，叫每一个人听见了都高兴”。尼克·博特姆完全入戏，对他来说，扮演一个角色就是在发掘和表现自己未知的某个方面。他已不是在“假装扮演”一个男主角、一个女情人或一头狮子，而是抓住每个机会“真正成为”这些角色，虽然对于较之他少了些戏剧激情的我们来说，这些角色不失美妙却有些怪异。

在戏剧接下来的内容里，我们看到尼克·博特姆被迫克施以魔法，颈上变成了驴头。如果是你我一样的人，当看到在森林里，因为自己变成了怪兽而被惊恐万分的朋友突然抛弃，我们肯定会非常不安，会陷入迷失自我的恐惧之中不能自拔。但对于戏剧怪物尼克·博特姆来说，不会发生这种情况。他紧张吗？不，他没有，他坐下来想想——哦，这太棒了！有没有人能给我拿些干草来呢？他很轻松地接受了新角色，而且真正地投入进去。他对自己非正常的状态并无虚假感——这才是真正的他——尼克·博特姆正是因为扮演角色才是真正的尼克·博特姆。无论是驴头、狮子、男主角、女主角——所有的角色他总能以令人难以置信的精力和激情投入进去。对他而言，每一刻都需全神贯注，尽享表演的狂喜；对他而言，戏剧无需跟其他真实的东西相比较——因为戏剧就是最真实的，表演就是最真实的。

在全剧的结尾，莎士比亚迫使我们做出选择，忒修斯与尼克·博特姆，我们究竟站在哪一边？对于戏剧和爱情之间的联系,两人都用了长篇大论的话语加以总结。忒修斯认为爱是一种幻景——是一种如此奇怪的东西，让男人对自己的大婚之日充满期待！但，忒修斯只是这样评价年轻人的爱情，他可并不认为自己的爱情也如刚从森林返回城市的年轻人们一样是一种幻景。忒修斯觉得这些年轻人坠入爱河又从中抽离出来的方式相当有趣，他们的欲望始终被模仿和竞争所影响着。忒修斯也从不会想到把这种愤世嫉俗的观点套用到自己身上，因为他相信自己是一个有理性、以法正行的人。

和大多注重自我的哲人一样，忒修斯认为不可能有其他人来评判自己。殊不知，他虽是在观看平民百姓们装模作样地表演戏剧的贵族，可同其他人一样，自己也身处爱情戏剧的围城之中。

忒修斯大篇的论调源自对希波吕忒评论的回应，但是忒修斯像很多男人一样，并没有真正听他新娘的评论。他并未仔细揣摩希波吕忒究竟问什么，便忙不迭地给出答案。希波吕忒说："忒修斯，这些恋人们所说的话真是奇怪得很。"——她是想更好地理解发生在绿色世界中那个关于浪漫纠葛、变形故事的怪异之处。她并非急于评判，而是在琢磨他们究竟发生了什么令人难以置信的事。可是，忒修斯没有多停留片刻，顺着希波吕忒的话去思考，取而代之的是，他将此看作某个已被解决的难题。

对于已经身为丈夫或总有一天会成为丈夫的各位，我提个建议，千万不要像忒修斯。当你的妻子说，"我觉得某事有一些奇怪之处"，不要急着回答："哦，我知道如何解决该事。我可以搞定的。给我把锤子，我会立即抡下去。"大多数情形是，你的妻子希望你能与她一起思考、探究某件事的谜底，而如果你只想像对付每个可以解决的难题一样去对待每件事，她会非常沮丧。

爱欲皆幻影

疯子、情人和诗人，都是幻想的儿子：疯子眼中所见的鬼，多过广大的地狱所能容纳；情人，同样是那么疯狂，能从埃及人的黑脸上看见海伦的美貌；诗人的眼睛在神奇、狂放的旋转中，便能从天上看到地下，从地下看到天上。

对于爱情的奇妙，忒修斯毫无耐性，他驳斥了新娘的意见，并给出了一大篇很强势的、不符合戏剧的、毫无想象力的评论："奇怪得不像会是真实。我永远不会相信这种古怪的传说和胡扯的神话。情人们和疯子们都钟情幻觉，喜欢奇想，他们体会到的永远不是冷静理性的人所能了解的。疯子、情人和诗人，都是幻想的儿子：疯子眼中所见的鬼，多过广大的地狱所能容纳；情人，同样是那么疯狂，能从埃及人的黑脸上看见海伦的美貌；诗人的眼睛在神奇、狂放的旋转中，便能从天上看到地下，从地下看到天上。想象会把不知名的事物用某种形式呈现出来，诗人的笔再使它们具有如实的形象，空虚无物也从此有了居所和名字。强烈的想象往往具备这种本领，只要一领略到些许的快乐，就会相信那种快乐的背后有一个赐予的人。"忒修斯最后一句话的意思是，我们总假装知道自己所期望的东西，我们的欲望不是指向真理，而是幻景。实际上忒修斯是说，恋人们只不过编造了些浪漫的成分而已，他们和诗人、疯子没什么两样，都有着超强的想象力。所以，不要相信他们说的话。

上面这段可能是《仲夏夜之梦》中被引用最多的一段话，也是莎士比亚所有作品中被引述最多的段落之一，但其并未充分关注浪漫欲望和浪漫兴趣的社会属性。按照忒修斯所言，好似从森林里出来的每个人都编造了一个属于他或她自己的故事。希波吕忒虽不声张但却有很强的敏锐力，她指出了忒修斯观点的不当之处。她如此回应夫君无耐心的、判决似的回答："但他们所说的一夜间全部的经历，以及他们心理上都受到同样影响的一件事实，可以证明那不会是幻想。虽然那故事怪异而惊人，却并不令人难以置信。"她不肯放弃自己的想法，认为爱情总有一些奇怪、美好、令人羡慕的地方。对于浪漫兴趣的变化，忒修斯以恋人们就像诗人喜欢编造、总做些无聊的幻想来解释，但希波吕忒说，不，这不是真的，这里还有更深层次的东西，那就是，这个故事所揭示的社会性和我们共有的归属感。

忒修斯给出了"爱是幻景"的论断，莎士比亚却授予尼克·博特姆以与之针锋相对的"爱是愿景"的说辞。被迫克换上了驴头并被仙后泰坦妮亚短暂地爱过的尼克·博特姆，最终被解除了魔法，醒了过来。他以为自己仍然和其工友们在彩排着《皮拉摩斯和提斯柏》，因此醒来后说："轮到咱说尾白的时候，请你们叫咱一声，咱就会答应；咱下面的一句是，'最美丽的皮拉摩斯'。"他还没有意识到，其他人已经吓得逃跑了，彩排也早已不再进行了。不一会儿，他注意到周围没有人，于是开始呼叫他们的名字，却只听到自己的回音，殊不知已置身于一个充满魔法和危险的仙人世界了。

在一段诙谐但不乏深刻的说话中，尼克·博特姆试图描述那段惊奇的、时空倒转的、远非语言能够描述的经历。

“咱看见了一个奇怪得了不得的景象，”他开始说，“咱做了一个梦。没有人——哪怕再智慧的人——说得出那是怎样的一个梦。”贯穿全剧，“景象”和“梦境”这样的词语出现了多次。尼克·博特姆或是莎士比亚想要表达，他的愿景只能用某种宗教性的语言才能把握，这样的语言，即使不会超过某种界限，但也走到了胡说八道的边缘。与以往的风格不同，莎士比亚不惜笔墨，让尼克·博特姆大段转述、解释《圣经·新约·哥林多前书》第9章至第10章的某些内容。在其中，圣保罗说，上帝所赋予那些爱他的人的东西，远远超过眼睛所能看到、耳朵所能听到，而且只有在“上帝奥秘的最底处”才能开启。尼克·博特姆名字中“博特姆”的发音与“底处”的英语发音相同，其名字应该由此而来。由爱开启的奥秘带领我们进入神圣的境界，这是任何语言也不能充分表达的。尼克·博特姆转述了圣保罗的话，并混杂了些滑稽的元素，与此同时也增加了新的冲击力：“人们的眼睛从来没有听到过，人们的耳朵从来没有看见过，人们的手尝不出来是什么味道，人们的舌头想不出来是什么道理，人们的心也说不出来究竟那是怎样的一个梦。”圣保罗说，爱所揭示的奥秘超越了视觉或听觉所言，也就是说，超过了语言的力量。尼克·博特姆将之进一步深化，用一种“通感”的意象，也即感官的混杂（用眼睛听，用耳朵看），又给奥秘蒙上了一层神秘的面纱。然而，即使这些非凡的感受也远远难以完全捕捉和把握尼克·博特姆所经历的梦。此处我的阅读感受是，这里信息所表现出的情绪基调是惊奇和欢乐的极好结合。其他读者或许会觉得尼克·博特姆的宗教式语言中大有拙劣模仿之态，但我却从未觉得此段话有何值得嘲讽之处。我想，莎士比亚是完全站在尼克·博特姆这边，或者说，是站在爱情这边的。

尼克·博特姆认为无人能够将他的经历用语言描述，但他对戏剧的激情依旧不减。他说："咱要叫彼得·昆斯（平民们表演剧目的导演）给咱歌咏一下这个梦，题目就叫作'博特姆的梦'，因为这个梦可没有个底儿。"尼克·博特姆想将他的"梦境"编成歌融入到他们正在彩排的戏剧里面，也不考虑这样的歌适不适合《皮拉摩斯和提斯柏》，他说："咱要在演完戏之后当着国王的面唱这个歌。"在他的话语中我们发现，尼克·博特姆好像从来没有对自己经历的梦境，以及对自己因爱情魔药造成的变形是否真实表现出丝毫担忧，他认为，这是他的表演能力所演绎出的真实情境。他，或者是作者莎士比亚，将此比作寻求人类生命中某些神圣事物的现实状态。

忒修斯属于这样的一类哲人，他不信任戏剧，也不相信表演，对他来说，爱情带有某种戏剧维度，不太现实，只是一种幻想或想象。但尼克·博特姆的理解可谓与之完全相反，在他眼中，充满爱的世界才可以用来表演，充满爱的世界才是剧本之源，所以他将之视作真实状态并积极拥抱它。不过，尼克·博特姆所理解的"真实"并不意味着"可以用语言解释"，因为有些经历已然超越了文字范围，有些愿景已然非解释所能及。

谁是《仲夏夜之梦》的底座，谁是这部剧的基石？是忒修斯和他的哲学权威，还是那个视戏剧为全部、因爱而无畏的尼克·博特姆？如果能知道这个问题的答案，我们也就知道了莎士比亚的真实想法。但是，之于我而言，就如眼睛不能听到、耳朵不能看到一样难以知晓：这不是一个亟待解决的难题，而是一个值得深思的谜底。

爱的愿景

在与斐德罗的对话中，苏格拉底试图回想起的自我，是比往常看到的自我更好的自我。爱情让你变得比平时更好，同时，它也让你变得更加真实。

现在，对于爱情的众多美妙奥秘的思考，我们已经花了不少笔墨。亲爱的读者朋友们，感谢你们的陪伴，可以与我一起分享古代智慧的面包和现代爱情的美酒。当我们即将离别时，我想通过回顾柏拉图《斐德罗篇》中的驭手演说，对我们的思考做下总结。在我看来，这篇演说是对《仲夏夜之梦》中不少主题的回复或是进一步思考；只有让最伟大的哲学家柏拉图——甚至超过了最伟大的诗人莎士比亚——来为爱情做最后的盖棺定论，这才是公平的。

关于爱情，《仲夏夜之梦》提出了一个令人不安的问题：我们浪漫兴趣的对象之所以令我们产生兴趣，是因为他或她本身吗？抑或浪漫兴趣，只是我们所生活的某个社会网络——由模仿和竞争影响着——的典型结果而已？

我们之所以能感受到对某个特定对象的浪漫爱情，仅仅就是我们和浪漫伙伴在社会网络中所扮演的角色使然，如果假设这是真的，那么对浪漫爱情来说，是何其的糟糕？也许，这种假定的事实，对爱者和被爱之人来说并非一场灾难，但它会改变我们对坠入爱河的意义的理解。如果以某种特定的方式来对《仲夏夜之梦》中的故事进行深表入里的解读，那么，坠入爱河或许就意味着，在一个由模仿和竞争组成的社会网络中接受某种特定的角色位置。这就是说，你可能会认为，你对另一个人的爱，并不是因为他或她本身。如果从忒修斯的观点来看，这种想法应该就是正确的描述。不过当然，如果我们把这种关于爱者和被爱之人的更为社会化的视角，不仅仅用在我们的爱恋对象身上，而且还用到作为爱者和被爱之人的我们自己身上，那么，关于我们自己的画面也会变得非常不同。像忒修斯这样愤世嫉俗的人，他本人也未能幸免，跌落到他给其他每个人的浪漫身份所描绘的图画之中。当然，莎士比亚在戏剧中展示出，忒修斯也没有试图让自己躲避；当他说，所有年轻人的爱情就是一场幻景，就像是青年对月光的追逐时，他没有意识到，自己的所爱之人希波吕忒也就成了月光，而他自己便是另一个追逐者——年纪比他们大，却不比他们聪明多少。他认为，他对她的爱是真实的，并非是他在一场模仿和竞争的游戏中，自己所扮演的社会角色的产物。但情况并非如此，这个对于浪漫的愤世嫉俗者，同样也要将这种愤世嫉俗应用到自己的爱情上。如果是这样的忒修斯，我就必须放弃"真实"的自我，这种"真实"，是我所定义的激进的个人化的自我，是独立于我与其他人的任何社会关系的。为与此保持一致——每个哲学家不都想拥有这种一致性吗？——我们也就必须将所爱之人是谁、所爱之人应该是什么样子的社会化的观点，运用到我们自己身上。与浪漫爱情的传统典型画面相比，我们是谁以及是什么让我们变得真实，看起来并没有那么激进的个人化色彩。因此，如果说我们的爱恋对象能够吸引我们，部分程度上是通过模仿和竞争的关系，那么，实际情况是否就应该是，我们是谁以及我们对自己有怎样的理解，在很大程度上，都取决于我们在这些模仿和竞争的社会网络中所处的位置？我们如何去了解自己是谁？是否只要简单地进行内部观照，我们就能理解这些，就能看到其他人不能直接看到的内部本质？还是说，我们要了解自己是谁，最好是能够采取一种不那么主观的、第三人称的视角，最好是通过自己与其他人的关系来看。我们怎么知道自己是什么样的兄弟或姐妹呢？兄弟和姐妹这些词，很明显是社会化了的术语。想知道成为一个兄弟或姐妹会是什么样子，其本身就已经说明，你将要通过与其他人的关系去了解你自己。

为什么关于浪漫爱情，就应该会有这些不同呢？为什么我们总是期望，不用去考虑置身其中的更大的社会网络，就能够尽量完整地解释坠入爱河和身处爱恋呢？是何种对于浪漫自由的热望，能让我们以如此激进的个人化的方式来看待自己呢？要知道，这种方式似乎能让我们摆脱置身其中的家庭和社会的种种羁绊和需求。当我们坚持这种激进的个人化视角时，相比于拉山德和狄米特律斯、赫米娅和海伦娜，相比于他们为躲避父亲和国王而逃往梦境般的绿色世界，我们又会有什么不同之处呢？

对于情爱中的自我认知——或称为自知之明——这一问题的关注，柏拉图的《斐德罗篇》也是一部生动形象的作品。我们还记得，在对话开头的前几页，苏格拉底对他的年轻朋友斐德罗说了一些非常奇怪的话。苏格拉底说，如果他不了解斐德罗的话，那他一定也忘了他自己是谁。那么，在对话中的那个节点，苏格拉底关于自我认知的模式，并不是通过激进的个人化的内部观照来了解他自己的。相反，通过对和斐德罗的对话的外部洞察，苏格拉底不仅能从斐德罗那里学到某些东西，同时也能够了解真正的苏格拉底是怎样的。对于“斐德罗是谁”这一问题的答案，是了解“苏格拉底是谁”的基础。苏格拉底并没有把自己置于秘密的自足世界中，当然，他可以选择向他人打开还是关闭。事实上，也正是因为他对斐德罗等人打开了自己，苏格拉底才发现自己是什么样子。阿尔基比亚德之所以能发现苏格拉底不为人知的一面，并不是通过对他难觅其踪的灵魂的神奇一瞥就能做到的，而是通过仔细聆听苏格拉底的话语才得以达成的。

当然，《斐德罗篇》不是只有这一个视角，《仲夏夜之梦》也不是只有对于爱情的社会化的这一个观点。但从这种视角来看，驭手演说采取了一种非常特殊的形式。特别是驭手演说中使用镜子和眼睛意象的那个部分，看起来与《仲夏夜之梦》的不少方面十分相似。当一个有爱情的人在所爱之人身上看到美，这个爱者并非只是关注这个特定的人，也就是这个美丽的被爱之人，同时，爱者也重新发现了自己的某些东西，重新发现了他没有身处爱恋、没有处于遗忘危险时所不见的东西。他回归到了自己最好的、最高尚的样子，回归到了这篇对话和《仲夏夜之梦》中所说的某种圣洁之物。也因此，在柏拉图的对话和莎士比亚的戏剧中，对于偶像甚至是有些痴迷和过度崇拜的语言，看起来是如此自然。

无论在柏拉图还是莎士比亚的作品中，有爱情的人通过向所爱之人打开自己所接收到的自我认知，并不是激进的完全个人化的。有爱情的人发现，只有舍弃自己进入到爱中，他才能找到自己。驭手演说中那个舍弃自己的爱者，并非碰巧在某个空间和某个时间，就追求到那些特定的世间的兴趣对象。相反，是所爱之人的美，将他从这种特定的时空中拖离出去，让他回到了神话世界，而这个世界是不受时空限制的。因此，在坠入爱河的那一刻，有爱情的人回想起的自我，重新拥抱的自我，是一个被完美化了的自我，是一个脱离了日常锱铢必较、琐碎小气的自我。有爱情的人对于这个特定所爱之人的愿景，同时也在衡量，一个真正的自我应该是什么样的，要知道，这个真正的自我，绝不是激进的个人化的自我。在与斐德罗的对话中，苏格拉底试图回想起的自我，是比往常看到的自我更好的自我。爱情让你变得比平时更好，同时，它也让你变得更加真实。因此，从这个观点来看，爱情的社会性本质，并不是爱的一种威胁，而是实现爱情的必要条件。在爱情这种社会化了的视角中，爱情中总有其模仿性，是对一种自我的模仿——这种自我，是比你没有爱情时的自我更高的自我。

就如《斐德罗篇》中讲述的镜子和回音的故事一样，你与爱人之间的联系，能让你看到你自己，看到你自己的美。对于一座山，如果站得太近，你难以窥其全貌；同样，只有爱人的凝视，才能帮你在现在的你和愿景中的你之间制造足够的距离，让你能够看到你自己。我曾提及，让爱者成为被爱之人能看到自己的美的镜子，对此柏拉图是冒风险的，那就是会让爱变得自恋的风险。但是，这种柏拉图式的自恋，并不是爱上你现在的自己；你所爱上的自己，是你能够成为的那个自己，而这个神话般的自我，是爱者反射回你身上的。爱的愿景所提供的关于反射和激发之力的图画，并不是自私的；它是令人狂喜的。事实上，这也是非常具有挑战性的，在柏拉图《会饮篇》最后，我们会看到，当这种挑战不再被接受，将会发生怎样的情形。对于苏格拉底的爱，其社会化本质向阿尔基比亚德揭示了一个更好的自己，这个自己是他本可以成为的，然而，苏格拉底却拒绝专心去追求。这让阿尔基比亚德感到羞耻，但他却从未放弃对苏格拉底的爱。阿尔基比亚德从自己的情爱之事中所了解的，并不是苏格拉底的秘密，而是真正的阿尔基比亚德的秘密。阿尔基比亚德之所以羞愧难当，唯一的原因是，苏格拉底给了他一个自己本应该是何等之好的愿景。

爱的钥匙千千万

爱的问题尚待见分晓。但我确信，哲学能提供给我们任何想要的帮助。甚至当我们会像阿尔基比亚德那样，在失败面前体味疼痛，我们依然会带着感恩的心，去看待已赋予我们的稍纵即逝的美好愿景，那是我们可以成为的自我的愿景。哲学开始于好奇，而归结于感恩。

如果通过忒修斯总结之语的观点来分析，《仲夏夜之梦》看起来将会暗淡不少。当我们坠入爱河时，揭示在我们面前的自我，是一种理想化的自我，是一种促使我们变得比在日常世界中更好的自我，但对于这一概念，忒修斯持拒绝态度。他所呈现的，是一件在爱情中进行模仿性想象的作品，你可以说，这件作品只是对自我的奉承和恭维。这种浮夸，只有在诗人、情人、疯子创造的世界里才能找到其归属和掌控。这不是博特姆体验爱情戏剧的方式，博特姆在爱情生活中倾心扮演着一个角色。这也不是苏格拉底在驭手演说中所呈现的方式，苏格拉底呈现的，是对我们所爱之人所反射的自己进行模仿、镜照和端详的前景。

从某些方面来说，爱情就是我们投射到所爱之人身上的东西，这种观点到头来是多么自恋？这一切都是利己的，最终都是自私的吗？我们总是试图找到最好的自己，总是不安分地为之追求，看起来也只能是同样的自私。是否当我们坠入爱河时，我们愿意承担起这种不安分的任务，这种要变得更加完美和完满的不懈努力；是否我们的所爱之人，我们的配偶，是我们永远的挑战，不断鞭策以让我们实现提升，实现更真实的自我认知；这是个很难回答的问题。也许，我们反而更喜欢阿里斯托芬演讲中的爱情观，那就是，我们回到了与另一个人的原初的、更舒适的连结感中。我们的爱，是应该助推我们的不安分，激发起我们对现在自我的羞耻感和对可以成为的自我的兴奋感，还是应该制造出某个舒适的空间，就像《理发师的情人》中安托万栖身的封闭世界一样？那是一个我们所有需求都得到满足的世界，这与狄奥提玛和苏格拉底所发现的情爱化的世界完全不同。在他们描绘的世界中，我们的需求永远得不到满足，因为在我们到达新的目标点前，我们意在满足需求的每次前行都昭示着，我们此前对于需求的思考，需要更加深入，更加长久；那就好像，如果我们要变得完美，我们的心，总有更进一步的坚硬需要去克服。

在我看来，这本书中使用的素材，反反复复都会回到关于需求和乏缺的问题中来。是否需求，是生活中应该被克服、被移除的东西？是不是加以移除的最好方式，就是通过找到那个让我们爱的、让我们舒服的人？还是说，乏缺本身就是我们在爱中必须找寻的体验？这不是对欲望的满足，而是对新的欲望的不断激发，这种新的欲望，包含的总比我们开始时的更多。

就我个人而言，如果在阅读《仲夏夜之梦》时，能将这部戏剧与《斐德罗篇》靠得更近，能将博特姆与苏格拉底靠得更近，那定会愈发令人愉悦。我并不认为，忒修斯对于爱情及其想象力的愤世嫉俗的观点，是莎士比亚最后的收官之词。到头来，我认为柏拉图的笔墨更加贴近我们的真相。作为伟大的作家和思想家，对于情爱能够带我们去向何处的乐观解读，柏拉图和莎士比亚在他们的作品中蕴含着某种批判之意，这还有待探讨。如果情爱留给我们的是自恋，是让我们封闭在自己创造的安顿世界里，在其中，因乏缺和不完美造成的需求难以靠近，那么，我们就必然会问出这样的问题，这种舒适的爱情究竟是我们应该追求的，还是我们应该躲避的。因此，在最后，我们的自恋，我们对日常自我的坚持，究竟是受到爱情挑战的——正如柏拉图在《斐德罗篇》中所言——还是被爱情所强化的，我认为，这个问题并不那么容易回答。亲爱的读者朋友们，你们都将是伟大的实验者，特别是在你们的婚姻中。作为配偶，我们是应该永不安分地要求对方去达成新的完美，还是在财富和教育带来的日常自私中让对方舒适满意，这一问题尚待见分晓。但我确信，哲学能提供给我们任何想要的帮助。甚至当我们会像阿尔基比亚德那样，在失败面前体味疼痛，我们依然会带着感恩的心，去看待已赋予我们的稍纵即逝的美好愿景，那是我们可以成为的自我的愿景。哲学始于好奇，而归结于感恩。

新民說

Http://e.weibo.com/xinminshuo
E-mail:fanxin@bbtpress.com